本书获贵州大学文科重大科研项目资助
"社会性别、族群与发展——女性人类学视野下的少数民族妇女研究"（项

婚姻、家庭、生育与妇女地位

——对一个侗族村寨的人类学研究

刘彩清 ◎ 著

知识产权出版社
全国百佳图书出版单位

图书在版编目（CIP）数据

婚姻、家庭、生育与妇女地位：对一个侗族村寨的人类学研究/刘彩清著. —北京：知识产权出版社，2016.9

ISBN 978-7-5130-4435-6

Ⅰ. ①婚… Ⅱ. ①刘… Ⅲ. ①侗族—乡村—研究—黎平县 Ⅳ. ①K927.34

中国版本图书馆 CIP 数据核字（2016）第 212347 号

内容提要

从社会制度的立场来看，家庭在不同的社会有不同的类型，也有不同的社会功能。从人类学的比较研究来看，婚姻和家庭与生育之间存在密不可分的联系，生育是婚姻的期望，家庭是生育的成果，而对于一个女性来说，婚姻、家庭和生育可以说占据其生命的大部分。因此，探究一个女性在婚姻、家庭、生育中的角色变化以及由此带来的家庭地位和社会地位的变化显得尤为重要。尤其是近年来，随着我国社会经济、文化的发展和婚姻家庭伦理道德建设的不断进步，我国少数民族妇女的地位明显上升。侗族妇女作为中国少数民族妇女大军中重要的一员，其地位也有了明显的提高。本书以民族志的手法描述贵州省黔东南州黎平县的一个侗族村寨——石村妇女在婚姻、家庭、生育中的地位变化情况。

责任编辑：冯　彤　　　　　　　责任校对：谷　洋
封面设计：张　冀　　　　　　　责任出版：刘译文

婚姻、家庭、生育与妇女地位
——对一个侗族村寨的人类学研究

刘彩清　著

出版发行：知识产权出版社 有限责任公司	网　　址：http://www.ipph.cn
社　　址：北京市海淀区西外太平庄 55 号	邮　　编：100081
责编电话：010-82000860 转 8386	责编邮箱：fengtong@cnipr.com
发行电话：010-82000860 转 8101/8102	发行传真：010-82000893/82005070/82000270
印　　刷：三河市国英印务有限公司	经　　销：各大网上书店、新华书店及相关专业书店
开　　本：787mm×1092mm　1/16	印　　张：14.5
版　　次：2016 年 9 月第 1 版	印　　次：2016 年 9 月第 1 次印刷
字　　数：228 千字	定　　价：39.00 元
ISBN 978-7-5130-4435-6	

出版权专有　侵权必究
如有印装质量问题，本社负责调换。

图 1　侗族粮仓

图 2　传统侗楼与现代水泥楼房遥遥相对

图3 石村旧鼓楼

图4 石村新建鼓楼

图 5 石村风雨桥

图 6 石村"萨坛"

图 7　石村村貌

图 8　访谈现场

图 9　吃新节现场

图 10　身着民族盛装的儿童

图 11　石村计生宣传栏

图 12　石村健康教育宣传栏

目 录

导 论 ·· (1)
  一、研究背景 ·· (2)
  二、婚姻与家庭发展的历史变迁 ·································· (6)
  三、研究婚姻与家庭的理论观点 ·································· (16)
  四、研究方法 ·· (22)
  五、文章框架 ·· (23)

第一章 田野点概述 ··· (26)
  第一节 田野点介绍 ·· (26)
    一、田野点的选择 ·· (26)
    二、石村概况 ·· (27)
  第二节 石村的政治制度与宗族制度 ······························ (30)
    一、政治制度 ·· (30)
    二、宗族制度 ·· (33)
  第三节 石村的传统文化 ·· (35)
    一、群体意识 ·· (35)
    二、宗教信仰和观念世界 ·· (37)
    三、传统节日 ·· (40)
    四、文娱活动 ·· (42)

第二章 石村妇女的婚姻 ·· (45)
  第一节 石村的传统婚姻制度及其变化 ··························· (45)
    一、婚姻规则的变迁 ·· (45)
    二、通婚规则的变迁 ·· (50)

三、通婚范围 …………………………………………… (53)
第二节 择偶标准与择偶方式 …………………………… (56)
一、择偶标准 …………………………………………… (57)
二、择偶方式 …………………………………………… (60)
第三节 婚姻的缔结 ………………………………………… (63)
一、婚姻的缔结方式 …………………………………… (63)
二、婚姻的缔结程序 …………………………………… (66)
三、婚礼仪式的变迁 …………………………………… (74)
第四节 彩礼（聘礼）与嫁妆 ……………………………… (76)
一、彩礼（聘礼） ……………………………………… (76)
二、嫁妆 ………………………………………………… (79)
三、彩礼与嫁妆的共存 ………………………………… (80)
小 结 …………………………………………………… (82)

第三章 石村妇女婚后的家庭关系 ………………………… (84)
第一节 婚后居住模式 ……………………………………… (84)
一、不落夫家 …………………………………………… (85)
二、落夫家生子 ………………………………………… (87)
第二节 为人父母之道 ……………………………………… (88)
一、夫妻感情上的适应问题 …………………………… (88)
二、心理上的稳定 ……………………………………… (89)
三、经济财政上的考虑 ………………………………… (89)
第三节 家庭类型与功能 …………………………………… (91)
一、家庭类型 …………………………………………… (92)
二、家庭功能 …………………………………………… (93)
第四节 家庭成员关系 ……………………………………… (97)
一、亲子关系 …………………………………………… (98)
二、夫妻关系 …………………………………………… (103)
三、婆媳关系 …………………………………………… (108)
第五节 离婚与再婚 ………………………………………… (112)
一、婚姻的破裂 ………………………………………… (112)

二、离婚 ……………………………………………………… (116)
　　三、再婚 ……………………………………………………… (123)
　　小　结 ………………………………………………………… (127)

第四章　石村妇女的育儿习俗 ……………………………………… (128)
第一节　孕前求子习俗 ……………………………………………… (129)
　　一、到迎龙庵许愿 …………………………………………… (129)
　　二、积德行善 ………………………………………………… (130)
　　三、架桥求子 ………………………………………………… (130)
第二节　孕子习俗和禁忌 …………………………………………… (131)
第三节　生育礼俗 …………………………………………………… (133)
　　一、生产过程与禁忌 ………………………………………… (133)
　　二、胎盘的处理 ……………………………………………… (135)
　　三、踩生 ……………………………………………………… (136)
　　四、报生 ……………………………………………………… (136)
　　五、打三朝 …………………………………………………… (137)
　　六、满月 ……………………………………………………… (138)
第四节　男女两性角色的互动 ……………………………………… (138)
　　一、男女性别角色的社会化 ………………………………… (139)
　　二、男女两性角色的特质 …………………………………… (141)
　　三、性别角色的延续和转变 ………………………………… (146)
第五节　男孩和女孩的不同成长过程 ……………………………… (148)
　　一、管教子女 ………………………………………………… (148)
　　二、中国式的家教 …………………………………………… (151)
　　三、石村小孩的童年生活 …………………………………… (155)
　　四、石村小孩的不同性别塑造 ……………………………… (158)
　　五、石村小孩的道德教育 …………………………………… (160)
　　六、石村小孩的不同上学经历 ……………………………… (162)
　　小　结 ………………………………………………………… (163)

第五章　石村妇女的生育现状 ……………………………………… (164)
第一节　石村妇女的生育观 ………………………………………… (164)

  一、生育目的 ……………………………………………… (164)
  二、性别偏好 ……………………………………………… (166)
  三、生育数量 ……………………………………………… (168)
  四、生育质量 ……………………………………………… (169)
 第二节　石村妇女的生育行为 ……………………………… (171)
  一、石村20世纪50年代及以前出生妇女的生育行为 …… (171)
  二、石村20世纪60～70年代末出生妇女的生育行为 …… (172)
  三、石村20世纪80～90年代初出生妇女的生育行为 …… (174)
 第三节　影响石村妇女生育观念与生育行为的因素 ……… (175)
  一、经济因素 ……………………………………………… (176)
  二、文化因素 ……………………………………………… (177)
  三、制度因素 ……………………………………………… (179)
  四、政策因素 ……………………………………………… (180)
 第四节　传统生育文化在石村的变迁 ……………………… (181)
 小　结 ………………………………………………………… (182)

第六章　石村中老年妇女的家庭生活 …………………………… (183)
 第一节　家庭生活周期 ……………………………………… (183)
  一、已婚夫妻：子女尚未来临 …………………………… (183)
  二、年轻的家庭：养育子女 ……………………………… (184)
  三、中年夫妻：子女离家后 ……………………………… (184)
  四、老年夫妻：退休后的时光 …………………………… (185)
  五、丧偶：恢复单身生活 ………………………………… (186)
 第二节　中年家庭生活 ……………………………………… (186)
 第三节　老年家庭生活 ……………………………………… (190)
  一、老年人和子女与孙辈之间的互动 …………………… (191)
  二、老年人的朋友 ………………………………………… (194)
  三、老年人生活上的问题 ………………………………… (195)
 小　结 ………………………………………………………… (202)

结　语 ……………………………………………………………… (203)

参考文献 …………………………………………………………… (206)

附　录 ·· (210)
　　附录一：天甫六洞合款 ··· (210)
　　附录二：六洞款词摘引 ·· (211)
　　附录三：关于祭桥习俗 ·· (211)
　　附录四：关于神树 ··· (212)
　　附录五：石村的村规民约 ··· (213)
后　记 ·· (216)

导 论

所有人都是或曾经是一个家庭或其他家庭的成员。大多数人都会和人约会、陷入爱河、结婚以及建立一个属于自己的家庭。这些经验是社会生活的中心，也是大多数人认同的意义。家庭互动构成人们的日常生活，也影响他们生命中的爱怨情感。一直以来，家庭都被认为是社会的主干。布鲁斯坦（Blumstein）与史瓦滋（Schwartz）曾经有过这样的观点："夫妻是社会的基本单位，既是生育的单位，也是家庭的根源，他们通常是情爱、浪漫和性关系的综合结果。"[1]

因为每个人都有自己婚姻与家庭生活的经验，对之都相当熟悉，所以大多数人总是带着自己对婚姻"是什么样的"以及"希望它是什么样的"这些想法展开其婚姻生活。任何一种科学性的研究，面对婚姻与家庭的实情及人们心目中的期望，都应该谨慎区分其间的差异。简而言之，对婚姻与家庭的科学性研究，其价值在于拓展个人对这些重要事项的了解，使他们能超越个人经验与狭窄的范畴。也可以使人们有更宽广的了解基础，可使他们了解其经验中，哪些是和别人相同的，哪些有自己的独特性。这些都有助于我们去思考为什么每个人的婚姻家庭会有差异，了解更加多样化的文化，从而更加尊重他人文化。但是，首先我们必须要清楚，婚姻和家庭虽然关系密切，但还是有明显的差异，我们可以通过一个图表来简单说明。

---

[1] 诺曼·古德曼. 婚姻与家庭 [M]. 阳琪，阳琬，译. 台北：桂冠图书股份有限公司，2002：2.

表1-1 婚姻与家庭的差异

	婚姻	家庭
1	通常要有一个结婚仪式	不需公开仪式
2	通常是两个人	人数可多可少
3	年龄常常相近	可能由数代同居
4	当配偶死亡或离婚,婚姻结束	家庭代代延续,超乎个人生命
5	配偶间性行为是允许的	家属之间不可有性行为
6	通常要有结婚证书	无需证书就可成为父母
7	生育是婚姻的期望	家庭是生育的成果

一、研究背景

(一)人类学视野下村落研究的盛行

村落,既是一个空间单元,又是一个社会单元。因此,从20世纪三四十年代开始,中国村落研究逐渐受到诸多学科的关注。作为一个相对自成体系的文化承载单位,村落通常被视为"小传统"赖以传承的基本生活空间。通过对这种微型社区的研究,透视中国乡土社会生活的本质,一直以来都是我国人类学、民族学研究领域的重要课题之一。在人类学的研究中,对村落的研究既包括村落演变的历史过程,也包括村落社会组织、经济活动、村际关系、仪式活动、民间信仰等内容。

村落研究作为中国人类学的基本领域之一,自20世纪以来可分为20~30年代的早期研究,80年代后期的特定回访与再研究、乡村都市社区研究,及90年代以来的参与式乡村调查研究等阶段。[1] 通过对村落的微型社区进行研究,透视中国农村社会生活的本质,是文化人类学研究中的一种传统。在20世纪中叶以前,有葛学溥(Daniel H. Kulp)的"凤凰村"、杨愚春的"台头村"、费孝通的"江村"、林耀华的"义序"和"黄村"、杨庆堃的"鹭江村"等经典个案研究。[2] 到了20世纪50年代,人类学界将眼光转向对少数民族的大规模历史调查,从而拓展了中国人类学的民族多元性和文化多样性视野。也就是从20世纪50年代初期开始,村庄的人类学研究——尤其是汉族

---

[1] 周大鸣. 人类学的乡村视野 [J]. 思想战线, 2006 (5).
[2] 刘朝晖. 村落社会研究与民族志方法 [J]. 民族研究, 2005 (3).

村庄研究——暂时停顿了 30 年。❶ 但随着中国的改革开放，中外学者再次掀起了研究中国村落社会的热潮，出现了陈佩华等的"陈村"、黄树民的"林村"、王铭铭的"溪村"、阎云翔的"下呷村"等个案研究。❷ 他们的研究虽然都是从整体的一个侧面出发，但都对中国村落生活进行了"深描"，为人们展示了中国乡村社会丰富的文化类型。

"20 世纪犹如现代的'战国时代'，到 21 世纪人类将迎来一个大同时代。在这样一个新时代，作为农业社会基本单位的村庄，其在人类社会活动中的位置，虽然已经不如以前那么重要了。按照社会理论提供的历史目的论图景，在我们这样一个时代，无论是国家法权建设，还是'全球化'，都意味着作为'乡土本色'的村庄的消逝。正是在这样一个时代，中国的社会科学家们却重新发现了村庄的重要意义。'乡土重建'的呼声融在现代化的涛声中。学者们共同看到，村庄的研究离不开超越村庄或'计划'超越村庄的各种计划。"❸ 然而，中国的乡村社会千差万别，村落变迁形态各异，这就要求我们做更为实证和辩证的分析。基于村落研究的三种主要角度：纵向的研究、横向的研究、对于村落观念的研究，从事研究要有超越村落的视野。❹ 正如格尔兹所言："人类学家并非研究村落，他们只是在村落里研究。"❺ 在这里，"村落"既是一个地理概念，同时也是一个文化概念。追寻村落、多村落和超村落的乡镇研究，借鉴多学科的理论与方法，不断发现和完善村落研究，或许正是"超越乡土"的村落社会研究走向更高层次的"文化自觉"和文化对话，这也展示了人类学视野下村落研究合法性的不断追求及其持续发展。❻ 基于此，本文将以侗族村寨为基点，考察村寨妇女的婚姻、家庭、生育地位变化情况。

（二）女性人类学的发展

女性研究是伴随着 18 世纪西方妇女运动的兴起而出现的。起源于 20 世纪 60 年代美国的西方第一次妇女运动高潮，促使了西方女性研究的大规模出

---

❶ 王铭铭. 走在乡土上——历史人类学札记 [M]. 北京：中国人民出版社，2003：5.
❷ 刘朝晖. 村落社会研究与民族志方法 [J]. 民族研究，2005（3）.
❸ 王铭铭. 走在乡土上——历史人类学札记 [M]. 北京：中国人民出版社，2003：22～23.
❹ 王铭铭，刘铁梁. 村落研究二人谈 [J]. 民俗研究，2003（01）.
❺ [美] 克利福德·格尔兹. 文化的解释 [M]. 韩莉，译. 南京：译林出版社，2006：29.
❻ 冯学红. 喀什维吾尔族妇女婚姻研究——以阿克提其村为例（1949～2009）[C]. 兰州大学：博士学位论文，2009：5.

现，并由此促成了女性人类学的产生。在女性主义影响下，人类学开始以女性作为研究主体。

因此，女性人类学首先开展了以女性为调查对象的田野工作，描写女性眼里的世界。在这个过程中，一批描写各种文化和社会结构中女性生活的民族志问世了，大量描写妇女生活的民族志，成功地把女性带回到人类学研究人类社会的整个画面里来，成为女性人类学的前奏。美国人类学会年会和斯坦福大学"跨文化观点看女性"研讨会论文集《女性、文化与社会》（1974）、密西根大学人类学系关于妇女研究的讨论会论文集《迈向妇女人类学》（1975）两本书的问世，标志着女性人类学的成熟。米德的一系列有关文化如何塑造性别特征的著述，本尼迪克特关于文化与人格的分析，都表达了文化对性别人格形成的作用，她们的研究开创了人类学女性研究的先河。女性人类学的研究并不局限于对女性的研究，也包括男性在内的社会性别研究、性别关系研究。至20世纪70年代中期，"社会性别由文化建构成"的观点已经被普遍接受，并成为女性人类学研究的最核心概念。"社会性别"概念的提出，使原有的以妇女为关注点的理论，转移成以社会性别为关注点。女性人类学力图建立一种由女性视角和男性视角交错共视的人文视野，通过对女性生存格局的综合考察和哲学反思，描述完整的女性，描写作为人的女性的完整存在，并进而重新解释人类的文化。至20世纪90年代，美国学者提出了"社会性别人类学（The Anthropology of Gender）"的概念，强调社会性别与权力的关系问题，研究的重点从社会性别差异过渡到社会性别关系的研究。

经过30多年的发展，女性人类学形成了有自己特点的研究方法和较完善的学科体系。一大批女性人类学家进行了积极的探索实践，借鉴人类学传统的田野调查、主位与客位研究相结合、个案研究等研究方法，发展运用了人类学传统的"比较分析"研究方法，以女性主义的视角，倡导撰写"女性主义民族志"。

具体到中国，在女性人类学传入的20多年里，经历了从学科理论介绍到本土研究的历程。与西方女性人类学发展的现状相比，目前我国的女性人类学发展具有如下特点：中国女性人类学的研究总体上还处于一个起步阶段，对国外女性人类学的相关理论已经有了系统的介绍；在中国女性人类学的本土研究上，已经涌现出一批志同道合的学者，有了不少科研机构的参与和支持，也有不少成果问世。概而观之，中国学界从人类学角度研究中国女性问题的著述还不是很多。从文化多元的角度来看，中国有56个民族，若从各民族特有文化的历史动态发展中去研究妇女，探究文化对妇女的限制和塑造以及妇女对文化的创造这样一个双向运动过程，不仅对于进一步了解中国社会及文化的多元性有重要价值，而且也将为世界女性人类学研究提供新的视角。因此，随着女性人类学的发展和中国女性人类学研究的逐步展开，从女性视角研究人类学、民族学与社会学的经典论题——婚姻、家庭与生育这一传统议题，将会为婚姻家庭研究乃至女性人类学在中国的发展做出一份贡献。

(三) 全球化背景下中国少数民族妇女研究

当代社会发展与变迁过程中的最大特点莫过于全球化现象，人类社会趋于融合，人与人之间的时空距离大大缩短，地球正变得像一个村落。全球化，是一个实践—政治话题，也是一个社会—经济话题，它还是一个思想话题。❶ 在全球化背景下，人们不仅看到经济的一体化趋势，也越来越强烈地感受到文化的多元现象。全球化不是全球淹没了地方，反而激发了地方（民族）文化。❷ 民族文化的多元性为人类文明的发展前景带来了新的希望。

20世纪60年代，在美国女权运动影响下，妇女研究应运而生，并很快成为各国学术界关注的焦点。中国的妇女研究起步较晚，始于20世纪80年代，直到90年代妇女研究才逐渐引起人们的关注。中国少数民族妇女研究的真正形成是在20世纪90年代以后，这主要是与国际和国内的背景有关。第一，经过十多年的改革开放，中国妇女的地位和权力有了进一步的提高；第二，中国的社会转型也对妇女发展提出了严峻的挑战，旧的问题还没有结束，新的问题又已经出现；第三，日益频繁的国际学术交流暴露出中国妇女研究与世界存在的差距，由此激发和促使中国的女性学者和妇女工作者迅速开展行动；第四，1995年在中国北京召开的第四次世界妇女大会，使中国的妇女问题和妇女问题研究受到了全球性的高度重视，为国外的学者了解和研究中国

---

❶ [德] 赫尔穆德·施密特. 全球化与道德重建 [M]. 柴方国，译. 北京：社会科学文献出版社，2002：5.

❷ 冯学红. 喀什维吾尔族妇女婚姻研究——以阿克提其村为例（1949~2009）[C]. 兰州大学：博士学位论文，2009：5.

的妇女问题创造了良好的条件。❶

侗族是一个有着悠久历史、深厚传统和独特文化的古老民族，主要分布在中国的西南部。由于地理位置的原因，国内对侗族的研究开展得比较晚，尤其是女性研究，更是近几年才开始关注。目前学界关于侗族妇女的研究主要围绕其民俗、生育、家庭地位、劳动分工等展开。在人类学领域，关于侗族妇女的研究基本都是间接涉及，缺少专门研究侗族妇女的成果。

鉴于此，在全球化背景下，本书将以贵州省黎平县的一个侗族村寨为个案，从侗族女性的视角出发，关注和研究侗族妇女的婚姻、家庭与生育，考察侗族妇女婚姻、家庭、生育与妇女地位的互动关系。这对充实还很薄弱的侗族妇女研究，丰富侗族文化研究，拓展少数民族，尤其是侗族婚姻、家庭和生育文化研究视角与范围具有重要的理论意义和现实意义。

二、婚姻与家庭发展的历史变迁

（一）家庭的建立：全球的婚姻

所有的社会都有家庭组织。家庭的建立起于婚姻，也就是一整套社会习俗与法律规范，将男女双方结合起来，并且明确相互权利义务的一种制度。关于婚姻的习俗，包括了一些如何选择配偶的准则与实际行动的方法以及各种不同形式的婚姻。

1. 择偶的标准

在婚姻对象的选取上，全世界有两个基本的形式——内婚制（Endogamy）和外婚制（Exogamy）。

（1）外婚制

外婚制最基本的择偶原则就是外族通婚，也就是限定社会团体内某一阶级的人，是绝对不可被视为婚姻或发生性关系的对象。最好的例子，就是乱伦的禁忌，严禁家族内的成员婚姻或者发生关系。所有的社会都严禁乱伦，当然偶尔也有例外，如古埃及和印加帝国就属例外。尽管乱伦严禁亲子关系或手足之间发生性关系，但是那些家族成员受此禁忌的限制，则因不同社会

---

❶ 方素梅，叶娜，杜宇. 20世纪90年代以来中国少数民族妇女研究［J］. 民族研究，2004（02）.

而有不同的定义。

外婚制，尤其是乱伦的禁忌，严格要求个人必须与家族以外的人通婚，这种机制造成了极为有利的社会经济结盟，同时也促成了社会与文化的多元化发展。

（2）内婚制

内婚制是鼓励个人在某一些特定的对象层级中择偶，在一些较小型的社会里，同族通婚的界限通常也就是该社会组织本身的界限。而在较大且较复杂的社会里，同族通婚也就是鼓励人们与具有类似种族背景、宗教、道德规范和社会地位的对象通婚。

事实上，同族通婚可以促成族内的团结与内聚力，借此要求和鼓励族人与具有相似社会地位和特性的人通婚，进而得以维持该社会的既有结构。

2. 择偶

（1）抢婚

在所有的择偶方式中，最不寻常的一种方式就是以武力抢得伴侣（Marriage by Capture）。这种情形多是见于男性人口过多的狩猎社会里。为了平衡男女比例不均以满足其婚姻需求，男人便侵入其他社会并强娶女人为新娘。墨杜克（Murdock）对于此种情形是否真的发生过持怀疑态度，但是史蒂芬（Stevens）的报告中则描述北美夏安族曾有此现象。事实上，在历史上的西南少数民族中确实出现过抢婚的现象。

（2）购买式婚姻

购买配偶（Marriage by Purchase）很显然同时具有社会地位与经济地位联盟的意义，在购买式婚姻中，选择对象的同时也必须进行经济活动。这项费用可能由购买者，其家庭，或是更大范围的社会团体负担。史帝芬（Stephens）就择偶时费用担负列举了五种方式。

① 新娘本身之身价（Bride Brice）

第一种形式即为新郎或其家庭付费予以新娘的家庭，如下表1-2所示，这是购买方式婚姻中最为普遍的一种形态。

② 新娘劳务代价（Bride Service）

另一种形式与前者有类似的内涵，对新娘的家庭因为损失了她的劳务或者"贞操"，而有所补偿，称之为"处女的代价"（Price of a Virgin）。这种类型是由新郎为新娘的家庭提供劳务而非金钱或其他物质。

③ 嫁妆（Dowry）

这种形式与前边两种正好相反，是由新娘或其家庭对新郎家提供偿付，这种情形可能是为了确保女性能够找到丈夫。

④ 礼物交换（Gift Exchange）

礼物交换是男、女双方的家庭均给予对方某种偿付或是财物上的互换，可以说是结合了新娘身价与嫁妆两种形态。

⑤ 妇女互换（Women Exchange）

妇女互换其实就是交换妇女，就是两个家庭相互交换家中的女儿，以提供给对方家庭的男子作为妻子。

表1-2　购买式婚姻中各种形式出现频率及比率❶

购买式婚姻偿付方式	数量	比率（%）
新娘身价（实质或替代品）	260	48
新娘劳务	75	14
嫁妆	24	4
礼物互换	15	3
妇女互换	16	3
没有任何支付或条件交换	152	28
总数	542	100

通过上表可以看出，实质上，多数社会都是对女方家庭提供补偿多于对男方家庭提供补偿。这种差异出现最可能的原因是，由于男、女两性在家庭中的权力并不均等。在大多数的社会里，男性比女性拥有更多的权力，也具有离婚与否的决定权。无论是新娘本身价位或劳务代价，在婚姻终止时通常都是无法"退回"的，然而嫁妆却是可以退回的。因此，男人决定离婚以前必须三思而行，尤其是当他们有意再婚，且必须支付另一位新娘的费用或提供劳务之时。

3. 媒妁之言

在许多社会里，婚姻都是一件严肃慎重的事情。婚姻对于社会结构，尤

---

❶ 诺曼·古德曼. 婚姻与家庭 [M]. 阳琪，阳琬，译. 台北：桂冠图书股份有限公司，2002：15.

其是社会阶层的形式有深远的影响。因此，在许多社会里都要求婚姻对象必须经由媒妁之言（Marriage by Arrangement）而非自由选择所获得。通常媒婆的角色是由父母或近亲担任。虽然媒妁之言的主角男、女皆有，但是通常以女性为主，依据史蒂芬的说法，"女性是父母规则的婚姻大计中最弱势的一种。"❶

媒妁之言之所以在某些社会中存在，是基于把婚姻不仅仅视为两个个体之间的关系，更是两个家庭之间的结盟。古德赛引用一名德国农人的话来传达这个观点："这不仅是一个男人娶一个女人，也是田地与田地结盟；葡萄园与葡萄园结盟；牛群与牛群的结合。"❷ 从这个观点来看，家庭在择偶这件事情上自有休戚相关、利害与共的关系。年轻人往往被视为不够成熟，无法充分考虑到婚姻的政治、经济与社会意义。因而，婚姻合同必须由家长们代做决定。有时候这项工作由专业媒婆负责执行，不过，最常见的仍然是由家人自行承担。

（1）承继寡嫂（Levirate）

这是一种有趣的媒妁之言式婚姻，发生在配偶死亡后。是指当男方死亡，则其兄弟或家族中其他男性近亲便担负起其家庭事务。寡妇与其子女则以法律规定或习俗规范成为这名男子的妻子和子女。这种方式被视为一种当丈夫或父亲死亡时用以保障妻与子的社会机制。

（2）妹嫁姐夫（Sororate）

这种媒妁之言的婚姻形式是当妻子死亡后，她的婚姻中的角色便由其姐妹或其他女性亲戚代行之。和前边的承继寡嫂一样，这种方式在某些社会是法律规定，而在有些社会则是约定俗成。

4. 情投意合的婚姻（恋爱婚姻）

这种婚姻形式是婚姻见于当事双方的自由意愿与自行安排。婚姻的两个最基本形式为单偶制（Monogamy）和多偶制（Polygamy）。这两种制度在男、女两性的配置上各有不同，并且对家庭生活亦各有不同影响。

---

❶ 诺曼·古德曼. 婚姻与家庭［M］. 阳琪，阳琬，译. 台北：桂冠图书股份有限公司，2002：16.

❷ 诺曼·古德曼. 婚姻与家庭［M］. 阳琪，阳琬，译. 台北：桂冠图书股份有限公司，2002：17.

（1）单偶制

单偶制婚姻形式在特定时间内维持一夫一妻的婚姻制度为大多数人所熟知。当一个社会男女性别比例为1∶1，且适婚年龄也有一致性时，单偶制最为合宜。这种方式也是为最多数的人提供了最多数的婚姻机会。在统计上，至少一个男人可以搭配一个女人，反之亦然。

尽管单偶制从以往迄今在全世界都是最普通的形式，但是却并不是最常被采用的。在墨杜克的250个样本社会中，仅有43个（17%）采用单偶制。

单偶制家庭幅员小，表示无论是情感需求的满足，还是家庭责任义务等，都落在极有限的几个成年家庭成员身上。这究竟是利是弊，短视这个小家庭是否能担起整个家庭的责任，抑或这些义务能够由更广泛的亲族网或甚至整个社会来分担。后一种情况的例子，促使社会担负起教育或提供医疗服务的责任。然而，当家庭中一名成年人因死亡或离婚而离去时，则余下的一名便必须承担所有的责任，这种情形与下面所要讨论的恰成对比。

（2）多偶制

多偶制是泛指婚姻中容许一个以上配偶的存在，一般而言有三种形式。

① 一夫多妻（Polygyny）

一夫多妻是指一名男子同时娶了两名以上的女子为妻。在墨杜克1949年的研究中，250个样本社会约有3/4容许此种制度，由此可见，这是一种相当普通但是并未一定被广泛施行的制度，造成这个差异的原因可能与该社会的经济状况、社会阶级形态及男、女比例有关。额外的妻子需要耗用额外的资源，并非每一个男人都有条件享受此种制度。至于有能力者，通常是较为富有且具有较高的社会地位，拥有额外的妻子将更提升其社会地位。此外，由于将使许多男性丧失结婚的机会，因而此制度并不普及。由于大多数的社会适婚年龄的性别比例均等，一夫多妻制将严重地造成许多男子失婚。

在某些社会中对于额外妻子的选择对象有其限制。当这名额外的妻子仅限于其妻的姐妹或近亲时，称之为姐妹式一夫多妻制（Sororal Polygyny）。在大多数一夫多妻家庭中，每一个妻子都有独立的居处，但是史蒂芬1963年的研究却指出在"姐妹式一夫多妻"却未见得。他认为这种现象最主要的原因，是手足之情与亲人的亲情化解了性关系上可能的对立局面。[1]

尽管性幻想是单偶制婚姻中许多男性存有的现象，但是一夫一妻最主要的成因仍基于经济性、社会性，远胜于性关系，额外的妻子最重要的贡献，是提供家务劳务与经济支援以及社会地位的提升，远甚于纯粹的性关系。

② 一妻多夫制（Polyandry）

一妻多夫制是指一个女人同时嫁给两个以上的男人为妻，这种情形极为少见，在墨杜克的调查研究中仅有两个社会有此制度。此种制度发生于男、女人口比例不均衡（男比女多），并且遭逢经济困境时，例如，我国的西藏地区曾经流行过此种婚姻形式。但是，在一夫多妻性别比例不均，抑或因为其他原因造成一妻多夫，这类社会以谋杀女婴以保持必要的性别不均衡。

亦如一夫一妻制，在某些社会中，限定额外的配偶必须是原配偶的手足或近亲，亦即所谓的手足式一夫一妻制（Fraternal Polyandry）。史蒂芬发现，手足式一夫一妻制远较各个"丈夫们彼此毫无关系的非手足式一妻多夫制"的个案多。如姐妹式一夫多妻制，他认为这种方式是减少因共享一个妻子时性关系上摩擦的主要原因。

由于一妻多夫远较一夫多妻的情况少见，因此有人推论这个原因，在于男人比女人对于共享一个婚姻与性伴侣来得更易于嫉妒。但是，目前还没有充分的证据支持这种观点。

③ 群体婚姻（Group Marriage）

群体婚姻发生于两个以上的男人共同娶了两个以上的女人。这种情形较一妻多夫更为罕见。事实上，在墨杜克1949年的250个样本中并没有发现这种现象。史蒂芬认为这种情形确实存在，其起源是手足式一妻多夫制，在此种制度的婚姻中，兄弟将同时拥有额外的妻子（一夫多妻），并且融合于共同的大家庭中。

（二）各类不同文化环境的家庭组织

1. 家庭形态

家庭是个体基于共同血缘、婚姻，或收养等关系所组成的一种重要且具

---

[1] 诺曼·古德曼. 婚姻与家庭［M］. 阳琪，阳琬，译. 台北：桂冠图书股份有限公司，2002：19.

有持久性的社会团体。尽管大多数人都认为自己所身处的社会的家庭形态最完美，但是整体而言，全世界的家庭形态可以分为三种基本形式。

（1）核心家庭（Nuclear Family）

核心家庭基本上是由一对已婚夫妻与其子女所共同组成。当今的社会里，核心家庭已经衍生出了许多不同的版本，包括单亲家庭、无子女家庭，以及日益被认可，并且获得与一般婚姻相等地位的"同性恋伴侣家庭"。

① 出生之家（Nuclear Family of Orientation）

出生之家是指个体出生并以子女的身份所组成的家庭，其由来是因为家庭的组成是源起于最基本的生命诞生的因素。

② 生育之家（Nuclear Family of Procreation）

生育之家是指个体以成年人的身份，经过结婚手续而组成的家庭。

大多数人都同时可归属于上述两种形态中，因此可以从不同的角度和身份体会家庭制度。尽管这种双重的身份不至于因其过多困扰，偶尔这些核心族群也因为不同的责任而引致压力，而需要采取平衡措施。

（2）扩大家庭（Extended Family）

扩大家庭是由两个或两个以上的核心家庭，彼此的组成分子是亲子关系或手足关系结合在一起而形成的。这种家庭形态又称之为配偶家庭（Consanguineal Family），因为所有的成员彼此间均有血缘关系。因此，扩大家庭包括两代以上的成员，例如，子女、父母与祖父母等。因为跨越两代以上，所以扩大家庭较核心家庭规模更大，更具有持久性。此外，家庭成员较多，因此，许多家庭重担可由更多的成年成员负担。

（3）多偶制家庭（Polygamous Family）

多偶制家庭是经由婚姻关系而结合两个（或以上）的核心家庭而成。在这类家庭中，其中一人具有两个或两个以上的配偶，如在一夫多妻制中是一个共同的丈夫，而在一妻多夫制中则是一个共同的妻子。这类家庭也就是由这名中心人物、其配偶以及子女们共同组成的。

2. 亲属与血统

亲属环节（Kinship）是一个家庭中最重要的环节。墨杜克对亲属环节的定义如下："一种关系的结构，在这种结构中，个体与个体之间，系由一些复杂、互动与权利分配的关系而彼此结合。"❶ 由于亲属间彼此存在有相关的义务而非亲属间没有,因此无论在任何社会里都必须对"亲属"有明确的定义。许多社会为了定义"亲属"专门建立了血统原则(Rules of Descent)。这些原则的存在,证明了其在社会学上的重要性,亦如在生物学上的重要性。血统之所以如此重要,是因为它是一种家庭机制,一切有关财产、名分以及其他各种资产均需要据以传承。在许多社会中,血缘更被用来决定婚配的对象。血统的追溯有两种主要方式。

(1) 单一继嗣制(Unilineal Descent)

在单一继嗣制中,继承权取决于双亲中的一方。

① 父系继嗣制(Patrilineal Descent)

父系继嗣制主要追溯男方的血源,是父传子的系统。大多数的社会都是以这种制度为主。工业化以前的农牧时代,生活主要以农耕和畜牧为基础,而男性通常是家庭中主要的资源供应者,因而父系血统更为普遍。

② 母系继嗣制(Matrilineal Descent)

母系继嗣制是完全追溯女方的血源,是母传女的传统,如我国西南的摩梭族就采取此种继嗣制度。由于妇女是主要的贡献者,因而多采取此种系统。

(2) 非单一继嗣制(Nonunilineal Descent)

在非单一继嗣制中,继承权同时追溯父系和母系。

① 两边继嗣(Bilateral Descent)

两边继嗣是指血源同时追溯双亲两方的系统。

② 双重继嗣(Double Descent)

双重继嗣是指结合父系与母系系统,在此状况下,男性继承权来自父系,女性继承权来自母系。

3. 居住形态

婚后住在何处已日渐成为一项重要的社会课题。居住地离双方父母任何一方的远近,都将是对新家庭产生影响的因素。居住形态可以反映出男女双方势力的消长。人类学家把全世界人类居住类型分为四种。

---

❶ 诺曼·古德曼. 婚姻与家庭[M]. 阳琪,阳琬,译. 台北:桂冠图书股份有限公司,2002:21.

（1）夫系族群居住制（Patrilocal Residence）

夫系族群居住制是目前为止最常见的一种形式，即新婚夫妇的居所靠近夫家或者在夫家与父母同住。

（2）妻系族群居住制（Matrilocal Residence）

妻系族群居住制是指新婚夫妻的居所靠近妻子家人或者与妻子家人同住。

（3）两边居住制（Bilocal Residence）

两边居住制是指新婚夫妇自由选择与夫方或妻方家人同住或居住在其附近。通常这个抉择是取决于哪一方能够提供最佳的支援。

（4）新式居住制（Neolocal Residence）

新式居住制是目前最受年轻夫妇喜欢的一种居住方式，即新婚夫妻单独居住，并不与任何一方的家人有所牵连，虽然新婚夫妇舍弃了物质上可能的支援，但相对地却获得了独立权，所以深受年轻人喜欢。

4. 家庭中的权威

无论是血统或居住形式，都只是家庭中权威的间接指标。家庭中的权威分布有三种情况，最常见的是父系权威（Patriarchy），即权力集中在男性手中；其次是母系权威（Matriarchy），是指权力集中在女性手中，这种情况不是很多见；还有一种是平权系统（Egalitarian），是指权力由男女双方共有。与平权系统类似的还有一个分权系统（Divided Power），是指男女双方在家庭中各有其领域，也各自享有其领域内的权力。目前在中国家庭中，平权系统和分权系统的家庭类型比较多见。

5. 家庭的社会功能

家庭被视为一个主要的社会组织（Social Institutions），是一个结构稳定、足以负担重要社会任务的组合体。关于家庭的社会功能，结构功能论者（Structural-Functionalist）主要强调家庭对整个社会的支援功能；相反，冲突理论派（Conflict Theory）却从负面功能的角度来看家庭。

（1）功能理论学派对家庭的分析

从结构功能论的角度来看，家庭对整个社会有五种重要的贡献。

① 性活动的相关规范（Regulation of Exual Activity）

每一个社会都会有对性活动的相关规范，没有一个社会容许100%的性自由。其中最典型对性关系的规范，就是已婚夫妻之间，无论是单偶制或者多偶制，都受到严格的限制。

② 社会成员的替换（Replacement of Social Members）

任何社会要永续存在都必须经由社会成员的替换，结构功能论者认为把性活动规范于家庭中，是当家庭成员因死亡或离去时，提供一个有秩序性的替换功能，以利于社会的永久存在。

③ 社会化（Socialization）

社会化是社会的再生过程。由于家庭的社会化，使整个社会的文化与社会资产得以传承，因而这些社会规范与文化的再生，补足了社会永续生存必要的生物再生的不足。

④ 社会安置（Social Placement）

社会安置是使家庭中每一个个体获得最初的社会认同和社会地位的技能。家庭中的地位，对于个人未来的发展与未来生涯有相当大的影响。

⑤ 亲密关系与相依关系（Intimacy and Companionship）

亲密关系与相依关系是家庭生活幸福的指标。这种社会化的内涵，足可以满足人类最迫切的需求，诸如关爱，与其他人的亲密感以及体贴照顾等。

(2) 冲突理论学派对家庭的分析

对比于结构功能论者认为家庭对社会的正面贡献，冲突理论学派则强调家庭生活的坏处和负面效果。

英格尔（Friedrich Engels）认为女性因受家庭所困而居于次要角色（the Subordination of Women）。妻子们往往被视为丈夫的资产。生养子女也迫使妇女们无法参与公共活动，并阻绝了社会决策的机会。

家庭暴力（Violence in the Family）非常普遍，发生的频率也越来越高。除了目前大家所关心的家庭暴力外，还有日益增加的家庭命案，尤其是发生于配偶之间，也在逐渐增加。

既有的阶级关系（Perpetuation of the Existing Stratification System）。由于家庭的传承无法打破，家庭往往把经验上的优势或困扰传给下一代，因此也降低了社会变动性（Social Mobility），阻绝了社会阶级的转变。富有家庭的子女将可受到更好的教育，拥有更好的工作，更为健康，活得更长久。

三、研究婚姻与家庭的理论观点

（一）功能学理论

功能学理论（Functionalism）的中心概念是功能（Function）。它是指一种对维持社会均衡有用的适当活动，它也是一种效果。功能学理论主要的目的在于寻求解释某一社会行动所造成的效果或所赋有的功能。

功能学理论认为社会结构（Social Structure）具有这种功能，因此这派学说也就常常被称之为结构功能理论或学说（Structural-Functionalism）。社会结构是指人与人互动中的关系规范和角色，也就是说社会体系里各部门间的相互关系。社会结构告诉我们社会现象的存在，而功能则告诉我们该现象对整个体系有什么作用和效果。

功能学理论大致包括四个基本命题。

1. 每一个体系内的各部门在功能上是相互联系的。某一部门的操作需要其他部门的合作相配。因此，如果某一部门发生不正常的运作时，其他部门必须加以修正以配合彼此间的关系运作。

2. 每一个体系内的组成单位通常是有助于该体系的持续操作运行。如果组成单位不再有功能，该单位必然会消失。换句话说，如果一个社会制度仍然存在，那该制度必然有利于社会体系的运作。

3. 既然大多数的体系对于其他体系都具有影响和关联，那么，他们应可被视为整个社会大体系里的附属体系（Sub-Systems）。功能理论认为社会体系内包括无数的附属体系，而这些附属体系又各有其本身的附属体系。

4. 体系是倾向于稳定与和谐的，应不会有激烈的变迁和破坏。

原则上来讲，功能学理论认定社会是整合的，而且总是朝向均衡的状态运作。整合（Integration）是指社会里各部门之间相互影响的结果，促成整体的某种程度的和谐性，用以维持社会体系之生存。均衡（Equilibrium）则是社会体系运行的最终目标。当社会达到均衡目标时，社会是整合无冲突的、是平静圆满的。即使体系内有变动，也只是很缓慢，有稳定性、有程序的。因此，对功能学者来看，社会文化的变迁只不过是社会体系里一种局部性的、温和的调整，并无损于整个社会体系的整合与均衡，激烈大的社会破坏是不可能的。总之，功能学派认为社会是稳定的，所以常把它视为一种保守性的理论。

（二）冲突学理论

冲突理论（Conflict Theory）的重点是对社会变迁的解释，它是针对功能学理论的整合均衡观点而发的。冲突理论者认为社会变迁不仅是必然的，而且是急速的。社会变迁的后果是负面的，破坏性的和建设性的。冲突理论的主要代表人物有达伦多夫（Ralf Dahrendorf）和考舍（Lewis A. Coser）。

冲突理论的渊源可追溯到早期马克思（Karl Marx）的阶级斗争论和齐默尔（Georg Simmel）的形式社会学。马克思认为物质力量是决定历史过程的最主要因素，思想只不过是物质的反映而已。事实上社会变动是拥有物质的资产阶级和一无所有的无产阶级之间的斗争。马克思的基本假设包括三点：第一，他认为经济组织决定社会里所有其他的组织；第二，他相信每一个经济组织里都含有阶级冲突的成分；第三，无产阶级分子会逐渐因受压迫而产生共同阶级意识，并用以抗拒资产阶级的剥削。

齐默尔的形式社会学的主要目标是在于寻求探讨社会过程的基本形式。他认为社会学不应该企图研究每一种社会制度或人类行为，而应把重点放在人与人之间的互动形式上。而这些形式并非全是纯净的，每一个社会现象都包含合作与冲突、亲近与隔离、强权与服从等相对关系；所以，社会与个人之间常常是合作性与冲突性同时并存的。个人一方面寻求社会的融洽，另一方面亦为私利而活动。于是，个人一方面受制于社会，另一方面却又同时控制社会。齐默尔的形式社会学强调现实社会里的冲突是无法避免的。

达伦多夫承袭了马克思和齐默尔的观点，提出了他的冲突论，他认为：

（1）每一个社会无时无刻都经历变迁，因此社会变迁是不可避免的；

（2）每一个社会里都有分歧冲突的因素，因此冲突难以避免；

（3）社会里的每一个单位都直接或间接促成社会的变迁；

（4）强制性的权力关系是社会的基础；事实上社会分子间的关系就是支配与受配的权利分配关系。因此，他声称以帕森斯为主的功能学派所描述的整合均衡是不存在的，是一种乌托邦式的臆测。

考舍的冲突理论把达伦多夫的观点与功能学理论加以协调，主张冲突并不一定全是破坏的，它对社会还是有利益、有功能的。因为冲突代表社会内部的失调，冲突能激起社会的重组，增强社会的适应力，以解决社会的问题。考舍相信，冲突如果没有违反团体的基本原则，且又有目标、有益处和有价值，那么冲突对社会应有正面的效果。

（三）交换理论

交换理论（Exchange Theory）是一种以心理学和经济学两者为基础的社会心理学方面理论，其主要目的在于解释个人与个人之间的互动与小团体的结构。此理论基本上认定：个人之间的交换行为乃是维持社会秩序的基础之一。社会互动事实上就是一种交换行为。交换的对象不一定是能看得见的物品，其他像声望、喜爱、协助、赞同等同样也可以作为交换的对象。同样的道理，痛楚与难堪的避免、机会与利益的获取亦可用来做交换的对象。

交换理论相信个人的交换行为是十分自我中心和利己的。在交换过程中必然会牵涉到利润的问题，如果交换的双方不能彼此都得到满意的结果或利润，就没有交换的必要，而社会互动也自然不会发生。交换理论者认定社会互动是个人与个人之间在交换过程中对利润和成本，以及对取与给的计算和运用。

酬赏观念是交换理论之基石。酬赏的种类很多，而每个人寻求酬赏的方式亦有所不同。交换理论者相信社会赞同（Social Approval）可能是各类酬赏里最重要和最有力的一种。在日常生活里，人们也总是尽量避免那些讨人厌的、整天批评的人。能得到别人喜欢就是一种很大的酬赏。每一类酬赏的价值通常不尽相同，常有轻重之分。越难获得者，价值越高；越易获得者，则其价值越低。

哈佛大学的何门史（George C. Homans）是交换理论的创始者，他的基本理论包括六个主要命题。

命题一：成功命题（the Success Proposition）。在一个人所做过的一切行为里，若其中某一特定行为时常换得酬赏，则该行为会重复出现。例如，一位男士礼貌的替一位小姐开门，这位小姐常回以亲切的微笑来道谢，该男士就愿意再为她服务开门。

命题二：刺激命题（the Stimulus Proposition）。如果在过去，某一特定刺激状况的出现曾带来酬赏，则当目前所发生之刺激状况越类似过去之状况时，类似以往的同样行动就越可能重复出现。例如，父母外出应酬回来时，常带回好吃的、好玩的给孩子们，孩子非常高兴；下次父母在相伴外出时，孩子就会乖乖在家期盼又有好吃的、好玩的。

命题三：价值命题（the Value Proposition）。如果某种行动所带来的成果对一个人越有价值，则他越可能去做同样的行动。例如，一个学生如果觉得参加篮球校队比在班上得第一名更有价值时，则他选择参加校队的可能性就更大。

命题四：剥夺——饱满命题（the Deprivation – Satiation Proposition）。以往某人时常获得某一特定的酬赏，将来同样的酬赏对此人之价值就越低。例如，先生下班回家，太太送茶拿拖鞋，还把菜饭都做好了，做先生的很满意，深感幸福；然而，时间长了，天天都如是，满意的程度就降低，甚至不觉得是一项酬赏；做先生的还可能希望能得到另一种酬赏。

命题五：攻击——赞同命题（the Aggression – Approval Proposition）。"如果某人常受不公平待遇，则越可能表现愤怒的情绪。"例如，先生吃完饭帮忙洗碗，心想帮了太太一个大忙，一定会感激不尽，而给予奖赏；哪知太太非但不道谢，还指出碗盘没洗干净，大小没排齐。每个人在未获得预期的酬赏时，会有攻击性的行为；相反的，如果得到预期的或更多的酬赏，则具赞同的情绪。

命题六：理性命题（the Rationality Proposition）。"当一个人在挑选可能应用的途径时，他会选择一种能带来较高价值的途径，以及采用能获得比较高价值结果的行动。"例如，人们都想要获得最大的效果，但是如果明知那是办不到的，无论其价值、效果多大，也只是空想；当人们看清了这一点就会另外挑选一种可取得次高价值、次高效果的方法和途径。

总而言之，交换理论以个人为研究单位，着重点在于个人与个人之间以自我为中心的交换行为过程。

（四）基进女性主义

基进女性主义（Radical Feminism）诞生于20世纪60年代末、70年代初，主要的发源地是纽约和波士顿，它是从男性新左派的阵营里发展出来的。基进女性主义的重点是：主张女人所受的压迫是最古老、最深刻的剥削形式，且是一切压迫的基础，并企图找出妇女摆脱压迫的途径。它所谈论的议题多与女人有切身的关系，包括性别角色、爱情、婚姻、家庭、生育、母亲角色、色情、强暴，乃至女人的身体、心理等，处处都直接触及女人的身心，发出了女人最赤裸的声音。

性别角色是基进女性主义的中心议题之一。在20世纪70年代，性别差异被基进女性视为女性受压迫的主要根源，有关理论主要专注于性别角色分析，并欲以阴阳同体（Androgyny），或译"中性"，有时意同某些人所说的"单性"（Unisex），取代两极化的两性。70年代中期起，阴阳同体观受到排斥而发展出妇女本位观，女性异质（Female Differences，即女性不同于男性的特质）不再被认为是妇女压迫的根源，而反被视为妇女力量的来源及解放的种子，也是社会变革的契机。

在所有女性异质中，妇女的生育能力无疑是最难改变的事实，也是许多基进女性主义者视为妇女不自在的根源。因而费尔史东等人主张，发展由女人控制的生育科技将是妇人从她们的"生理的暴虐性"里解放出来的方法。但社会学家罗西（Alice Rossi）认为女性主义者可能过度排斥了妇女的哺育角色，那么女性主义对分析中的母亲应该是怎样的呢？

曾以《性的辩证》（The Dialectic of Sex, 1970）为基进女性主义做出贡献的费尔史东（Shulamith Firestone）主张父权制度的历史基础是"物质的"，即男女生理事实，她说男女不平等的根源在于生殖功能之不同。她不满马克思、恩格斯的历史唯物论只把注意力放在食、衣、住、行的生产上，而不怎么注重再生产（生殖）。而在她看来，是再生产关系——而非生产关系——构成了社会的基础。因此她修改了恩格斯的历史唯物论定义，以强调再生产的重要。

费尔史东指出，人类的生殖生理决定了一个社会组织形式，她称之为"生物家庭"，这个生物家庭又决定了男女间的权力差异。由于女人在体质上（因生殖生理）比男人弱，小孩在体质上比大人弱，生物家庭的女人必须依赖男人，小孩必须依赖大人（主要是母亲，因她具备小孩所需的奶）。如此，自然的生殖上之两性差异直接导致阶级发生时的第一种分工，并提供了终生阶级的典范。

因此，费尔史东强烈反对生理母亲身份（Biological Motherhood），并提出变通办法，即体外的人工生育。她认为当今科技的进步已使这项改变成为可能——她心里想的，一方面是可靠的避孕技术，一方面是子宫外的生育。这样，妇女可以避开"野蛮"的怀孕，男人也可以有小孩，人们便可以消除生理决定的性别分工，将生育小孩的角色交由整个社会分摊。如此，生物家庭便会瓦解，两性的性器官区别不再具有文化意义，妇女的解放才能完成。费尔史东的此论点一出，立即引来学术界一片反对之声，认为她掉入生物决定论的陷阱，而看不见妇女的处境在文化、历史上是不同的。事实上，费尔史东观点受质疑最大的原因可能在于：费尔史东并未主张男性应为父权体制负责，而反而将女性生理视为错误所在，也因此，她并未强调对抗男性权利的政治斗争之必要。

综合来看，早期的基进女性主义者认为妇女受压迫的根源在于性别区别，于是她们便致力于消除性别差异，而以阴阳同体为努力目标；她们理想中的阴阳同体人在生理上是男性或女性，但在心理上却不必然是男性或女性。此一阴阳同体观，由于它本身的一些问题——如有人认为它其实是更加巩固了性别刻板印象——并不十分受欢迎。早期的女性主义者还发现妇女受压迫是举世皆然的现象，而纷纷从女性的生理事实来解释这个现象，但逐渐地，基进女性主义者发现把女人受压迫的原因归诸女人的身体并不妥当，认为男人的生理才是问题所在——男性暴力的普遍，使许多基进女性主义者主张男人与女人是截然不同的。之后，女人的生理特性——尤其是生产哺育小孩的能力——更被视为妇女力量的来源与解放的种子；身为女人成为一件可歌颂的事，妇女文化也由此诞生。女人的生理现象于是从一个负面的存在变成了正面的资产。

基进女性主义的历史虽然很短，但其影响之大却有目共睹。例如，它采取了一种彻底的新的角色来解释社会现实，因此，根本地改变了传统的政治理论，对社会科学做了重大的补白并产生强烈的反响，尤其是有关性别、再生产等的理论，留下了不可磨灭的贡献。

（五）符号互动理论

符号互动理论（Symbolic Interactionism）的研究重点在于人与人之间的互动性质和过程。该理论认为社会只不过是由一群互动中的个人所组成。个人的互动行为不断地在修改和调整，因此社会也自然而然不断地在变迁。人与人之间的互动不仅是体能上直接的反应，而是要经过一番分析和了解的。我们总是先将别人的想法和看法加以吸收和注释，然后再决定如何反应。

符号互动论者认为观点（Perspective）和互动（Interaction）是人类行为的两个重要变数。他们相信个人对外界刺激所持有的观点不止一种。在某一情境里，其观点可能会有所改变。这些观点是用来当作个人行动反应时的指导原则；它是动态的，因为个人在互动过程中不断地修整观点以适应当时情境的需要。在人与人之间的互动过程里，不仅应注意到自己本身的情境观点，而且也需要注意到对方的情境观点，以不断地修整、补充、诠释其本身的观点以符合应付当时之情境。符号互动论者指出个人的观点来自社会团体特别是参考团体（Reference Group）。

符号是符号互动理论的另一个主要概念。符号是藉着"符号"（Symbol）来表达的。语言、文字、手势等皆是符号，有了这些，人们才能互动，人们的思想、观察、行动等皆是经由符号来表达。符号互动论者指出社会化过程的最大功能之一就是教导传统形象的使用。社会依赖符号而生存，也依赖符号而延续发展。

符号互动理论源始于早期芝加哥学派健将米德（George H. Mead）、派克（Robert E. Park）、汤姆斯（W. I. Thomas），尤其米德的贡献最大。20世纪50年代则由布鲁默（Herbert Blumer）综合发扬光大。目前形象互动理论之分支包括标签理论（Labeling Theory）、戏剧论（Dramaturgy）和俗民论（Ethnomethodology）等。

四、研究方法

（一）参与观察法

参与观察法，是指研究者深入到所研究对象的生活背景中，在实际参与研究对象日常生活的过程中所进行的观察。这种方法的最大特点就是在"没有先入为主"的情况下，研究者接近被研究者的真实生活，虽然也可能存在研究样本有限、代表性可疑等缺陷，但它却是获得社会现实真实图像的最好方法。笔者在田野调查的过程中，就大量使用了该方法。通过这种方法，笔者对调查地石村妇女的婚姻、家庭生活与生育状况有了深入的认识和了解。

（二）访谈法

访谈法是一种按照研究的目的和任务，通过与受访者谈话的方式搜集资料，进而开展研究的方法。访谈法可分为结构性访谈和非结构性访谈两种方式，结构性访谈的特点是按照定向的标准程序进行，通常采用问卷或者调查表的形式；非结构性访谈则指没有定向标准化程序的自由交谈。在本研究中，笔者在田野调查的最初阶段主要采用了非结构性访谈的方式，对石村的状况做了大致的了解。后来，随着调查的深入，根据论文的研究主题进行了大量的结构性访谈，访谈对象涉及石村各个年龄段的妇女以及相关的政府领导，访谈内容涉及有关妇女婚姻、家庭和生育等各个方面的内容。

（三）深描

本书以"深描"作为基本方法，美国人类学家格尔兹认为"民族志是深描"，在优秀的民族志中，理论分析与事实的分析是相辅相成的。民族志描述有三个特色：它是阐释性的；它所阐释的对象是社会话语流；这种阐释在于努力从一去不复返的场合抢救对这种话语的"言说"，把它固定在阅读形式中。在《文化的解释》中，格尔兹认为民族志描述应该是：第一，它是解释的；第二，它解释社会过程的变迁；第三，解释包含濒临灭亡的东西；第四，这种描述是细微的。所以，建立在"深描"基础上的民族志成为许多民俗学家、民族学家和人类学家所共同追求的目标。本书试图运用解释人类学的研究范式，对贵州侗族村寨妇女的婚姻家庭、生育习俗文化进行描述，并作必要的说明，以便更有效地对异文化进行解读。

（四）调查问卷法

在调查前期，根据实际需要，笔者设计了一份调查问卷，主要关注被调查对象——石村妇女在婚姻、家庭和生育各个阶段的实际情况，目的在于希望在有限的时间内获取更多的信息。在真正进入田野以后，又根据实际情况及时调整和修改调查问卷，使之最大化地符合调查需要。

（五）文献法

在本研究中，主要利用贵州大学和台湾元智大学的图书馆文献资料和网络资源以及国家图书馆的相关资源搜集资料，搜集有关侗族地区婚姻、家庭与生育文化的相关资料，并进行分析描述和思考。

五、文章框架

本书除了导论和结语外，共有六章。

第一章，田野点概述。通过对论文田野调查点——贵州省黔东南州黎平县石村的宏观背景的描述，包括地理区位、生态环境、自然环境、生计方式、政治制度（洞区、侗款、村）、宗族制度（兜、基、公、然）以及传统文化（群体意识、宗教信仰和观念世界、传统节日、文娱活动）等，使读者能够对石村有一个较为全面的了解。

第二章，石村妇女的婚姻。从石村妇女的择偶状况、择偶方式、择偶标准，婚姻缔结的过程和变化，以及婚礼中重要的彩礼和嫁妆来看石村妇女家庭地位和社会地位的变化。通过研究发现，从择偶状况来看，女性婚姻的自主性越来越高，择偶标准和择偶方式都发生了较大的变化，不再是过去单纯的"行歌坐夜"方式，而是越来越多样化，择偶标准由过去单一的只看能力演化为今天能力与经济条件并重。在择偶方式上，与男性相比，女性的择偶相对还是比较被动。不管是哪一种择偶方式，最终都是要通过男方家主动提亲才能够得以实现。而在婚姻的缔结中，自主婚姻占据的比例越来越大，择偶的范围也越来越宽，并且族际通婚越来越普遍。此外，过去盛行的"姑舅表婚"基本已经消失。婚姻缔结的方式在延续过去传统的基础上，出现了汉化的趋势，通过对妇女婚姻中彩礼和嫁妆的描述，可以看出，随着时代的发展，妇女的彩礼和嫁妆数额越来越大。通过对石村妇女从择偶到婚姻缔结的全部过程分析可知，近年来，石村妇女的家庭地位和社会地位确实有了较大的提高。

第三章，石村妇女婚后的家庭关系。从石村妇女婚后的家庭关系来看，在普遍的从夫居制下，妇女婚后都建立起了自己新的家庭关系网络，开始了自己的婚姻生活。虽然在侗族地区，流行婚后与公婆同住，但是从石村妇女的内心来讲，她们还是希望有自己独立的生活空间，而且这种生活方式也随着人们生活水平的提高逐步得以实现，并由此带来了家庭类型的变化。在家庭类型的动态变迁中，核心家庭成为石村妇女的首选，当然这也有利于婚姻的稳定。在婚姻家庭中，主要存在夫妻关系、亲子关系和婆媳关系三大类。其中，婆媳关系是最难处理的，但是年轻的媳妇们也在努力处理各种家庭关系之间的矛盾，寻找双方的契合点，以减少家庭矛盾，避免冲突。从石村妇女的离婚和再婚状况来看，占到婚姻中很小的比例，主要原因是一旦结婚，就不会轻易选择离婚，而且不管男女，只要离婚都会被别人笑话，尤其对于女性来说，离婚给她们带来的影响更大，离婚后选择再婚，对她们来说也有一定的难度，所以法律意义上的离婚和再婚都比较少。

第四章，石村妇女的育儿习俗。在传统的生育习俗中，由于石村女性在生育和养育过程中处于主导地位，所以从生育到养育，直到儿童成年，妇女一直起着主要的作用,其中的习俗和禁忌也多是针对女性而设定的。这一方面有利于婴儿的正常出生和发育成长,但从另一方面来看,也束缚了女性的进一步发展。对于男孩和女孩来说,在儿童时期一直到初中毕业,所受到的待遇也不同。对于男孩来说,不管是在家庭,还是在社会中,都受到比女孩更多的重视,就连上学的机会,也是男孩多于女孩。由此可见,在侗族社会,女性的地位虽然有了很大提高,但是相对于男性来说,还是比较低的。

第五章,石村妇女的生育现状。在近50年的生育文化变迁中,石村妇女的生育观和生育行为都发生了较大变化,有了一定的自主权,地位也相应有所提高。虽然和全国的整体水平相比,石村妇女在生育的自主权上还有一定差距,但是相信随着新型生育文化在少数民族地区的逐渐推广和深入,石村妇女在生育上会有更多的自主权,当然地位也会有进一步的提高。

第六章,石村中、老年妇女的家庭生活。在完成生育和养育的行为以后,女性随着年龄的增长婚姻家庭生活也迈入新的阶段,对于石村的中老年妇女来说,她们的婚姻家庭生活在经历子女长大外出务工、结婚成家以后又会出现诸如居住、心理、丧失配偶等一系列的问题,这些问题的出现必将对石村妇女的生活造成一定的影响,进而影响到她们的家庭地位和社会地位,由于石村妇女普遍没有独立的经济收入,必须依靠丈夫和儿子生活,所以在中老年时期石村妇女的地位没有明显的改善。

总体来看,随着社会的发展,石村妇女的家庭和社会地位都有了不同程度的提升,但是要真正实现完全的男女两性平等,还需要有更多的政策出台,需要走比较长的路。

第一章 田野点概述

第一节 田野点介绍

一、田野点的选择

按照社会学社区研究方法，对于研究点应该根据研究的目的进行选择，选择的点应该具有一定的代表性、完整性、概括性和结合性。[1] 之所以选择侗族妇女的婚姻、家庭、生育与地位关系做研究，主要是因为对侗族妇女的生活感兴趣。具体选择石村[2]，是因为以下几点。

1. 石村是中国西南地区一个普通的村落社会。我们生活的时代是一个历史与现实错综复杂、小群体与大社会的互动频繁以及个人不得已在习惯和创新之间寻求自身定位的时代。我们面对的再也不只是整体的社区描述，而是通过社区描述反映大社会的面貌，或者说在小地方中发现大社会。[3] 从土地改革、"文化大革命"到改革开放，石村也经历了中国村落社会大同小异的发展过程，所以，它也是中国广大农村普通村落社会的一个缩影。

2. 石村是典型的南方侗族村落，就民族成分而言，是一个纯粹的侗族村

---

[1] 周大鸣. 凤凰村的变迁[M]. 北京：社会科学文献出版社，2006：66.
[2] 将调研点称为石村，并不是因为村子所在的地方石头多，而是因为村子里大部分人都姓石，所以出于隐私的保护，将调研村寨化名为石村。同时，论文中也将访谈对象的姓名做了相应处理。
[3] 王铭铭. 社会人类学与中国研究[M]. 桂林：广西师范大学出版社，2005：52.

落。按人口来说，石村现有1028❶人，基本符合人类学村落社区研究千人左右的规范。作为具有适当人口规模的村落社区，它可以体现微型社会学社区研究的优点。这样一个村寨，可以为我们提供透视研究主题的场所。再加上石村相对于周围村寨来说，经济处于中等偏上水平，具有一定的代表性。

3. 石村拥有较好的地理位置。石村距离乡政府只有2公里，在2006年308省道开通后，去省城贵阳只需要5个小时，而且石村就分布在公路两旁，交通非常便利，大大增加了石村与外界的沟通与交流，十分有利于观察寨子里的妇女在婚姻、家庭和生育问题上的地位变化情况。正如奥格本所说："由于发明了蒸汽、电和汽油，陆、海、空中交通的物质因素发生了许多变化。产生了新的居住方式，各种新的消费方式更是使人眼花缭乱。现代许多变迁都是从物质文化变迁开始的，进而引起非物质文化的变迁，特别是适应文化的变迁。社会改革者只有认识到物质文化的重要性，才有希望通过有效的方法对于社会进行改良和指导。"❷

同时，村寨便利的交通也有利于田野调查期间的出行。此外，由于在这个村寨有认识的人，做田野调查相对容易一些，所以最终选择了石村作为田野调查地点。

二、石村概况

石村是贵州省黔东南州黎平县茅贡乡的一个行政村，像大多数侗族村寨一样，坐落在靠近河岸两边的平地上，背靠连绵起伏的高山。一条308省道将寨子分成两部分，这条省道也是经由省会贵阳到达县城黎平的必经之路。据笔者的翻译介绍，这条省道是2006年建成通车的，到2010年年底，才和新建成的厦榕高速公路连接起来，所以现在石村村民的出行很方便，每天都有三趟班车通往省城，在这之前，要去省城必须先去州政府所在地凯里，再从那里坐车去省城，一般要花费整整一天的时间，而现在只需要6小时，这对于石村村民来讲，已经很满足了。石村距离黎平县城有2个小时的车程，但是交通也很方便，每天除了有四五趟从榕江过来的班车以外，还有很多私

---

❶ 该数据来自笔者2014年的实地调查统计。
❷ ［美］威廉·费尔丁·奥格本. 社会变迁——关于文化和先天的本质［M］. 王晓毅，陈育国，译. 杭州：浙江人民出版社，1989：139～143。

人的小面包车，10块钱一位，差不多20分钟就有一辆车经过，沿途有数不清的弯道，如果坐在车的前排，都有种被绕晕的感觉，所以当地的司机都戏称自己的车技要比别的地方的司机好很多，因为他们在路考的时候考的是弯道而不是直道，而且，因为弯道多，司机开车的注意力要很集中，一般不会发生疲劳驾驶的情况。

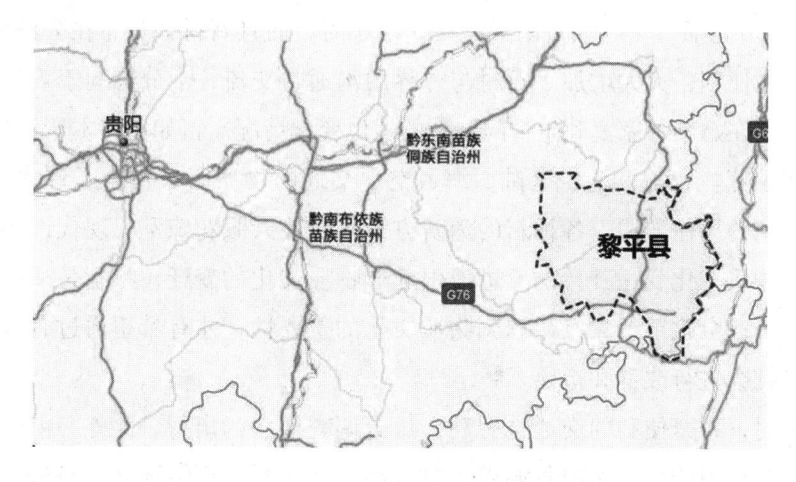

图1-1 黎平县地理位置图

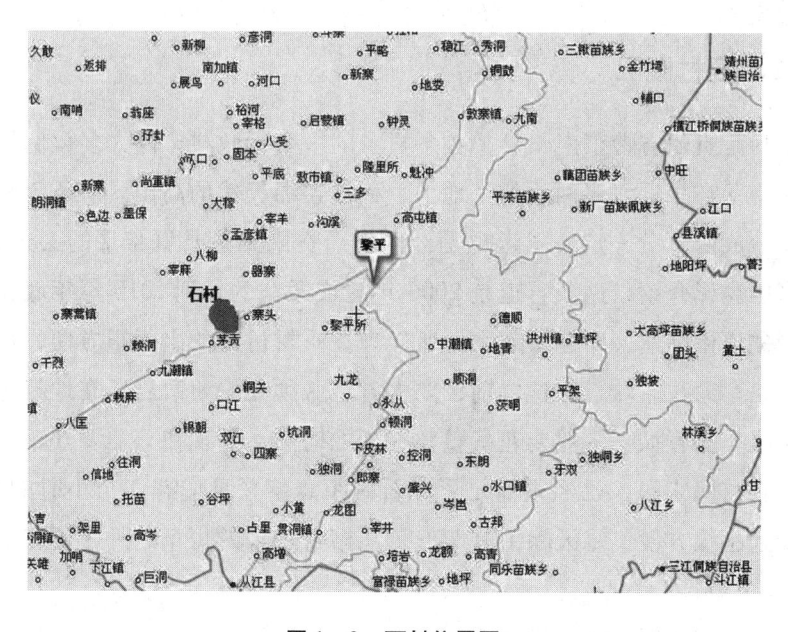

图1-2 石村位置图

从石村到茅贡乡政府大概需要 15 分钟的车程，只要花 3 块钱就可以到，笔者在调查期间就多次乘坐小面包车往返于石村和茅贡乡之间。石村位于茅贡乡东北部，地处黎榕公路两侧，海拔 700 米，气候温暖湿润，年平均气温 15～17℃，年降水量 1100～1300mm，森林覆盖率 60% 以上，土质肥沃，水分条件好。方圆 40 公里范围内无任何工厂和矿藏，空气清新，水质清澈。村子依山傍水，是一个典型的侗族村寨。整个石村共有 224 户居民，计 1028 人，分 3 个村民小组，包括 5 个自然寨，即大寨、芒烂、登南、百快和小寨❶。其中，芒烂始建于 1985 年，登南和百快是在 2002 年该村修建防火线时从大寨搬迁出去，小寨也是因为大寨人数太多，逐渐分散出来，只不过近两年才被正式命名为小寨。村里主要有石、吴两大姓，石姓 174 户，737 人；吴姓 50 户，291 人。全村共有包括歌师、戏师、掌墨师、石匠、手工艺师在内的 13 名民间工艺师。

在侗族社会的历史上，村民主要从事农业生产，以种植水稻为主，特产为"糯谷"。在侗族人心中，糯米饭最香，甜米酒最醇，酒歌最好听。所有这些，都和稻米种植有关。除了把种植糯米作为主要的收入来源之外，侗民还在林业经营的多种植物套种中获取大量的"非粮食"收入。这两类生计方式相结合，不仅推动了社区的经济发展，更重要的是，使有限的土地资源得到了最大限度的利用。石村人的农业生产主要以水稻种植为主，辅以玉米、高粱、饭豆、洋芋、红薯等。经济作物主要有油菜、蓝靛、土烟等。

在石村人的历史记忆里，他们的先民是从江西迁徙过来的，早年生活于长江中下游的三江一带，以种稻捕鱼为生。在以后的历史发展进程中，他们溯江而上，进入到半山区地带定居，并通过人工建立起了立体复合农业模式。其中，最主要的就是稻、鱼、鸭共生结构。所谓稻鱼鸭共生结构，是指在稻田中放养鱼苗，同时又放养家鸭，让稻、鱼、鸭同步生长并相互依存，相互制约。另外，由于石村居于水源的上游，周围山上涌出的泉水经寨子的水渠灌溉后，再汇成小河流入下游的村寨。所以，石村人根据村寨的水源优势，结合传统农业模式，开始发展生态农业，防止农业污染扩散。

侗族是一个林粮兼营的民族，农业生产主要是解决温饱问题，而林业生

---

❶ 这里的村寨名称是根据当地人的语言音译。

产则是他们经济方面的主要来源。为了弥补稻田粮食作物的不足，石村村民往往在林地进行"林粮间作"的作物套种。在石村，人们在林地里套种的作物主要有红薯、棉花、玉米、大豆、辣椒、花生、药材等。实行套种，既可以管理庄稼，又可以看护林木，而且在给庄稼除草施肥的同时，还可以完成对林木幼苗的松根、追肥，便于林木生长。

在20世纪90年代以前，石村人的主要生活来源就是农业。到了90年代，随着打工潮的出现，越来越多的年轻人开始走出去，去往江浙和广东一带打工，主要做一些机械性的流水线工作。到目前为止，石村的大部分年轻人基本都有外出打工的经历。在笔者调查期间，石村基本没有年轻人在家，寨子里见到最多的就是老人和小孩，由此出现了留守老人和留守儿童的社会现象。除了年轻人外出打工以外，寨子里有手艺的工匠也开始外出揽活，甚至出现了包工头。出去揽活的工匠主要是建造鼓楼的工匠师。据笔者的翻译介绍，像他们寨子上出去揽活搞鼓楼建筑的，保守估计一年的收入在10万元以上。

随着人们外出打工机会的增多，与外界的交往也越来越多，家家户户都买了电视机，装了无线接收器，收看电视节目成为石村人晚上和农闲时节的一项重要娱乐活动。除此以外，冰箱、电饭锅、洗衣机、摩托车、脱粒机等电器和工具已经成为当地民众日常生活中必不可少的，由此可见石村村民生活条件的改善。

第二节　石村的政治制度与宗族制度

一、政治制度

（一）洞区

洞，有的也用峝、峒等字，侗语叫"董"，是元代以前的基层行政单位。《宋史》卷四九三《西南溪洞诸蛮上》载，"至道二年（996年）符州刺史向通汉上言：汉五溪诸州连接十洞，控西南夷戍之地。""咸平五年（1002年）七月，禹州刺史彦伊子承宝等百二十人来朝……以承宝为山河使，九溪十峒谕都监"。宋人范成大在《桂海虞衡志·志蛮》中载："羁縻州峒，……大者为州，小者为县，又小者为洞。"《元史》卷十七《世祖本纪》载："至元二十九年（1292年）正月丙午，从葛蛮军民安抚使宋子贤清沿谕未附平划，大瓮眼、紫江、皮陵、潭溪、九保等处诸洞猫（苗）蛮"。同书卷三九《顺帝本纪》又载："至顺四年（1333年）五月，沿湖广行省元领新化洞、古州、潭溪、龙里、洪州诸洞三百余处，洞民六万余户，分隶靖州……"，由此可见，洞是当时的基层行政单位无疑。

洞的治所所在地，有两大特点：一是在平坝或者溪边较大的村寨，其余附近的高山小寨皆为所属；二是治所所在地都系侗寨。洞的区域范围相当于今天的乡一样大小，少数也有个别的洞大过今天的乡。

黎平县境过去究竟有多少个洞建制？据文献记载和民间口传，初步考证，计有五开（今德凤镇）、潭溪、构洞、迪洞、八舟、顿洞、皮林、水从、潘老、尹所、报洞、占州（今罗里）、茅洞（今茅贡）、九潮、新洞、岩洞、南江、肇洞（今肇兴）、地坪、黑洞、木洞、尚洞（今尚重）等40个洞。元代以后，封建王朝不断加强对这一地区的统治，一些洞的治所所在地设置了土司、卫、所、屯（堡），故名已更，但没有设置这些机构的村寨，仍然沿用洞的故名。❶

（二）侗款

侗族历史上在没有全民族的集权机关的条件下，为求自身的生存和民族的利益、反抗统治阶级的歧视和压迫，维护社会安宁，调处民事纠纷等，在一个村寨、一个洞区以致整个侗族地区之内，分别制定一套地方性的法规条文，称之为"款"。"款"组织可分为小款、中款、大款、联合大款四个层次，每一层次的款组织，既是自治单位又是自卫单位；既是军政合一的自治组织，又是联合起来的方位系统；对所辖的款区范围内是自治，对款区外则是联合防卫。❷

侗款对于各种违法案件，分为"六重六轻"和"六阴六阳"，即内勾外引、勾生吃熟者，尚未造成恶果悔过自新，改邪归正者轻；行凶抢劫，屡教不改者重，初次犯罪，愿意悔改者轻；挖墙拱壁，偷牛盗马者重，初犯盗劫，

---

❶ 贵州省黎平县志编撰委员会. 黎平县志［M］. 四川：巴蜀书社，1989：146.
❷ 栗丹. 传统侗款的法文化探析［J］. 贵州社会科学，2008（12）.

退还原物者轻；抢劫人妻，破坏家庭者重，承认过错，回心转意者轻；六亲不认，惹是生非者重，认识较好，不再重犯者轻；杀人放火，扰乱治安者重，未造成严重恶果，赔偿损失者轻。"六阴六阳"是按上述六个区别，重为阴性案件，处以杀头、打入阴间；轻为阳性案件，视其情节，分别给予批评教育、罚款、加重罚款等处分，留在阳间。此外，对可杀可不杀的重阴案件，又还规定，可以倾家荡产赎命，也留在阳间。侗款还规定违反寨规的"抗众罪"，其处分是开除寨籍。开除寨籍有两种，一是驱逐出寨，二是虽不驱逐出寨，但"六亲不认，互不相济。"在民事方面，规定更为具体（详见附录一）。

（三）村

侗族地区长期以来不仅有款组织的存在，同时也有以村为基层自治单位的社会组织。这些村有的是大款中的一个小款，有的只是小款的一个组成部分。村，在侗语中叫作"cunt"，与汉字"村"的发音十分近似，不知是否受到了汉语的影响。村组织上达款组织，是款组织的一个部分或细胞；下连各家族组织，是家族组织的头脑或指挥。

村与款的不同之处在于：款组织主要处理族际或地域性事件，跨越的范围较大；村则是处理本村寨或寨与寨之间的事务，主要以处理寨内事务为主。款与村均有规约存在，但是二者之间存在明显的不同。

1. 从名称来看，款组织的规约称为"款约"，村的规约称为"寨规""乡规民约"或者习惯法；

2. 从所涉及的内容来看，款约主要是民族地域性内容，而寨规则具有一事一议性。

与款组织有款首一样，每村也有自己的领袖，称为寨老。寨老一般由群众公认德高望重的中、老年人担任。根据村寨大小而设一至数人不等，是能力出众、深孚众望、被群众普遍认可的"自然领袖"。寨老非世袭制，没有报酬，不享有任何超出普通村民的特权，在村民的监督下开展工作。寨老负责召集鼓楼会议，与村民共商大事，执行寨规款约，调解民事纠纷，裁决村内事务，主持村内大型祭祀活动，安排村寨之间的社交及村内群众的娱乐活动，代表全村出面协商解决寨际纠纷等。

寨老制度其实是原始社会老人政治的残留，是一种由少数老人或以老人为主把持政治权力、行使统治权的政治。老人社会阅历丰富，拥有应付各种突发状况的经验，从而在原始社会中握有政治大权。如氏族、部落时代的酋长，以及后来的族长、祠长和自然领袖等。这些人通常都是由该族（地区）辈分最高、年龄最大的人担任。老人政治发展到今天，多多少少有些变化，变得更加适应社会。

二、宗族制度

在侗族社会中，存在着以兜、基、公、然为递进层级的宗族制度，由此形成具有民族特色和地域特色的组织形式。

（一）兜

兜，侗语称为"doux"，是侗音记汉字，意思是指具有同一血缘关系的一伙人，即汉语中所说的"房族"。"兜"是侗族社会从血缘和心理上真正意义"同宗共祖"的具有婚姻禁忌的父系集团，也有个别外房族成员加入"兜"，但必须遵从"同兜不婚"的规则。在侗族传统社会，严格执行"同姓可婚""同兜不婚"的婚姻规则。

兜内成员包括男性成员及其配偶，未出嫁的女性成员；兜内禁止互相通婚；共同使用一座山作为家族墓地，每年清明节和祭祖日（农历二月初一和八月初一）共同祭同一祖先的墓地；共商族内大事；经济生活中相互帮助，不分你我；成员辈分上有差距，等等。每个"兜"内都有一名负责人，侗话称为"蒙高"，意即有一定地位、影响和脸面的人，凭年龄、阅历在兜内的老人中自然产生，一般由年龄最大、精明能干的人担任，他的职责主要是处理兜内或者兜之间的问题等。

综合来看，"兜"的社会功能主要有以下几个方面。

1. 互助功能。凡是兜内家庭的婚嫁、丧病、建房等大事，可视为全兜成员的事情，不需要主人家招呼，家家户户出人出力，无偿帮助。如果举行丧事，丧家需要杀一头猪或牛，把肉分给同兜内的各家，以示对大家帮助自家的感谢之意。

2. 规范功能。每兜都有自己世代相传的不成文族规，这些族规是民间社会习惯法的组成部分。族规对于维护族外婚制、保护内部财产、奉行群体互助、维护群体尊严和声誉等方面做出了严格的规定，从外部环境对兜内成员的行为做出约束。

3. 组织功能。在蒙高的主持下，协调本群体内部成员的互助，策划重要集体活动，如清明祭祖、村内公益建设等。

4. 教育功能。保障兜内成员受到有效的乡规民约教育，使个人行为与社会约束并行不悖；处理违法事件时，由亲属执行，增加警示力量。

5. 调节功能。一旦群体内部成员之间发生矛盾和冲突，则通过"蒙高"出面，召集双方进行协商，和平解决纠纷，一般不诉诸武力或国家力量。"在一个当事人之间的结构距离很窄的有限的社会环境中，世仇解决起来会相对容易"，因为，"双方的人们都牵扯在一起，而且他们之间肯定有许多亲属和姻亲关系"。[1]

"兜"是宗族组织中最大的阶层，它控制下的组织"基"是构成"兜"的小部分，或者叫细胞。

（二）基

"基"在侗语中的含义是"禁吃""祭祀"。"基"是随着"兜"的不断壮大、人数的不断增多而形成的一种按亲疏远近关系结合的集团。换句话说，"基"是以自己的曾祖父（或父亲的祖父）为血缘上限，将三、四代男性组成的家庭囊括进来，构成一个连绵不绝的世系继替系统。"基"与"基"之间是兄弟，"基"内同辈男人是兄弟，与"兜"的关系是同兜各基，同基的人禁止通婚。同时，对于基内年老体弱者、生活困难者，基内成员具有帮抚的义务。

"基"也同样有按年龄而自然入选的头人，平时负责基内事务，基际间的事务则提交到"蒙高"处解决。

"基"与其他血缘组织相比，最明显的特征是，在遇到丧事的时候，同基内各个家族忌荤，并为办丧事的家庭提供鱼、肉、米、布，并共同办理丧事。而同兜的人不必忌荤。

"基"是一个仅次于"兜"，但又大于"公"的组织，是血缘组织中的一个层次。

（三）公

公，与汉语中"公"的意思相同，即是同一个爷爷的子孙，由各叔伯兄

---

[1] 埃文思·普里查德. 努尔人：对尼罗河畔一个人群的生活方式和政治制度的描述 [M]. 褚建芳，阎书昌，赵旭东，译. 北京：华夏出版社，2002：180~181.

弟组成，包括几个或更多个的家庭。在"公"内，小事情大家互相帮助处理，大事情则由同"基"内的成员共同承担。在"公"这一层次上，"公"（爷爷）是自然而直接的头人，"公"内各家庭间的事务由"公"负责调解，各家庭的日常行为也由"公"进行监督。

同"公"的家庭一般在住地上都比较接近，或互为邻居，得到稀罕物或者好吃的东西会分到各户共同享受。多数情况下，同公的家庭居住在同一栋房子中，便于在日常生活中相互照顾。很多时候，同公的人对财产分割也不是很清晰，有的甚至在同一炉灶上吃饭。这个时候，"公"和"然"就不相区别，合为一体了。

（四）然

"然"，侗语记汉字，意为家（户）的意思，它是血缘组织中最小的单位，是社会的细胞，由父母及未婚子女组成。

确切地说，"然"应为使用一个炉灶的人们。在一栋房子里居住的不一定是一个"然"，可能是多个；居住在两栋房子里的不一定是两个"然"，可能是一个，确定的方式应以有多少个在烧火的炉灶为准。比如，石村有一户人家的兄弟两个没有分家，住在一栋房子里，但是分开吃饭，也就是有两个灶，所以是两个"然"；而另外一户人家的夫妇两人单独住在一栋房子里，但是他们并不是单独吃饭，而是和住在旁边的儿子一家人同桌吃饭，即使用一个灶，所以他们是一个"然"。

因此，我们可以看出，这里的"然"并不是我们平常所说的一栋房子，即一家一户，也不是我们看到的户籍登记卡，即一卡一户，而是使用同一个灶，同桌吃饭的人，即一灶一户。

第三节　石村的传统文化

一、群体意识

由于侗族长期在十分有限的山间坝子从事稻作农业，所以为了有效地利用山区稀缺资源，侗族采取了聚族而居的生活方式，形成了家族——村寨的村落结构,这种村落结构使得侗族社会形成了在内部极为协调统一的群体意识,而对外又具有极强的竞争意识,这种社会生活方式的形成主要取决于对稀缺资源的保护与利用。

在侗族社会,内部协调的群体意识主要表现为重视群体,强调个体归属群体。个人的存在与所属群体休戚相关,荣辱与共。因此,在侗族社会中,个人被逐出村寨或被村寨村民孤立,是最为严厉的惩罚。在石村,就曾经出现过全村孤立一户村民的事情。在20个世纪80年代,一户人家家中着火,由于没有及时扑灭,殃及了半个寨子,按照规定,人们就把这户人家赶出了寨子,规定10年内不准进大寨,而且不能参加寨子的任何集体活动,对于侗族这样一个非常重视群体的民族来说,这个惩罚也许是最严重的,所以一般情况下,人们都不敢去触犯这些规定。

侗族社会的群体意识集中体现在强调群体内部的"差序格局",但这种"差序格局"构成的社会关系不"是逐渐从一个一个人推出去的,是私人联系的增加,社会范围是一根根私人联系所构成的网络"[1],而是从家族出发,往下推及一个个家庭,再到一个个具体个人,往上推及到村寨组织的"小款""中款""大款"。

在这里,族内或整个村寨的大小事务一律由村民推选的德高望重的"寨老"和"族长"召集公众来商量解决。由于侗族社会中这种群体性的活动比较频繁,在一定程度上模塑了村民的群体意识。也正是由于这种集体性活动较为频繁,使得村寨拥有比较完整的公共设施,诸如鼓楼、风雨桥、戏楼、芦笙坪、萨堂等。

另外,侗族社会的群体意识在侗族民居建筑的设计与布局中也有很好的体现。侗族民众居住的都是由杉木建成的干栏式侗楼,它特有的民居结构不仅反映了侗族长于木构建筑的工巧传统,而且其工效设计也反映了侗族的群体意识。侗楼中的"厅廊"和"火塘"最能体现侗族的群体意识功能。按照设计,"厅廊"和"火塘"都设在二楼,它既是家人生活、休息的地方,也是接纳来客贵宾、欢聚畅谈的场所。"厅廊"占据了二楼1/3的空间,宽敞通风明亮,内部只配置长凳和凉水桶,别无杂物,专作待客宴宾和歇息纳凉的

---

[1] 费孝通. 乡土中国 生育制度 [M]. 北京:北京大学出版社,1998:30.

场所，夜间乃是青年男女谈情说爱的"月堂"。侗族社区的鼓楼在建构村寨关系中也起到了十分重要的作用。不管村寨的鼓楼建于什么年代，只要从它建成之日起，就是村民款组织活动的重要场所，同时也是村民议事、交流、娱乐、迎宾和休息的场所。凡是寨内有诸如对偷盗的处理、是否参加某月某日的斗牛活动，或对某人婚姻案件的判决等重大事情时，都要由乡老命令"管脚"（传达信息者）敲锣或击鼓，召集村民聚集于鼓楼内来共同商议。一旦由众人在鼓楼里议定后，所有人都要严格去执行，不得违抗。

二、宗教信仰和观念世界

历史上，侗族普遍信仰以万物有灵为核心的原始宗教，自然崇拜、鬼神崇拜、祖先崇拜和灵魂观念构成了侗族宗教信仰的主要内容。[1]

（一）萨神崇拜

在石村人的神灵信仰中，"萨岁"是最大的，具有至高无上的权威，应该是母系时代的遗留。"萨岁"也被称为"萨安""达摩天子""达摩婆婆"等，意为大祖母或始祖母、先祖母等，是一个具有普遍意义的抽象概念，是女性神灵信仰的代称。据说她神通广大，能影响风、雷、雨、电、瘟等诸神，能驱邪攘灾，管治猛兽，所以当地人又称其为"社稷神"，凡是有关生产、生活中的大事，都要祈求"萨岁"的保佑。总之，"萨岁"是当地民众认识世界、解释生命的起点，也是他们生活的中心。

在黔西南的南侗地区，每个村子都建有祭祀"萨岁"的萨坛或萨堂。石村的萨坛就是一个三米见方的用泥土夯筑的土堆，没有围墙，地面中部是用石块砌边的一个高约五寸、一米见方的土台。这个土台就是祭台，上面植有一棵一尺多高的黄杨树作为祖母树，树下有几个祭祀的小酒杯，旁边有一把油纸伞。不经指点，外人根本无法想象那就是一个祖母坛，因为它没有一般殿堂所设立神祇的雕像或祖灵的牌位，没有殿堂的那份神秘和威严，只有一把象征祖母栖息的油纸伞，一棵祖母树。这看似简陋的神坛却是最古老、最本色的神坛，是当地民众的精神寄托和希望。如寨子里每一个新生儿在第一

---

[1] 张泽忠，等. 变迁与再地方化——广西三江独峒侗族"团寨"文化模式解析 [M]. 北京：民族出版社，2008：283.

次去外婆家时，家长都要在背带上别一些黄杨树叶，据说可以辟邪；家中要是有人要出远门，也要带上一些黄杨树叶；每年在赛芦笙、月贺的时候，也要折一些黄杨树叶别在身上。所有这些行为，都是为了让黄杨树保护人们免受鬼的侵害，远离灾祸，平平安安。

石村人对"萨岁"的祭祀最频繁，过去有"一年一小祭，三年一大祭"之说。一般情况下，每年农历正月初一、十五，或者其他比较重要的节日都要举行小规模的祭祀活动，三月初三举行一场规模相对较大的祭祀活动。届时，全村男女老少都要着盛装参加，一起宰杀牲口，摆香案，放鞭炮，供奉酒、鱼、糯米饭等。据说，供祭的牲口不能用刀杀，必须要用水溺死，

祭祀用的猪必须是无杂毛的全黑猪，因为黑色代表了邪恶和灾祸，把猪溺死，就意

图1-3 游"萨神"

味着把全年的灾难和不祥都消除了，可以让全寨平安。除了举行祭祀活动以外，还要举行赛芦笙、唱侗歌等庆祝活动。

(二) 敬老之风和祖先崇拜

侗族一般都是聚族而居，以"补拉"[1]构成以血缘关系为基础的社会组织形态。在"补拉"内部，小至十几户，多到几百户，供奉着共同的祖先，一个姓氏由多个"补拉"构成。"在社会关系上，它是一个自我保护、自我协调、自我教育的组织；在经济上，它是一个互助的、由多个家庭联合起来的大家庭（代表各个家庭的财产和实力）。"[2] 主持"补拉"日常事务的，是有威望、办事公道的长者，而村寨事务则由村寨推举出来的"款首"管理。"款"是古代侗族社会特有的一种组织，它是以血缘关系为基础，以地缘关系为纽带的，对内自治、对外自卫、带有军事联盟性质的社会组织形式。[3] 现在在石村，仍然保存有"款"的现代组织形式——老人协会，老人协会的会员

---

[1] 相当于汉族的房族.
[2] 吴浩. 侗族村寨文化 [M]. 北京: 民族出版社, 2004: 457.
[3] 吴爱月. 侗族传统教育和文化传承 [J]. 广西民族大学学报, 2006 (06): 169.

由各姓氏推举德高望重、处事公平的老人来担任,协助村委会管理村寨事务。所以,老人协会的这些成员在村寨中都极具权威,能够获得全体民众的尊重。

在石村,人们普遍认为人有"三魂":一个守坟,一个守家,一个投胎还阳。守坟和守家的两个灵魂会得到后代的尊崇,所以每年的二月二、清明节,所有的"补拉"都要举族去祭拜祖先;逢年过节,还要在火塘边祭拜祖先。人们相信,祖先的灵魂会保佑整个家族人丁兴旺、平安幸福。在老人临死前,要给他喂水喂汤,只有这样,那个投胎转阳的灵魂在通过奈何桥的时候就不会再喝那个井水了❶(侗语称为"内闷黄水"),这样他转世以后还会记得前世的事情,能够继续保佑家里人。

(三)鬼魂观念

在南侗地区,有浓厚的鬼魂观念,当然石村也不例外。鬼魂观念是从原始社会流传下来的,是普遍存在的一种宗教信仰,当地人的鬼魂观念是这样的:人死后灵魂会变成各式各样的鬼,而这些鬼魂具有超人的能力,会经常作祟于寨子里那些体弱多病的老人和小孩,所以要通过招魂、驱鬼、祭祖等活动来祭祀鬼魂,使其安宁。前文已经提到,石村人相信人有"三魂":一个守坟,一个守家,一个投胎还阳。一个人如果是正常死亡❷,死后一个灵魂就会到阴间报到,等待投胎还阳;一个守着坟墓,享用后人供奉的供品和香火;一个留在家里,保佑全家平安。如果寨子里出现非正常死亡的情况,必须请鬼师来举行一个"煞寨"仪式❸,这时,要在寨门上悬挂柚子叶,禁止外人入寨,如果不举行这样的仪式,整个寨子就不得安宁,会一直受到这个野鬼的骚扰。

具体到石村,流行着与鬼魂观念相关的祭桥习俗。关于祭桥习俗,在侗族民间故事《二月二的传说·架桥》中也有详细记载(见附录二)。

与鬼魂观念相关的习俗还有"添桥"和"砍桥"习俗。所谓"添桥",就是在家中的孩子生病或身体不好时,由老人带上酒、肉、鸡、糯米饭等祭品,到当初为孩子修建的生命桥上添一根绑着侗布条的杉木,然后烧纸焚香,

---

❶ 侗语称为"内闷黄水",音译。
❷ 当地人认为36岁以上死亡才能算作正常死亡,而且必须是在家中死亡,否则死后就会变成孤魂野鬼,无法进入祖坟。
❸ 也就是驱鬼仪式。

期待孩子失落的灵魂能通过桥回到孩子的身上，保佑孩子健康平安。如果家里的小孩或大人病危，则要举行"砍桥"仪式。在当地人的观念里，小孩或大人病危是因为灵魂误入他人的桥，必须要请鬼师举行"砍桥"仪式。通过仪式，如果能唤回灵魂，使其恢复健康，说明他的灵魂上别人的桥还不太深；如果唤不回来，则说明他的灵魂入别人的桥太深，已经投胎到架桥的那家人家了，这个人就会慢慢死去。但是因为这个人的灵魂还不完整，所以投胎的那个小孩身体也不会很好，直到这边的这个人完全去世，那边的小孩才会恢复正常。

（四）万物有灵观念

侗族普遍崇尚万物有灵的观念，认为天地万物，小到一块石头、一棵树、一口井，或者生产生活用具，大到一座山、一条江河等，都是有灵气的，与人们的生死祸福息息相关，所以在日常生活中，人们把对疾病的祛除和生存的希望都寄托在动植物身上。如嫁出去的女儿在生头胎满月回娘家时，一定要到萨坛的黄杨树上摘几片树叶放在身上，以求得萨神的保佑。在每个侗族村寨，都有用来保护村寨的风景林，又称为风水林，这些树林是由若干高大的老树组成的，一般都在进寨子的风雨桥旁边，是不允许砍伐的，因为人们认为这些树能保整个寨子的风水，而且具有灵性，如果有小孩生病了，或者长不大，就到风景林拜一棵老树为干爹干妈，来保佑孩子健康成长，据说比较灵验。在张泽忠先生主编的《努志潭》中，就有一则故事，专门讲述了神树（见附录三）。

除了树木崇拜以外，石村人还认为井有井神、山有山神、河有河神、田有田神。对于身边的万物，人们都赋予了神秘的想象和美好的期待，希望能够保佑寨子平安。

三、传统节日

石村的节日特别丰富，可以说每个月都在过节，从准备忙年，到庆祝丰收，应和着农业生产的节奏，张弛有度，自然和谐。其中，比较重要的有春节、清明节、四月八、端午节、吃新节和平安节。

（一）春节

受汉族的影响，侗族也过春节，而且也十分隆重，但是侗族的"春节"

习俗与汉族又不完全相同。据石村吴××介绍，他们的春节是从农历十二月二十七开始，一直持续到第二年的正月十五。从年前的十二月二十七开始，家家户户就开始杀年猪，蒸糯米粑粑，打扫卫生，迎接春节的到来，小伙子要给未过门的未婚妻送礼。到了腊月三十，也就是除夕晚上，家家户户门窗都贴上春联，鸣放鞭炮，表示除旧岁，迎接新年。这天晚上，各家先以猪肉或猪头敬奉祖先，然后全家进餐，吃团圆饭。还要煮上未经切的嫩白菜、菠菜、大蒜等，每人先尝上几叶（根），名曰吃"长寿"菜。晚饭过后，全家人要围坐在火塘边守岁，直到第二天早晨。正月初一一大早，要鸣放鞭炮以庆祝新年，要用茶水来祭拜祖先，传说此时是祖先的"斋时"，晚上再给祖先供奉酒肉。早饭后，寨子里的小孩三五一群串门拜年，各户家长都要事先准备些糖果散发给上门拜年的小孩，下午，全寨的人还要集体举行"祭萨"活动。三十和初一这一天还有一些禁忌，如除夕和初一一天都不能请客；初一这一天不能动刀，所有的饭菜都是前一天就准备好的，以示年年有余；初一这天不往外倒水和垃圾，表示全年的财喜都不外流。从初二开始，出嫁的女儿带着糖果酒肉回娘家，女婿和外孙也同行，共同祝贺家中老人健康长寿。初三以后，亲朋好友之间会带上糍粑和肉类互相走访，祝贺新年快乐，万事如意。从初三开始，寨子里会举行赛芦笙、唱侗歌等娱乐活动，一直到正月十五结束，而且在正月十五这一天，家家户户都要蒸一甑糯米打糍粑，当地有"吃了十五粑，才知把地下"的说法。至此，春节才算正式过完。

（二）清明节

祭祖扫墓，是侗族清明节的一项重要习俗。每逢清明时节，人们便提上篮子，带上祭品上老辈坟前祭奠，俗称"挂清"。挂清时，要把坟周围的草割掉，给坟堆堆土，并插上魂标，挂上钱纸，纪念祖先。回家后，要在门外插一根树枝，挂上纸钱，摆上供品，祭奠不能进家门的祖先的灵魂。在石村，清明节这天，要以家族为单位置办酒席来祭奠祖先。整个家族的人聚在一起，将事先准备好的刀头糯米饭、米酒等食物献给祖先，并在祖先坟前燃放鞭炮，然后家族所有成员在一起聚餐，谓为"与祖先共餐"。

（三）四月八

牛是侗家人耕田犁地的好帮手，为了感谢牛的劳苦，侗家人在四月八这一天为牛庆祝生日，不管农活多忙，也要让牛在这一天休息，而且要割最鲜嫩的草供其享用。为了感谢牛的辛勤劳作，人们把糯米染黑，做成乌米饭，佯装吃牛屎，以示对牛的尊重，并且在这一天禁止吃牛肉。

在石村，四月八的头一天，妇女们就会从山上采来梅桐叶，舂烂并用清水泡好，滤出汁与糯米放在一起，浸泡一晚上，等到第二天蒸煮成又香又亮的乌米饭。据说乌米饭做得越黑，这一年家里染的布就越黑。

（四）端午节

端午节又名重午、端午、端阳节，是夏历五月初五。在端午的前一天，家家户户都要包粽粑，杀鸡鸭，在门上挂艾叶、菖蒲叶等，家中有小孩的还要在衣襟前捆一小节菖蒲根，传说是为了避防瘟疫。粽粑是用粽粑叶包粽米以水熬熟而成的，味香可口。关于端午节的来源，在石村村民中有这样三种说法：一说是为了纪念我国最早的大诗人屈原投汨罗江自尽；二说是古人认为五月是恶月，所以要逐邪祛毒；三说是五月初五为龙的节日，源于古越族的图腾崇拜。在端午这天，出嫁的姑娘要带上米酒、粽粑和猪肉回娘家看望父母，小伙子也要给自己未过门的媳妇家送礼。

（五）吃新节

吃新节又称尝新节、过半节。此节意为田的禾苗打苞，园里的瓜豆已经成熟，为了庆祝丰收，感谢谷神与祖宗的恩赐，即过此节。过节这天，家家户户都要开田捉鱼，从田里扯来五至七根禾苞，煮熟后，将苞内的嫩穗分放在每一饭碗之上，然后烧香化纸祭祖。各地举行吃新节的时间不一致，由寨老根据自己寨子的具体时间来定，但是近年来，由于寨子的年轻人都出去打工，所以基本不再过吃新节。

（六）平安节

又称吃粑节，每年立冬的第二天过，此意为"万物归仓"了，但不能忘记节约，所以在平安节这一天，寨子上的男女老少都要聚集到鼓楼，由寨老叙述本寨的历史由来，教育人们勤俭度日。因此，过此节吃的是稀饭。

四、文娱活动

（一）放牛打架

"斗牛"是侗族人民最喜爱的娱乐活动之一。每逢斗牛盛会，方圆百里的村民都赶去观看，少则千人，多达数万人。侗族人民的斗牛活动有着很深的寓意，它除了预祝丰收、欢庆丰收外，还是民族之间、村寨之间团结友爱、互相进行文化交流和社会交往的桥梁与纽带。

侗族人民的斗牛活动，一般都是在春冬两季中的亥日（立春和立冬后的"亥日"，据说亥日是个公正的日子）进行。斗牛前夜，牛主就把牛圈用草绳围起来，不许外人进入圈内。"斗牛迷"们则聚集在鼓楼里进行"卜螺"游戏，预测牛王的胜负。"卜螺"是侗家斗牛前夜的一种传统娱乐活动。取两个田螺和一副银耳环放入木盆，确定田螺分别代表双方牛王后，随即唱起"卜螺歌"，等田螺渐渐蠕动起来，互相追逐，跑者为败，追者为胜。

斗牛活动，又是侗族人民的社交活动之一。斗牛前的一两天，四村八寨的客人都赶来参与斗牛的村寨赛歌做客。当斗牛活动接近尾声时，各寨一队队男青年，吹起芦笙跳着舞步，抬着糖果去送他们中意的姑娘；而主寨的后生、姑娘们则把所有客寨的人接到家里，客寨的人会受到主寨人

图 1-4　侗族斗牛活动

的热情欢迎和盛情款待。晚上，男女青年们便聚集在鼓楼里"行歌坐夜"，以建立感情。

（二）赛芦笙

赛芦笙是石村青壮年最为喜爱的文娱活动。据传说是从三国时孔明开始以芦笙为乐。芦笙曲调和结构一般分为两种，即比赛芦笙和引路芦笙。

比赛芦笙一般于夜晚串寨进行，也有白天入牛堂比赛的。比赛的季节一般于秋后春前空闲的时间里。在一个队伍中，比赛芦笙的人数少的十余人，多则几十人。芦笙有大、中、小和地筒四个型号。比赛的胜负标准只限声音洪亮，悦耳动听，能压住对方声音者为胜，胜者不给奖品，败者不受惩罚，友谊为重，只凭旁听群众评论。

图 1–5　赛芦笙

引路芦笙数量不多，中八型号不参与比赛，只限带路，牵牛入堂，众人进行社交等场合，方可吹此芦笙。引路芦笙曲调悠扬，十分动听。

（三）"月贺"

"月贺"是侗族村寨流传极为广泛的一种社交活动，意即"集体做客"。主要有"贺年"（新年旅行）、"贺八月"（八月旅行）和"芦笙贺月"三种。

"月贺"是一种友好交往的活动，在某种程度上带有结盟的性质。凡有"月贺"关系的寨子，在处理民事纠纷方面，绝不诉诸武力，乱动干戈。如某一寨子受外来侵犯，所有"月贺"的寨子会在舆论和力量上给予支持和援助。又如一人路上行走，遇到某寨不礼貌或者不友好的行为，行者只要声称"我在你们寨上有'贺'哩，"对方顷刻变得很友好。所有"月贺"的寨子，各自都把对方称之为"贺"。"贺"有"贺瓦"和"贺主"之分。"贺瓦"为"集体盟友"；"贺主"是"个人盟友"。因此，"贺瓦"受全寨隆重礼节接待，"贺主"只受个人家宴款待。参加活动时，"贺瓦"先行，"贺主"排于队后。

唱歌是"月贺"活动的主要内容。进寨时，客人要唱赞美主寨风物人情的歌；到鼓楼后，要唱赞美鼓楼建筑雄伟壮丽的歌；通过主寨姑娘设置的路障时，双方还对唱《拦路歌》；到家后，唱赞美主人贤惠勤劳、房屋建设好一类的歌；酒席间，唱《酒令歌》互相敬酒；饭后唱《感谢歌》《收碗歌》；送行时又唱《送别歌》，等等。

第二章　石村妇女的婚姻

所谓婚姻，是指男女两性的结合，并为一定历史时代和一定地区内社会制度及其文化和伦理道德规范所认可的夫妻关系。而人类的繁衍，正是通过两性的婚姻关系和在此基础上组成的家庭关系来完成的。费孝通先生曾经指出："人类生活的目的之一就是延续他们的种族。而人类的婚姻行为恰恰是种族延续的保障。因为婚姻行为确定了双系抚育模式，这种模式既能保证单个家庭种族延续，又能满足社会继替的需要。"❶ 这就充分说明了婚姻在人类发展延续过程中的重要作用。本章在详细阐释石村传统婚姻制度的基础上，主要选取了石村妇女的择偶方式与标准、婚姻仪式过程以及婚姻中的彩礼和嫁妆来说明石村妇女在婚姻过程中的地位变化情况。

第一节　石村的传统婚姻制度及其变化

一、婚姻规则的变迁

在侗族地区，由于其特殊的文化环境和习俗传统，形成了一些特殊的婚姻规则。

（一）"姑舅表婚"制及其改革

所谓"姑舅表婚"，又称交互从表婚，是特定婚配中最为常见的一种，指的是姑舅表兄妹之间有优先婚配的权利。而在侗族地区，过去就一直流行着

---

❶　费孝通. 生育制度［M］. 天津：天津人民出版社，1981：29.

"姑舅表婚",这种"姑舅表婚"是父方的交互从表婚,侗语称之为"买标",也叫"养女还舅""女还舅门",也就是说,姑姑家的女儿一定要优先嫁给舅舅家的儿子,舅舅对外甥女的婚姻拥有优先权,除非舅家表示不要,方可许配他人。但是舅舅家的女儿并不需要优先嫁给姑姑家儿子。如果姑家女不愿意嫁给舅舅家的儿子,双方也可以进行协商,有的舅家会放弃优先娶外甥女的权利,但是,外甥女在外嫁后,外甥婿需要给舅舅家一笔身价钱,也就是当地人所称的"舅公礼"(娘头钱、外甥钱)。事实上,这种婚姻制度反映了父权制代替母权制的历程,实质上也是维持"舅权"在亲族的繁衍和发展上的稳定。

"姑舅表婚"之所以在侗族地区盛行,除了受封闭型生活环境的制约外,还与其功用有密切关系。因为"姑舅表婚"既维持和加强了姑舅两代人之间的亲属关系,使之亲上加亲,保证了家族的延续,同时又促进了亲属之间的进一步深化。正如费孝通先生在分析中国乡土社会中的表亲婚时提到的:"在短期内,媳妇的处境不利于这个群体和睦相处。因此,表亲联婚成了一种解决问题的办法。"❶

新中国成立后,虽然"女还舅门"的习俗被强制破除了,但是舅权仍然存在,凡是男婚女嫁,都需要准备一份舅公礼,而且要请舅公来喝酒;家中兄弟有纷争,也需要请舅公来化解。侗族的俗语"天上雷公为大,地上舅公为大"就说明了舅舅对外甥的权利和威信。另外,在侗族的亲属称谓中,也体现了"姑舅表婚"的遗存,侗族对舅父母、姑父母、岳父母、家公家婆的称呼都是相同的,舅表和姑表兄弟姐妹之间的称呼跟夫妻间的称呼也有明显关系,"说明这称谓除了表明其间的亲属关系外,还在相当意义上含有婚姻关系的因素。这就是曾盛行过的姑舅表婚在当今生活中的遗迹。"❷ 在笔者调查的石村,70年代的婚姻中,还有50%的婚姻是姑舅表婚,十多年前,仍然有1%~2%的婚姻是姑舅表婚,由此可见,姑舅表婚在侗族社会的影响力有多大。

20世纪90年代后,随着农村经济体制的改革和外出务工人员的增多,以

---

❶ 费孝通. 江村经济 [M]. 北京:商务印书馆,2005:60.
❷ 冯祖贻,等. 侗族文化研究 [M]. 贵阳:贵州人民出版社,1999:103.

及国家关于近亲结婚影响后代、优生优育等思想的宣传，人们越来越认识到近亲结婚的危害，到今天，姑舅表婚基本已经退出了侗族婚俗的历史舞台，取而代之的是恋爱、婚姻自由的习俗。从一个侧面来看，"姑舅表婚"的衰落表明青年男女对自己的婚姻有了绝对的自主权利，尤其是对于年轻的侗族女性来说，更是说明了她们在婚姻选择上的自由，当然从另一个侧面也说明了侗族妇女经过50年的发展家庭和社会地位已经有了明显的提高。

（二）从"同姓不婚"到"破姓开亲"

传统侗族社会有一套较为完善的社会组织，据此形成了一整套严密的控制网络。另外，侗族的一个"姓"就代表一个祖先，同姓的人被认为有一个共同的祖先；具有相同血缘不通婚的家族组织称为"兜"。如贵州黎平县肇兴寨大部分村民都姓"陆"，但内部又分为"仁、义、礼、智、信"五个"兜"，每个兜均建有自己的鼓楼。石村主要以"石"姓为主，第二大姓是"吴"姓，只有15户，但是在其内部，又分为五基（基，侗语的含义是"禁吃""祭祀"。"基"是随着兜的不断壮大、人数不断增多而形成的一种按亲疏远近关系结合的集团。换句话说，"基"是以自己的曾祖父，或父亲的祖父为血缘上限，将三、四代男性组成的家庭囊括进来，构成一个连绵不绝的世系继替系统❶），基内同辈男人是兄弟关系，在遇到丧事时，同基内各个家族忌荤，并为办丧事的家庭提供鱼、肉、米等，还要共同办理丧事。

在侗族地区，相同的"姓"不一定有相同的血缘关系。在石村，"石"姓占到大部分，但是其内部也有区分，大寨和占迫小寨的石姓就被认为相互之间没有关系，据老人们讲，占迫小寨的石姓是从江西迁移过来的，比大寨的石姓要晚，他们刚迁来的时候只有弟兄两家，看到大寨的石姓家族势力大，为了避免受欺负，就随大寨的石姓改为姓石，但其实并没有任何的血缘关系，所以内部是可以通婚的。因为在侗族地区，"同姓不婚"主要限制的是有血缘关系的同房族婚姻，对于没有血缘关系的同姓，则不加限制，所以这也就是在石村有相当部分同姓婚姻的原因，事实上，他们属于不同的房族，没有任何血缘关系。

由于侗族地区普遍流行着"同姓不婚"和"姑舅表婚"的习俗，再加上

---

❶ 沈洁. 和谐与生存［C］. 中央民族大学博士学位论文，2011：127.

人口的增加和迁徙，使得婚姻圈的空间距离越来越大，给结亲带来诸多不便。

在《九十九公款词》中就这样说道：

> 侗家人丁兴旺，我们总论胜氏结亲。三十天路程找女子，七十天路程寻郎婿。带肉肉生蛆，带饭饭变馊。❶

在侗族的"破姓开亲"（念词）中也罗列了远路结亲的几桩难事。

> 说到当初嫁娶，同姓不通婚，异姓才相连，三十天路还说近，四十天路不嫌远，姑娘新裙成碎布，糯团腌鱼蛆虫延。索彦姑娘半路死，索益姑娘半路亡。尸骨找不到，坟墓无法安。嫁出远门去，遇难第一桩。进故和彦娘，娘故和流美，四位好姑娘，出嫁去远方。启程去夫家，人家才插秧，转程回来时，谷子已金黄。他们淡了心，吊颈在树上。嫁出远门去，遇难第二桩。讲到第三桩，美道和英朗……❷

由此可见，"同姓不婚"给人们的生活带来诸多不便和不幸。所以到清雍正年间，侗族实行了历史上最大的一次婚姻改革，那就是"破姓开亲"。

清朝雍正年间，今黔、贵、湘三省九十九款区的款首聚会三宝月寨，联合起来，革除了"有女远嫁"的陋习，制定了改革"同姓不婚"的"款约"，即《九十九公款》，其中明确规定：

> 这次立款立约，主要是婚姻破姓俗规。同族出五服、过五辈，村头娶五辈，村头娶姑辈并不碍事理，村脚娶晚辈，也不算犯俗规。村近路也近，姚姓嫁姚姓。兰松娶了姑表辈，郎耶娶了同姓女，我们结近路亲去喽！❸

通过"合款"订约，侗族婚姻跨出了改革的重要一步，只要血缘关系超过五代以上，男女青年不受姓氏、辈分、居所的影响，都可以成为婚偶对象。"破姓开亲"作为侗族历史上最大的一次婚姻改革，突破了同姓不婚的血缘界

---

❶ 吴江. 九十九公合款. 贵州省侗学研究会、侗学研究（三）[M]. 贵阳：贵州民族出版社，1998：152.

❷ 杨成林. 祖公上河·破姓开亲 [J]. 贵州民族研究，1980（2）：93~97.

❸ 湖南少数民族古籍办公室. 侗款 [M]. 长沙：岳麓书社，1998：235.

限，缩小了通婚的地域范围，扩大了择偶的范围。

(三) 层级婚姻的规约

在侗族社会婚姻史上，除了曾经受族际关系的影响，还受层级婚姻的限制，也就是说，在婚姻选择时，要讲究"根骨"，即家庭背景。据此，人们把婚姻选择分为三个层次，即"上、中、下"三层。上层亲即好亲，说明婚姻对象根正苗好，是体面人家；中层亲在婚姻选择中比下层亲（即不好的婚姻）要好，但比上层婚姻选择要差得多；下层亲即被认为是有"鬼"、有"蛊"的人家，所以这些人家不干净，婚姻选择的范围也就只能在与自家相同的层级中，因为大家都知道自己的家庭处于婚姻选择中的哪一个层级，都会根据自己的实际情况选择婚配对象。在日常生活中，这些有"蛊"、有"鬼"的人家会被大家嫌弃，如果寨子里有人生病，或者发生什么灾难，大家首先想到的就是这些有"蛊、鬼"的人家在作怪。当然，大家都不会明确指出哪些人家属于上等亲、中等亲、下等亲的范围，一般不会在不同层级之间发生交叉。当然，也有个别婚姻是在不同的婚姻圈之间进行的。

笔者在调查期间，也听石村的村民说过村里有上中下三个婚姻圈，但是因为大家都避讳谈巫蛊之事，所以没有得到准确的信息，但可以肯定的是，这种婚姻圈不仅关系到家庭婚姻，而且关系到社会生活的诸多方面。

在上、中、下三层婚姻圈中，每一层级的人都知道自己应该和哪些人结亲，而且父母在儿女"行歌坐夜"以前，就会交代他们可以和哪些人家开亲，所以大家都清楚对等亲的问题。如果一个上等亲婚姻圈内的人与中等亲婚姻圈内的人结了亲，那么这个上等亲的个人和家庭也就进入了中等亲的圈子。如果是上等亲与下等亲结婚，那这个上等亲的个人和家庭就永远被视为下等亲了。所以大家在选取婚姻圈的时候都很慎重。

据调查，如果上等亲的女儿嫁给了下等亲的儿子，女孩的父母会觉得很丢人，有的甚至不让自己的女儿进家门；如果是上等亲的女儿嫁给了中等亲的儿子，父母虽然也觉得丢人，但是还允许女儿进门。如果女孩的父母不认可女儿的婚姻，这对年轻人就只能等有了孩子以后带孩子回来，以获得家人的谅解，一般父母看在下一辈人的份上，会原谅自己女儿或儿子的行为。

在侗族地区，除了将婚姻圈分为上、中、下以外，人们按照社会地位的不同，也分出了上、中、下三等。那些处于上层的人，通常是家庭经济条件比较好，在寨子里德高望重、家族势力大的人，所以这些家庭的成员在公共场合，尤其是在鼓楼等地方习惯于大声说话，显示自己的权威。而那些处于下层的人家，说话行事都非常谨慎小心，生怕自己说错话，得罪那些有势力的人。据笔者调查，石村也有这样的社会分层，但是大家对此好像都很避讳，所以没有了解到特别详细的情况。

二、通婚规则的变迁

在人类的择偶史上，有内婚制与外婚制两种规则。内婚制，又称为族内婚，指在一定的血缘或等级范围内，选择配偶的婚姻规则。[1] 外婚制，则是规定本群体的人员只能在本群体外选择配偶，禁止同群体中的人结亲。"在任何一个地方，婚配都有一个'外圈'，也都有一个'内圈'。超出'外圈'，就会受到明令禁止，或被认为不成体统；囿于'内圈'，也是不能允许的。"[2] 在侗族传统社会中，人们在缔结婚姻时，主要实行民族内婚制，婚配对象不能超出民族这个"外圈"；而在同一房族内又实行外婚制，因为同源同宗的房族是通婚的"内圈"，所以禁止通婚。侗族社会的通婚规则，主要有民族内婚和宗族外婚两种。

（一）民族内婚

侗族社会在新中国成立前一直严格实行着民族内婚制，也就是说，侗族人只能与侗族人婚配，严禁与其他民族通婚。新中国成立后，随着人口流动的增多和族际间交往沟通的日益频繁，民族间通婚的现象才开始出现。由于石村所属的乡镇95%左右都为侗族，所以发生族际通婚的情况很少。具体到石村，目前只有三对婚姻为族际间通婚，其中，两对为侗族与汉族通婚，一对为侗族与壮族通婚，剩下的全部为侗族之间的婚姻。形成这种通婚状况的主要原因是侗族历史上有"不与外族通婚"的规定。在石村，关于民族间通婚还有一个特别规定，那就是坚决不能与苗族通婚，据村民 SKL 讲，不和苗族通婚是因为：苗族都住在深山老林里，出入不方便，有的婆娘一年就下山一两趟，日子过得很苦，要是和他们结婚，就要过苦日子了，哪像我们侗族，

---

[1] 陈国强，石奕龙. 文化人类学词典 [M]. 台北：恩楷股份有限公司，2002：31.
[2] [芬兰] E. A. 韦斯特马克. 人类婚姻史（第二卷）[M]. 李斌，译. 北京：商务印书馆，2002：516.

都在平坡上，出去也方便，我们是不可能和他们结亲的。

虽然这只是其中一位村民的说法，但是可能代表了大部分侗族民众的想法，因为苗族穷、落后，所以大家都不愿意和苗族结亲。

在另外两例侗族与汉族通婚的情况中，其中一对成婚于20世纪70年代，男方为侗族，女方为邻县的汉族，当讲到两人的婚姻过程时，女主人YSL这样说：

> 我们两个是初中同学，其实最初我并没有看上他，是到后来，学校组织一起出去干活，正好把我们俩分在一起，干活的时候，他很照顾我，我就觉得这个人还不错，后来，大家接触多了，互相都产生了好感。我回家给家里人说，家里人都不同意，觉得他家离得太远，而且还是个少数民族，我们那里对少数民族都有偏见，觉得少数民族太穷、落后，我哥甚至撂下狠话，要嫁给一个少数民族，就断绝来往。其实我自己心里也没底，不知道他们这里到底是什么情况。那年暑假放假后，我就和他来他们这里玩，顺便也看看这里到底怎么样，来了以后发现，这里依山傍水，环境好，他们家人对我也好，我当时就打定主意要嫁过来。后来回家我说服了家里人，就嫁来了。到现在，我也不觉得后悔。

还有一对汉族与侗族通婚的情况，双方都是80后，男方是寨子上的第一个大学生，毕业后留在省会贵阳市工作，对象是大学同学，是湖南的汉族。虽然男方的家里不太愿意，觉得女方家离得太远，以后双方家里有事不好走动，但是因为两个年轻人愿意，家里人也就没有为难。

除此以外，石村剩下所有的婚姻都是民族内婚。在当地人看来，不与外族通婚，一方面是因为大家生活习惯不同，语言不同，不好相处；另一方面是因为侗族聚居的地方交通都不是很好，和外界的接触也不多，如果不和本民族的人结婚，年轻男女就很难完成婚姻大事；另外，高度的民族认同感也使得侗族人更愿意选择本民族的人作为婚配对象，再加上同样流行于侗族的门当户对习俗，也促成了民族内婚制的实行。

（二）宗族外婚

所谓宗族外婚制，是指不允许在同源同宗的家支房族内部通婚，必须在宗族之外选择配偶。在侗族人看来，从一个祖先繁衍出来的后代，相互之间有亲近的血缘关系,是兄弟姐妹,彼此不能通婚结亲。另外,"同源同宗不婚"的规定是有效地防止了亲近血缘间的乱伦,有利于后代的优生优育。

在侗族的社会结构中,同源同宗,在狭义上可确定为同一个"兜"内的人。同一个"兜"的人都为同姓,被视为兄弟姐妹,在遇到建房、婚丧嫁娶等大事时,同"兜"的人都有义务来帮忙。但是,同一个"兜"的人也不一定就有血缘关系,前文曾经提到,大寨和占迫小寨的石姓就没有血缘关系,相互之间可以通婚。而在大寨的石姓中,有一支是从旁边从江县迁移过来的,由于势单力薄,就加入了大寨的石姓,被当作同一个"兜"内的成员,和"兜"内成员享受同样的权利,也承担相同的义务,与"兜"内的其他成员一样,相互之间禁止通婚,不能在一起行歌坐夜,如果违反,轻者将受到公众的谴责,重者则会被开除出"兜",甚至被驱赶出寨,所以到现在为止,也没有一个人敢违反这一规定,在同"兜"内通婚。在石村,要区分不同的"兜",最简单的方法就是看墓地,因为当地人是以墓地来区分是否同源同宗,每个宗族都有自己的一片公共墓地,同一墓地内的后人之间不可以通婚,不同墓地间的后人才可以通婚。但是据石村的村民讲,也有违反"同宗同源不婚"规定的村寨。

> 我们侗民族是个喜聚族而居的民族,房族兄弟基本住在一个区域内,往往一个村寨就是一个或两个宗族的人。在交通不便的情况下,寨子里的人婚嫁范围很窄,基本都是和邻村的互相婚嫁,但是有些村寨地理位置偏僻,生活条件又艰苦,寨子里的男人娶不上老婆,女的也嫁不出去,只好破除同源同宗不婚的规定。在我们石村背后的深山里,有一个姓蒙的侗寨,村子位置比较远,离别的村寨又远,生活比较困难,别个地方的姑娘不愿意嫁过去,那里的小伙找不到老婆,村里的姑娘又都往外面嫁,好多大龄青年都没有老婆,五、六十岁还打光棍。最后,寨子里的老人就商量让村里的男的娶女的,先解决子孙问题。我们都瞧不上那个寨子,这里的姑娘也不愿意往那里嫁。

通过以上这段描述我们可以看出,在侗族地区,宗族外婚制根深蒂固,不会轻易发生改变,像那个姓蒙的侗寨,因为违反了同源同宗不婚的规定,而被石村人所蔑视。由此可以看出，宗族外婚制在侗族地区将会长期实行下去。

三、通婚范围

从地理空间角度来说，通婚范围是指某一婚姻个体择偶时可能选择的地域或群体范围。这包含两方面的内容：婚配男女双方出生家庭的距离，重在表现婚姻的空间关系，这是人们常说的通婚圈。狭义的通婚范围，是指同一文化背景下具有相同生活方式与习俗的男女婚前的生活区域范围，它侧重于地缘隐私，如同村、同乡、同县、同市、同省区等。广义的通婚范围，指不同文化背景下具有不同生活方式与习俗的男女婚前的生活区域范围，它侧重于社会文化背景与社会文化差异，如民族、种族、宗教信仰、语言等。现代社会，随着人们社会流动与社会交往的增加，地缘意义与文化意义上的通婚范围正日益融合，也就是说，在某一特定的区域范围内，来自不同文化背景与生活方式的男女通婚的可能性增加了。❶

在侗族社会，传统的通婚范围基本都是以本村寨为主，兼及临近的几个村寨。这一习俗的形成，一是对"根骨"的认识，人们害怕由于对外界的不了解，引进"根骨"不好的人，殃及整个家族及其子孙后代；二是情感的需求，由于侗族人重视人多势众，如果远嫁远娶，就不利于家族势力的壮大，也不利于情感的交流，尤其是在遇到重大事情时，所以直到20世纪80年代中期，大多数侗民还是实行民族内婚制，其通婚范围都局限于本村本寨，除非家境极其贫困，或者成婚者有生理等疾病，才会选择与其他民族通婚。在当地人看来，以远寨为亲，路途遥远，交通不便，不利于亲属间来往；而且与外族通婚，文化上有差异，价值观念也不同，更不利于亲属关系的扩展。在侗族社会中，就有这样的民间谚语："外寨家有十等（100斤禾），不如寨内五拜（50斤禾）为佳。"❷ 如果寨子里的哪个小伙子娶了外民族或者距离较远地方的姑娘，寨子里的人就会笑话他，认为他是没本事，在本寨子或者寨子周围讨不上老婆，才会去外面找；如果是寨子的姑娘嫁给外民族的小伙子，人们就会在背后议论，说这个姑娘不值钱，没人要才往外跑。在他们看来，

---

❶ 王金洪.当代西藏妇女的婚姻状况与家庭地位——对拉萨市与山南地区200户家庭的调查[J].民族研究，1999（3）.

❷ 杨筑慧.侗族风俗志[M].北京：中央民族大学出版社，2006：107.

近距离就是在地理范围上不超过 10 公里，如果超过 10 公里，人们就觉得远了，由此可见，近距离通婚在侗民的婚姻观念里影响深远。

在笔者调查的石村，传统的通婚范围是以石村为中心，与上下相邻的两个寨子为主要通婚区域；其中，又以上边寨子为中心，与相邻几个寨子共同形成一个通婚区域，以下边的寨子为中心，形成另一个通婚区域。直到 20 世纪 90 年代，石村人的通婚范围都严格遵守与这两个通婚区域联姻的规则，很少有人超过这两大通婚区域发生婚姻关系。形成这种通婚范围的原因，除了受族内婚制的影响外，还有一个原因就是亲戚间的相互介绍。也就是说，如果某户人家的女儿嫁到别的村寨，那她就会把婆家村里的女孩介绍给娘家村寨的亲戚，或者把娘家的女孩介绍给婆家的男孩，使得双方村寨的青年男女借走访亲戚之便，以亲戚为媒介，增加接触的机会，从而促成婚姻的缔结。而这些村寨，一般距离都很近，所以也就有利于男女青年之间的交往，但同时，也限制了男女青年的交友范围，把他们的社交网络和结亲对象都集中在他们的生活圈中，最终推动了近距离的通婚范围内婚姻制的形成。最后，前文提到的层级婚约限制也决定了近距离通婚的特点。

在笔者调查期间，石村妇女 SHT 提到了近距离通婚的原因和好处：

> 我们侗族有聚在一起生活的习惯，家族之间的木楼都连在一起，如果把自家的女儿嫁到临近村寨，以后姻亲之间联系起来也方便，亲戚之间可以经常走动，农忙时可以互相帮忙，遇到天灾人祸和其他大事，也能及时帮助。如果姻亲就在本村寨，那双方家庭和家族都能及时得到人力和物力上的帮助，双方的亲属关系也能进一步增加。再到现在，家里人在儿女成婚时，还是希望能找本寨或者附近村寨的，来扩大自己家族的势力。

由此可见，在侗族社会，形成近距离的民族内婚制，是民族出于追求自身健康发展和繁衍子孙后代而做出的实际需求考虑，正如潘光旦先生曾经说过的："中国是一个家族主义的国家，婚姻原是比较个人的功能，但是在家族主义很浓厚的空气里，个人的地位很小；个人即为了家族才存在，所以婚姻便为了家族才举行。婚姻的家庭效用有二：一是父母的侍奉，二是宗族的承继。"❶ 可以说，婚姻既是延续家族血缘的根本途径，也是维系家族发展、巩固群体情感，建立社会关系网络的手段之一。因为"婚姻是用社会力量造成的……世界上从来没有一个地方把婚姻视作当事人间个人的私事，别的人不加过问的。婚姻对象的选择非但受着社会的干涉，而且从缔结婚约起一直到婚后夫妻关系的维持，多多少少，在当事人之外，总有别人来干预。这样就把男女个人间的婚姻关系弄成了一桩有关公众的事件了"❷。因此，个人婚姻的缔结多少会受到社会力量的制约，个人的婚姻必须服从家族的利益，遵从地方上的通婚规制，才是合理合法的。而且，婚姻是不同家庭、宗族之间的缔结，是扩大各自社会力量，积累文化资本、维护本家庭、宗族利益的手段，从某些角度来说是一种生存策略，需要必要的准则去加以规范，对违犯行为加以制裁，如此才能维持婚姻秩序，规范人们的婚姻行为。正如侗族款约中的规定：

> 如若哪家孩子，头上不长耳朵（喻不听劝阻），眼睛不长珠子（喻目无法规）。嘴上没有兄弟（喻无长序），心中没有亲戚（喻不懂规矩）。他当公公却贪恋儿媳（乱伦），他当兄弟却贪恋姐妹（胡来）。他把母亲喊成姑妈，他把姑妈喊成母亲（母亲是父亲的妻子，姑妈是父亲的姐妹，二者不能混为一谈）。他把斧头称为锄头，他把鼎罐称作铁锅。他要树木变成竹子，他要萝卜变成菠菜（喻破坏传统的婚姻制度）。他搞乱了村规，他破坏了寨理。今天全村依村规来吃他，今天全寨依寨理来喝他（全寨人强行到罪犯家里喝酒吃肉，见猪杀猪，见鸡杀鸡。谁要是不去，则被看成是对罪犯的同情，也要受到同样的惩处）。吃他到底，喝他到根。吃得他家田地不许剩一块，喝得他家鱼塘不许剩一眼。牵他到村头旋水塘，赶他到寨脚绿水潭（对罪犯本人处以水淹的死刑）。叫他跟乌龟共村，叫他同团鱼共寨。❸

---

❶ 潘光旦. 寻求中国人位育之道. 潘光旦文选（下卷）[M]. 北京：国际文化出版公司，1997：744.
❷ 费孝通. 乡土中国 生育制度 [M]. 北京：北京大学出版社，2000：129.
❸ 邓文敏，吴浩. 没有国王的王国——侗款研究 [M]. 北京：中国社会科学出版社，1995：71.

正是有了侗款对人们婚恋行为的规定，才使得人们很明确地知道自己的婚姻目的，那就是：传宗接代，使自己的家族得以兴旺，使自己的民族得以延续，保持本层级的纯正和壮大，维护宗族的声誉和地位。

从 20 世纪 90 年代中期开始，随着人们外出务工机会的增多，交往范围逐渐扩大，使得传统的择偶范围也随之扩大。在石村，90 年代后有三例与外地人发生的婚姻，一例是六盘水的妇女与本村男性结婚，另一例是本村女孩远嫁湖南，还有一例是本村女性在离婚后嫁往湖北。由于笔者访谈期间大部分人都在外务工，所以只采访到六盘水嫁过来的妇女 WSJ，她是这样描述自己的婚姻的：

> 我们两个是 1995 年在贵阳打工时认识的，我们两个在一个车间，他很照顾我，脾气又好，互相都喜欢，后来就在外边租房子住了，怀孕了，没有办法，只能跟着来这里了，刚来这里很不习惯，吃不惯这里的饭，也听不懂他们的话，就想回去，可是怀孕了回去也丢人，只能认命，现在好多了，已经习惯了这里的生活。

另外两位外嫁女性的父母都表示，当初反对自己的女儿嫁那么远，但是没办法，她们非要嫁，也就顺她们了。通过以上案例的描述和分析可以看出，在石村人的传统观念里，还是比较排斥子女远嫁远娶，但是大家同时也都表示，儿女的婚姻还是以他们自己为主，不会像以前那样干涉了，可能这也是侗族择偶范围得以扩大的一个原因。

第二节　择偶标准与择偶方式

择偶，是迈向婚姻的第一步，选择什么样的配偶，既关系到物质资料生产的多少，又关系到人口再生产是否能顺利繁衍，同时，还牵涉到社会关系能否有序展开。因此，任何人在选择自己的配偶时，心目中都会有一个择偶的标准，并且力求按标准行事。在制定了自己的择偶标准以后，人们就会选择各种不同的走向婚姻之路——即择偶方式，最终指向婚姻的缔结方式。可以说，婚姻对象的选择，一般都会受到社会环境和个人本身的考虑等因素的影响。其中，社会环境的影响，包括了整个社会对合适对象所订立的标准，即择偶标准；以及"婚姻市场"的游戏规则，如择偶方式等。

一、择偶标准

择偶标准或条件，在不同的社会、不同的国家或民族，以及在同一社会、国家、民族的不同历史时期，都会有很大差别，而且对处于同样社会条件和时代背景下的不同的个人或家庭来说，差别也是很大的。❶ 具体到侗族，在20世纪90年代前后，择偶标准就发生了明显的变化。

（一）20世纪90年代前的择偶标准

在侗族社会，传统的择偶标准与其稻作农耕经济有着密切的关系，而且也与民间能歌善唱的价值取向有关。侗族有这样一句谚语："饭养身，歌养心"，在传统上，侗民族养成了儿童学歌、年轻人唱歌、老年人教歌的习俗，能歌擅唱者，不仅可以享受到更多的社会资源，而且可以赢得别人的尊重，一些唱歌唱得好的人，会被别人推举为歌师、村寨首领等，这些人在择偶时，也往往受到青年男女的青睐。再加上在20世纪90年代以前，受国家经济体制和户籍制度的约束，侗人基本都是以农耕为主要生计方式，整个村落基本是一个相对封闭的小农社会，几乎没有人口流动，人们就有较多的闲暇时间从事民间传统文化活动，侗歌作为人们闲暇时间主要的娱乐活动，就得到了充足的发展。所以人们的择偶标准就以是否会唱侗歌，侗歌唱得好不好作为择偶的首要标准。而对于女性来说，在择偶标准上，主要是看男方侗歌唱得好不好，农活干得好不好，相比较而言，会不会唱侗歌占据首要条件。而从男性的角度看，择偶的标准则是女性会不会唱侗歌，女活做得好不好。于20世纪80年代结婚的石村妇女SKL这样形容自己当初选择对象时的情形：

> 我们两个是上下寨子，我十几岁就跟着家里的姐姐们行歌坐夜，他也老跟着寨子上的腊汉❷来坐夜，慢慢就熟悉了，那么多腊汉，我就是看上了他，主要是因为他歌唱得好，开始家里大人不同意，想让我嫁给舅舅家的儿子，可是我死活不愿意，家里人也没办法，再

---

❶ 袁亚愚. 中美城市现代化的婚姻和家庭［M］. 成都：四川大学出版社，1991：60.
❷ 腊汉在石村当地是指未婚男性青年。

说我是家里最小的,父母也宠我,最后就同意了。到现在我也不后悔当初的决定,我们俩感情一直很好,他每年出去打工几个月,每天都要给我打电话,从外面回来了,几天都有说不完的话。

而在20世纪60年代结婚的男性村民SYG对自己当年择偶情形是这样说的:

> 我们两个是一个寨子上的,从小就认识,知道她唱歌唱得好,织布、干农活都是一把好手,我早就相中她了,后来坐夜的时候,就只和她对歌,慢慢她也就看上了,还互相送了定情物,她送了我一件用自己织的侗布做的衣服,我送了她一件银首饰,到现在,我们俩还留着这两件定情物呢。

由此可以看出,20世纪90年代以前,石村村民的择偶标准主要是以唱歌为主,兼及其他诸如干农活、手工等条件。但是,这种情况随着20世纪90年代以后人口流动的增加而发生了改变。

(二) 20世纪90年代以后的择偶标准

20世纪80年代末90年代初,广东的三资企业开始迅猛发展,而且多为制衣、制鞋、制造玩具等劳动密集型行业,这些行业多为流水线作业,需要大量的工人,并且对工人的文化和技术水平要求都不高。企业主为了降低劳动力成本,纷纷到湖南、贵州等地的农村大量招工,也就在这时候,侗族地区出现了人口大量外流的情况,并且随着人口的增加和农村联产承包责任制的实行,农村劳动力过剩现象十分突出。与此同时,人们在日常生产和生活中对现金的需求大大增加,再加上政府劳务输出工作的开展和地理优势,促使大量的侗族青年纷纷离开家乡,流向东南沿海地区,成为农民工。因此,这部分人在择偶时,形成了与过去长辈不同的择偶标准。

农民工在异地他乡务工,逐渐挣脱了家乡传统文化的束缚,并开始适应新环境下的文化氛围和生活方式,使他们在择偶的时候不再像以往在家乡那样注重民族成分、地域、近嫁近娶等规则约束,而是更注重心理和精神上的满足,也就把通婚的范围从自己寨子及周围扩大到县域外,甚至省外。即使是那些选择了自己乡邻作为结婚对象的打工者,也因为长期在外而形成了有别于传统社区的生活方式,他们一般都是在家乡举行婚礼,然后双双继续返回打工地，成为游离于传统与现代之间的一个特殊群体。在庞大的外出打工群体中，对于那些年轻女性来说，城市现代化的生活对她们的冲击很大，因为她们可以通过婚姻来改变自己的生活。因此，多数外出务工的未婚女性在择偶时就更倾向于选择有经济实力的男性作为结婚对象，而传统择偶对象中的品行等要素就靠后了，这也是近年来侗族地区出现跨地区婚姻的一个主要原因。归根结底，今天的侗族年轻人在择偶时，把经济因素放到了首位，使经济因素成为现代侗族年轻人择偶的首要标准。当然，在这背后也就给侗族男女青年的婚姻提出更大的挑战，因为双方是在打工过程中认识的，不像以前近距离婚娶那样能够知根知底，所以容易出现逃婚、骗婚，甚至遭受家庭暴力的情况。在石村，就有这样一例婚姻，一个25岁的男性青年在广东打工期间认识了来自湖南的打工妹，两人互相产生好感，准备结婚，但是女方跟着男方来到石村以后，发现男方家的条件与之前承诺的相差甚远，所以在举行完婚礼以后卷着钱财逃跑了，给男方家造成了巨大的经济损失，至今，男孩的母亲说起这件事情还很伤心，所以坚决不同意儿子再在外边找对象，甚至说哪怕找个当地离过婚带孩子的，都不愿意再找外边的。相比较男性而言，有过外出打工经历的石村未婚女性在婚嫁的选择上更倾向于外嫁，这也在一定程度上造成了当地婚龄男女失衡和婚姻挤压现象。尤其是近十年来，随着外嫁女性的增多，不只是石村，甚至在整个贵州的少数民族地区都出现了较严重的适婚男女比例失调问题，有的地方甚至出现了"光棍村"现象，由此可见婚姻问题的严重。

综合来看，侗族女性青年择偶标准的变化出现在20世纪90年代前后，90年代前，男女双方择偶主要看对方的品行、外貌等；90年代之后，随着打工潮的出现，男女双方在择偶时更注重的是双方的家庭经济条件，相貌、品行等次之。由此可以看出，石村妇女的择偶标准比较明确，而且比较符合研究证明的择偶存在"模式"，也就是社会学家所说的两大原则，即"邻近性"和"同类婚"原则。"邻近性"（Propinquity）原则上是指相爱的双方要么住得比较近，要么工作地点比较近。原因是地理上相近的往往有较多的机会互相结识，交往的成本也比较低。"同类婚"（Homogamy）原则简单地讲就是与自己类似的人结婚。这个相似性主要表现在三个层面：第一个层面是完全先赋的因素——种族和民族。虽然跨族婚姻已非罕见，但它仍然是限制择偶标准的一个重要界限。第二个层面是价值观。第三个是个人层面，主要强调的是社会属性，个人的教育程度、社会经济地位和家庭背景等。❶ 而"邻近性"和"同类婚"原则可以很好地解释石村女性的择偶标准。但是具体到每个人，择偶标准还是有一定差异，由此出现了各不相同的择偶标准，正像有的研究者所说："有的夫妻在别人看来是不般配的，但他们自己却很满意，所以，择偶的标准是如此丰富多彩，似乎无规律可循。"❷

以上通过对石村妇女择偶标准的分析，可以看出，随着外出打工机会的增多，石村女性在择偶过程中的自主性越来越强，择偶标准也发生了很大的改变，能够按照自己的意愿选择合适的配偶，传统因素的影响越来越弱，这也说明了石村女性在择偶方面的进步，同时也是其社会地位提高的重要表现。

二、择偶方式

由于历史、民俗、宗教等方面的原因，人们的择偶途径表现出各自不同的风格和方式。大体有以下几种情况：一是直接选择途径。即婚姻关系人或当事人不依靠中介人，直接进行婚偶选择的方式。一种情形是婚姻当事人直接向对方的家长求婚；另一种情形是婚姻当事人双方经过接触和了解达成了婚姻协议。二是媒介途径。由中介人从中进行沟通和联系，最后达成婚姻协议的择偶方式。尤其是在封建社会，"父母之命，媒妁之言"几乎成了天经地义的婚姻法，即使是通过直接渠道选定的婚偶，也必须通过媒介途径来实现。三是强制性途径。如抢夺婚、买卖婚、交换婚、指腹婚等。即使在当代的一些民族婚俗中，我们仍然能看到一些强制性痕迹。如我国傣族盛行的抢婚和偷婚习俗，鄂温克族盛行的逃婚习俗，等等。四是迷信途径，指通过迷信和某种偶然的巧合来决定婚姻取舍的行为。在许多民族的婚俗中都能找到古老的痕迹。如罗马男子在选择配偶时，要在牧神节那天用抽签的形式以确定；在英国的一个民族中，男女择偶要在情人节那天外出"碰运"，凡是早上第一个碰到的异性就是"命中注定"的婚姻。我国佤族"杀鸡问卜"定终身的习俗，我国汉族以"生辰八字""五行生克""十二属相"等手段决定婚偶的习

---

❶ 李煜，徐安琪．婚姻市场中的青年择偶 [M]．上海：上海社会科学出版社，2004：25~26．
❷ 李煜，徐安琪．婚姻市场中的青年择偶 [M]．上海：上海社会科学出版社，2004：24．

俗，等等。❶

以下，我们来看一下侗族传统择偶方式的变迁。

(一) 20世纪90年代以前的择偶方式

在20世纪90年代以前，侗族社会还是一个相对封闭的社会，很少有人口流动，所以人们的择偶途径主要就是直接选择，也就是婚姻关系人或当事人不依靠中介人，直接进行婚偶选择的方式，即行歌坐夜。行歌坐夜，也称"坐妹"，是南侗男女青年恋爱择偶的一种主要社交联谊活动，因为在晚上进行，而且是以男女青年对歌为主，所以称为"行歌坐夜"。在当地的民间习惯法《六面阳规》中是这样描述"行歌坐夜"的。

> 养女坐夜搓麻，养男走寨弹琵琶。我儿游到你的村寨，老人睡在床上莫说话。你儿游到我的村寨，我也一样闭嘴巴。火塘边排坐，月光下戏打。蹲在屋角，走过檐廊。头插鸡尾，耳吊银花。❷

通过上边这段话的描述，我们可以这样来看"行歌坐夜"活动：首先，"行歌坐夜"是男青年晚上窜寨子去女方所在的寨子，而女孩结伴坐在家里的火塘边搓麻；其次，在男女青年"行歌坐夜"对歌的时候，家长不能出现在现场，更不能参与到男女青年的活动中来，而是要避开；最后，男女青年都要盛装打扮，尽量展现自己最优秀的一面。

(二) 20世纪90年代以后的择偶方式

笔者在调查期间得知，书上介绍的那种传统形式的"行歌坐夜"活动主要是在20个世纪90年代以前，在那之后，随着年轻人外出打工的增多，现在基本已经没有"行歌坐夜"的场景了。这其中除了青年人外出打工以外，还有一个重要的原因就是随着手机的普及，大多数年轻人都是通过手机来谈恋爱。以下是一位40岁的妇女描述自己年轻时候的"行歌坐夜"场面：

> 每天吃过晚饭以后，本寨或者附近几个寨子的年轻姑娘们聚集到其中一个姑娘家里，边聊天边绣花，或者做别的女活，男孩们则

---

❶ 冯学红. 喀什维吾尔族妇女婚姻研究——以阿克提其村为例（1949~2009）[C]. 兰州大学博士学位论文，2009：5.

❷ 邓文敏，吴浩. 没有国王的王国——侗款研究 [M]. 北京：中国社会科学出版社，1995：76.

相约结伴去"款"姑娘们。来到姑娘家楼下,他们要弹琵琶唱《开门歌》,请求楼上的姑娘们开门。姑娘们听到后会在屋里以唱歌的形式询问对方来自哪村哪寨,如果对方的回答能让姑娘们满意,她们就会开门让小伙子进去,如果不满意,就会一直问一下,直到满意为止。小伙子们进门以后,大家会一起唱歌聊天。在"行歌坐夜"的过程中,男女青年们可以尽情表达自己的情意。一般情况下,对歌活动都会持续到深夜一两点钟,有时甚至会通宵进行。在这过程中,如果其中的男女青年有相互看中的,两个人就会单独对歌,以后慢慢开始单独约会,在整个过程中,家长都不会参与,而是会刻意避开,让青年男女们无拘无束地玩耍。

从表面上看,男女青年在"行歌坐夜"的时候比较自由,但其中还是有一些礼仪规范需要遵从,否则会受到众人的排斥。如"行歌坐夜"活动只能在姑娘家里,男女双方一定不能是同一房族的,否则,禁止对歌。在对歌的过程中,必须以歌为乐,以谈情说爱取乐兴,不能说污浊下流的话,更不能发生两性关系,否则,将按村规民约进行处罚。所以,"行歌坐夜"的男女青年都会自觉遵守这些规则,没有一个人敢去触犯。

可以说,在传统的侗族社会中,"行歌坐夜"是青年男女们最主要的恋爱方式,但是随着20世纪90年代打工潮的出现,村寨中晚上成群结队去"行歌坐夜"的年轻人几乎没有了,在今天的侗族村寨中,晚饭后听到的只有各家各户传出来的电视机声音。而且年轻人即使是待在家中,也不愿意跟着长辈学习传统的民族技艺,而是摆弄着手中的手机,和异性朋友发短信聊天,或者是干脆两个年轻人自己外出约会。可以说,在石村,青年男女的恋爱方式已经越来越趋同于外界社会一对一的恋爱形式,传统方式基本退出了历史的舞台。

另外,随着近年来女性受教育机会的增多,文化程度得到了相应的提高,加之外出打工,创造了较多的就业机会,无形中拓宽了女性的择偶渠道。再加上现在的年轻人普遍具有的强烈自主择偶意愿,女性的自主择偶愿望也随之增强。但从实际情况来看,石村男女青年在择偶过程中会或多或少地听取父母的意愿,最终基本都是以男方家主动提亲得以实现。所以与男性相比,石村女性在择偶方式上相对被动一些,只是与过去相比有了很大的主动性,当然，这也是石村女性社会地位提高的一个表现。

第三节 婚姻的缔结

人们之所以结婚，理由各不相同。无论是基于什么原因，从单身步入婚姻的过程是相当复杂的。在我国传统的婚姻中，婚礼是缔结婚姻的双方关系最终得以确立的社会形式，并曾长期代替法律起着对婚姻的合法性最终裁定的作用。没有经过正式的婚礼而结合的夫妇，是不会被社会及亲友所承认的。因此，我国的传统婚姻都极为注重婚礼，而且有一套相当烦琐和刻板的礼仪和程式。按传统婚姻行事的人，哪怕是再穷，也要千方百计设法举行一个较隆重的婚礼。❶ 对于石村人来说，当然也不例外，婚礼对于婚姻双方来说都是必不可少的。通过不同时代的婚姻缔结方式，我们可以从中窥见石村人对婚姻的看法和认知。

一、婚姻的缔结方式

在石村，婚姻缔结的方式主要有包办婚姻和自由婚姻两种形式。

（一）20 世纪 90 年代以前的包办婚姻

在 20 世纪 90 年代以前，侗族地区的婚姻主要还是以父母包办为主。在石村，20 世纪 70 年代以前的婚姻中，有 60%～70% 的婚姻都是包办婚姻。其中，有近一半的婚姻是由父母在孩子未出生以前就定好的，也就是传统的"指腹为婚"；近 1/4 的婚姻是家长在孩子长到几岁的时候为其定好的婚姻关系，即"童子婚"；剩下的婚姻形态中又以姑舅表婚占多数，从婚姻总数来看，自由恋爱婚姻占到极少的比例。在多数包办婚姻中，父母为子女确定婚姻对象时主要依据门当户对、亲上加亲等宗法或功利原则，对于父母来说，往往会选择与自己经济状况和社会地位相当的人家作为自己子女的婚姻对象，在此前提下，再看对方小伙子或姑娘的人品、长相等。另外，那些依据亲上加亲原则为子女安排姑舅表婚的父母，都是出于自身条件的考虑，没有顾及

---

❶ 袁亚愚. 中美城市现代化的婚姻和家庭［M］. 成都：四川大学出版社，1991：110.

青年男女的感受，因此也造成了一些婚姻悲剧，甚至有闹出人命的惨剧发生。

在由父母包办的婚姻中，青年男女不但没有选择对象的自由，甚至没有任意交往的自由，同时，由于受传统家教和社会伦理的制约，他们与已经确定的婚姻对象也只是在节庆或农忙的时候才会有交往，平常几乎没有交流，所以双方的感情并不深，即使按照家长的意愿选择了结婚，婚后也经常发生摩擦，所以在包办婚姻中，离婚的比例很大，其中最主要的原因就是双方之间没有感情基础。当然，也有包办婚姻的双方生活很幸福的例子。在石村，父母包办婚姻的比例更高一些，占到70%左右，其中，姑舅表婚又占一半，由此可见父母包办婚姻的影响之深。

（二）20世纪90年代以后的自主婚姻

侗族地区的自主婚姻主要是男女双方通过"行歌坐夜"而"自相悦慕、答歌意合"，建立了感情，双方互相认可，然后通过约定俗成的求婚手续，由双方父母择吉日良辰，举行了婚礼。这种婚姻从90年代以后占的比例就越来越高，尤其是近几年来，90%左右的婚姻都是自主婚姻。未婚男女青年基本都是自己寻找结婚对象，父母一般不加干涉，只是提供参考意见。所以，年轻人一般通过自己的同学、同事或亲戚朋友寻找恋爱对象，最终确定自己的婚姻对象，实现了真正的婚恋自由。在石村，近几年自由婚姻的比例在迅速提高。

自主婚姻能够实行的重要原因除了现代社会宽松的道德环境，多样性、流动性的社会关系外，更重要的是男女青年越来越强的自主意识和权利意识，使极富社会压制性和自我压抑性的传统婚恋交往方式日趋瓦解，为青年男女的日常交往提供了有利的条件。因此，年轻人能够非常自主、独立地与异性进行交往，按照自己的标准选择婚恋对象。尤其是近10年来，在打工潮流的影响下，男女青年一般都一起外出务工，有的在确立双方的恋爱关系以后就一起租房同居，父母对此也不会横加干涉，当事人双方也不会觉得有悖道德规范。因此，不管是对于年轻人还是对于老一辈父母来说，未婚同居、婚前性行为，甚至婚前生育行为都是可以理解的，不再被认为是有失传统道德规范，这也使青年男女的婚恋行为更加自由，也促进了自主婚姻的实行。

（三）石大姐"三次婚姻"

笔者在石村调查期间，主要采访人之一石大姐的婚姻情况，最能说明侗族婚姻缔结方式由包办婚姻向自主婚姻的转变。石大姐今年48岁，1982年结婚，共经历过"三种婚姻"，包办婚姻、姑舅表婚和自由婚姻，以下，是石大姐对自己"三次婚姻"的叙说：

  我在我们这一带，结婚还不算早的，18岁才结婚，这附近有十五六就结婚的。我有两个哥哥、两个姐姐，我从10岁起就跟着家里的姐姐们行歌坐夜，觉得很好玩，到我13岁时，二姐结婚了，家里就按照老规矩，让我和舅舅家的儿子结亲，这是我们这里的规定，只要舅舅家有儿子，我们就要首先嫁给他们，可是我一点都不喜欢舅舅家的儿子，而且觉得自己还小，不想那么早就出嫁。父母打骂了我好几次，我一直不同意，最后没办法，父母就去和舅舅家说了我不愿意，舅舅家很生气，这么多年基本都不和我们家来往，可是也没怎么为难我们，就同意了。

  之后，我又高高兴兴地跟着别的姑娘行歌坐夜，我15岁时，寨子上寨老的儿子看上我了，托媒人拿了两包糖来提亲，父母没有经我同意，就把糖接下来了，我们这里有规定，只要女方家把糖接下来了，就表示同意这门亲事了。父母等媒人走了以后，我就和父母哭闹，死活不同意这门亲事，这次父母也生气了，不管我的事情了，我就自己去找这个寨老，人家根本不同我一个小孩说话，我就天天晚上去他们家哭，整整去了10天，到最后一天，寨老才松了口，同意只要我们家族的人来给他们赔礼，他就同意。我又把家族的人都请来，一起在我们家吃了饭，他们也同意给我说情，最后才把这个婚姻解除了。从那以后，我父母就很生气，也不管我的婚事了，我每天还是照样出去行歌坐夜，晚上回来得晚，就悄悄睡下，怕大人骂。就是在行歌坐夜中，认识了现在的老公，他是另外一个寨子上的，以前也见过，但是不熟，后来一起坐夜，觉得他侗歌唱得最好，人长得也好，就只和他对歌，过了一两个月，我们两个人都有好感，他家就请了个媒人拿糖来我们家提亲，我父母问我的意思，我说同意，就把糖接下来了，然后我们俩就通过正常的方式结婚了，结婚这么多年，我们俩都没吵过一次架，我们俩的感情一直都很好，现在他只要出去，每天都会给我打电话，还是自己选的对象好。

通过石大姐的描述，可以看出，石大姐的"三次婚姻"很好地说明了侗族婚姻缔结的变化过程，在此过程中，婚姻当事人的自主权在逐渐增强，十分有利于婚姻的稳定和长久。主人公石大姐的婚姻就是女性在婚姻选择上地位发生变化的一个最好例证，通过她的"三次婚姻"，可以看出，女性在婚姻中越来越占到主导地位。对于每一位要结婚的女性来说，伴随她们走进婚姻殿堂的首先是承载着诸多文化因子的婚姻仪式，因此，以下将重点介绍石村妇女的婚姻仪式过程。

二、婚姻的缔结程序

婚姻的缔结必须经过一系列的礼仪程序，作为"通过仪式（the Rites of Passage）"的人生礼仪，经过人生重要关口的礼仪，昨日的少男少女就变成今日的男人女人，生命是完全不同的状态存在。[1] 婚姻生活的开始就是经由一套婚姻仪式而实现的。仪式是以自身为目的的实践活动，在自身的实践中难以实现；它们是人们因为"应该做"或"需要做"而做的行为，但有时也是人们因为非做不可而做的行为，就像葬礼上的虔敬行为，并不需要知道为何做和为谁而做，也不需要知道它们有何意义。相应的，有什么样的婚姻，就有什么样的仪式，该仪式并不源自于符号学游戏的简单变形，而是某种策略的一个方面，而该策略的含义来自各种可能的策略所组成的空间。这涉及夫妻双方的年龄、婚史、相貌、导致联姻的协商过程，等等。因此，婚姻仪式不只是被理解为一组象征行为，而是被理解为一种社会策略，直接追求初级礼仪（如成功的婚姻带来的社会资本）的策略往往包含了一些不甚明显的策略。[2] 而缔结一桩婚姻，才能使男女之间的结合得以有效，或者从法律的角度来说，才能使婚姻得以完成。此外，某些仪式虽然对于缔结婚姻来说并不是非有不可，但依据旧例，往往还要举行。与缔结婚姻相关的礼仪，往往包括一连串的仪式和禁忌，其时间跨度之长，可以从议婚之日开始一直延续到完婚之后。至于这段时间的间隔，有的可达数年、数月；有的只有短短几天，

---

[1] 郭于华. 民间社会与仪式国家——陕北骥村的仪式与社会变迁研究//郭于华. 仪式与社会变迁 [M]. 北京：社会科学文献出版社，2000：367.

[2] [法] 皮埃尔·布迪厄. 实践感 [M]. 蒋梓骅，译. 南京：译林出版社，2003：172.

甚至几个小时；有的还根本不存在这一间隔。❶

对于侗族这样一个极其重视婚姻大事的民族来说，自然也有一套严格的婚姻缔结程序，综合起来，主要有说亲、订婚、讨八字、结婚四大部分。以下，就以笔者2013年在石村参加的一场婚礼来具体描述石村妇女的婚礼全过程。

（一）说亲

在石村，青年男女不管是通过行歌坐夜，还是通过父母包办，只要是确定了恋爱关系，都要各自回家征求父母的意见，征得父母同意以后，男方家就要请媒人上门说亲，媒人由男方家找，一般都找与女方家有世交或者有亲戚关系的人上门求亲，也有的请寨子上能说会道、德高望重、儿女双全的人。媒人初次登女方家门，不会直接说婚事，而是先以征询的方式试探女方父母，但是女方的父母不会立即答应这门亲事，而是一般以自家的姑娘年龄还小、不敢高攀之类的话来婉言谢绝，以显示自己姑娘的高贵，但是媒人也知道这是惯例，并不代表女方家真的拒绝，所以会如实向男方家汇报情况，之后还会多次往返于男女两家传递信息，直到女方家同意为止，侗语称之为"山宋"。"山宋"那天，男方家要请5~7名女性亲友或其他的族中老年妇女与媒人一道，带上糖果和聘礼，前往女方家商谈。这些女性亲友和家族中的老年妇女都需要丈夫健在、儿女双全、子孙满堂，在寨子上享有一定的威望，一来是表示对女方家的尊重，二来是借此意喻这桩婚事顺利和美。女方家也会事先通知家族的叔母、伯母、姑母等至亲长辈女性前来作陪。女方家会设宴招待所有来客，饭后，媒人会将男方家的聘礼（一般为银饰，或者数额不等的现金）交给女方母亲，这样，说亲就成功了。

（二）订婚

"山宋"之后，男方家会择吉日请家族的20~30位女性挑着百余斤糖（按女方家至亲的多少决定糖的数量）、一只绿头公鸡、20~30斤猪肉、100斤左右糯米以及数百到上千不等的礼金（依男方家的家庭条件而定），一起前往女方家举行订婚仪式。女方家把男方家送来的糯米掺肉煮熟来招待所有来

---

❶ ［芬兰］E. A. 韦斯特马克. 人类婚姻史（第二卷）[M]. 李斌，译. 北京：商务印书馆，2002：826.

客，大家吃了糯米饭以后，这门亲事就算正式定下来了。男方家人在返回前，女方家要赠送10匹侗布，3~4套衣服以及姑娘亲手做的4~5双布鞋，10余双鞋垫，作为压聘的凭证。而男方家要给女方的舅舅家送一份礼物，如果舅舅收了礼，就表示同意这门亲事了，两家从此就结成了亲戚。以后逢年过节，男方家都要给女方家赠送礼物，直到生儿育女后。

（三）讨八字

在打算结婚的当年，男方趁着八月十五给女方家送礼时，要向女方家父母索要姑娘的年庚八字，回家请阴阳先生测定婚期，并用红字写好，由男方父母亲自送到女方家，双方具体商量，如果没有异议就各自开始准备婚礼。

（四）婚礼

一般情况下，男女双方在定亲一两年，甚至更长时间以后才会举办婚礼，这其中，最主要的原因是侗族的男女青年一般从十二三岁就开始"行歌坐夜"，双方情投意合以后就要举行定亲仪式，而一般要等到十七八岁以后，才会举行婚礼，近年来，定亲和成婚的时间都相应向后延迟，一般都要等到20岁以后。按照习俗，婚礼忌在正月和六月举行，只能选在秋冬两季，因为万物在秋冬两季开始进入成熟稳定和休眠状态，世间相对冷静，鬼神也不会出来扰乱，而春夏两季，既是农忙时节，又是万物苏醒之时，鬼神也开始出来作祟，在这个时候办喜事不吉利。而冬季是农闲时节，比较适合办喜事。但是严禁正月办喜事，因为正月是单月，是一年的第一个月，禁忌的日子比较多，再加上过年家家都烧香祭祖，出没的鬼神比较多，所以不宜举行婚礼。在选好结婚的季节以后，还要请先生测定吉日良辰，一般都选择单日开始，双日结束。婚礼日期一般是半年前就选定了。选定日期以后，男方家要带着礼物去通知女方家，礼物包括两腿猪肉、两桶酒、两只公鸡、一对大花烛、一团爆竹，由一个父母双全的男童挑着，随同男方一起给女方家送去，女方家给予热情接待，表示同意选定的婚期。

在正式举行婚礼的前一天早上，男方家要去"过礼"，也就是要给女方家送礼物，一般是200斤左右的生猪肉，鲜鱼15公斤左右，煮熟的鸡鸭各3只，谓之三牲，另外，还有五挑糖果、点心等，100斤左右米酒以及数箱饮料，总价值两万元左右，由男方家家族的女性15~20人挑去，如果女方家离得远，就用车送去。女方家用男方家带来的熟鸡鸭祭祀祖宗，然后将剩下中间的一对鸡鸭和二斤猪肉返回给男方家祭祖。接着,男方家就可以向女方家讨嫁妆了。女方家嫁妆的多少依据女方家经济条件和年代的不同而不同。在20世纪50年代以前,女方家的嫁妆一般是1~2床棉被,2~3个脸盆,1~2个木箱,等到有了孩子以后,女方家再送织布机、纺车等。20世纪80年代以后,嫁妆主要有衣柜、书桌、沙发、自行车、电视机、缝纫机等。到现在,嫁妆的花样就更多了,大到三轮摩托、电视机、洗衣机、沙发、影碟机,小到抱枕、拖鞋,一般价值一万五千元到两万元,而且男方家在抬嫁妆的时候,需要给女方家人红包,否则,女方家的人会刁难抬嫁妆的人,不让他们抬走。嫁妆抬回来以后,要请两位儿女双全的妇女为新娘家铺床被,新娘家提前已经在棉被里放了红色喜鸡蛋,所以在铺床时,打开棉被以后,在场的人都会来抢喜鸡蛋,除了要沾新人的喜气以外,还有预示新人生儿育女的意思。当天下午,男方家的亲友都会来送贺礼,男方家摆宴招待。傍晚时,男方家要请房族的叔母、伯母、嫂嫂和邻居等数十名妇女,以及两名未婚少女,带上1斤熟猪肉和一篮糯米饭去新娘家迎亲。

图 2-1 过礼

新娘在出阁的前一天,由伴娘[1]和几位房族的长辈妇女(俗称"送亲婆")帮忙梳妆打扮,穿上事先准备好的新衣裳和娘家流传下来的银饰。新衣

---

[1] 伴娘一般都是寨子上和新娘关系好,能歌善唱的未婚姑娘。

裳的布料是传统的自织侗布,上身为右衽无领衣,下身为百褶裙,手上、头上和颈上都佩戴由娘家陪嫁的银饰,新娘的这身打扮,除了能展示女性的美以外,还能显示娘家的富有。穿戴好以后,除男性外所有人还要和女方的母亲一起吃一餐"告别饭",为新娘送别。

图 2-2 迎亲

新娘一般是在凌晨公鸡第一遍打鸣时出门,由两名胞兄弟或者堂兄弟各提一盏马灯在前面送行,新娘则持一把红色雨伞紧跟其后,据说用雨伞和马灯都是为用来辟邪的。新娘后边是一队娘家送行的人,加上男方家来接亲的人,一起浩浩荡荡返回男方家。来到男方家,新娘要按先生事先算好的良辰吉时进男方家的门,一般都是在天亮前,新娘的兄弟不能进新郎家,要立即返回家,走之前要把马灯放在新郎家的桌子上,不能吹灭,俗称"长明灯"。如果新娘来早了,还没到良辰吉时,新郎家就在房前搭一个简易的棚子,让新娘一行人歇息,在这期间,男方家寨子上的小伙子们可以和伴娘们对歌。等到良辰吉时,新娘就可以进门了,进门前,新郎家的父母和兄弟姐妹都要回避,据说如果他们与新娘碰面,将来一家人不好相处。这时门内只留一位德高望重、儿孙满堂的老妇人迎接。在新娘要跨入大门时,老人要将事先准备好的装有少量金、银、米、茶的小水桶或小竹篮递给新娘,新娘用右手接过来,同时左脚跨入门槛,进入新郎家的堂屋,将水桶或木桶放在神龛旁边。然后,坐在堂屋中柱旁的凳子上,背靠中柱,面向东方(象征上升、兴旺、幸福)。待新娘坐好后，就开始举行祭祖仪式。

图 2-3　嫁妆

祭祖仪式由寨子里的一位老者主持，在堂屋地上摆三杯酒、一块熟猪肉、一条鱼和一个熟鸭头。主持者请新娘、伴娘和男方家的年轻小伙子们半蹲半站围成一个小圆圈，念"斗茶"词，敬请祖宗保佑全家平安，家业兴旺，新娘早生贵子。念完以后，由男方家族的同辈未婚男青年把熟猪肉、公鸡和四杯酒摆在神龛前的供桌上，点一对红蜡烛，烧香焚纸，放鞭炮祭祖。在这之后，新郎由一位德高望重的长者领入堂屋，与新娘拜堂。拜完堂，新娘就被引入洞房。之后，男方家的家人才可以进入堂屋。以上这些仪式都要在天亮以前进行，所以不放鞭炮，以免惊扰神灵和祖先。

待到天亮以后，男方家的亲朋好友就会陆续来送礼，礼品的多少根据与男方家关系的远近而不同。与男方家关系最近的亲戚一般要上500~1000元现金，外加100斤左右的糯米，其余关系稍远一些的亲戚朋友上的礼金和送的糯米都会依次递减。男方家要设宴招待这些来送礼的亲朋好友，一般都是十个菜左右。

新娘一行人在新郎家用过早餐以后，新娘就要随着伴娘和"送亲婆"一起回娘家，但是必须在当天下午返回夫家。如果娘家离得太远，就在男方家的寨子上找一户不是同族的人家落脚，就算回娘家了，称为"回门"或"转脚"。新娘在回娘家和返回夫家的时候都要拿着从娘家走的时候的那把红色雨伞，这次新郎不与新娘同行。

新娘"回门"的时候，也要像在夫家一样，家里所有的人都回避，新娘同样一手拿一篓糯米饭，一手拿伞，跨门槛进入堂屋，坐在火塘边，但是不

图 2-4　送礼

需要选方向。之后，娘家人进门，同样举行祭祖仪式。新娘家这一天也要举行待客的宴席，宴席的所有东西就是婚礼前一天男方家送来的东西，女方家的客人在酒足饭饱后，女方家还要给每家带一串用糯米草编制的口袋，里面盛一坨糯米饭、一条腌鱼、一块 1 斤左右的猪肉。在天黑前，新娘就返回夫家，届时，她的母亲、嫂子、妹妹、堂妹等要送她一程。

新娘这次回夫家以后，要住上三天，然后在夫家或家族中姐妹的陪同下回娘家，这次三个人不需要带任何礼物，在回娘家前，屋里的所有人同样需要回避，等到新娘坐好后，所有人才能进屋。

新娘回娘家的第二天，原先与她一起行歌坐夜的姐妹们会送她一些礼物，一般是花带、背带之类的手工品，作为她们当姑娘时一起的纪念，新娘家要设宴招待这些姑娘们。这些姑娘们中有的可能已经成家了，所以吃的这顿餐被称为"乌米饭"，与侗族传统节日"四月八"吃的乌米饭相同。大家一起吃饭、说唱，回忆过去的美好时光。在同一天，新郎同样也会在家中招待和自己从小一起长大的玩伴。

新娘回娘家的第三天，舅舅家的未婚儿子会邀请同房族的一伙未婚青年来新娘家要猪头，理由是"你本来应该是我的媳妇，为何要嫁给别人？"大有兴师问罪之意，当然，这也是姑舅表婚传统的遗留。新娘也会和同房族的姐妹们一起和表哥们对歌，如果表哥们对上歌，才能进屋。进门前，姑娘们会用筛子把事先做好的饭菜罩住，等到男青年们进门后一起享用。对歌的内容都是一些根源歌和情歌，最后，姑娘们会把猪头给男青年们，还会给每位表

图 2-5　姐妹送礼

哥送一双自己做的鞋，一路欢歌把表哥们送回去，希望他们以后常来寨子做客。

在新娘回娘家的第四天，新郎家要请家族的两个男性老人去新娘的舅公家认祖，去时要挑一个猪头、一担糯米和一壶酒作为礼物，侗语意思为"记住这份姻亲的肉"，意思就是让舅家承认这门亲事，以后要互相走动，舅家会设宴热情招待两位老人。离开时，新娘的舅家不需要还礼，要空手回来，则代表舅家同意这门亲事，也原谅了自己的外甥女没有嫁给自己儿子。至此，一场婚礼就算全部结束。

在整个婚礼过程中，新郎和新娘都不能同房，新娘在夫家期间要由夫家的姐妹相伴过夜。当地人的说法是如果婚礼期间行房，对婚事不利。再加上侗族有不落夫家的习俗，新娘在婚后就立刻返回娘家了，只有过年过节和农忙的时候才会来夫家小住，直到怀孕后彻底回夫家。这期间，一般要间隔 3~5 年时间，有的甚至更长。

以上描述的这个婚姻过程是侗族传统的婚姻仪式，在今天已经很少能看到这样传统的婚礼仪式，究其原因，主要是随着年轻人外出打工的增多，大家接受外界的信息越来越多，很多年轻人开始追求城市人的婚礼方式，不再喜欢这样冗长的结婚过程，更多是像城市人一样用一天的时间把婚礼全部办完，仪式也很简单，再加上现在侗族已经没有不落夫家的习俗了，所以大多数新婚男女婚后就住在一起了，有的甚至还没结婚就同居了，还有的婚前已经生了孩子。总之，近年来，侗族的婚礼呈现出越来越汉化的趋势。

三、婚礼仪式的变迁

笔者在调查期间，一共参加了三场婚礼，加上在调查期间对各个年龄段妇女的访谈，发现年龄一般在40岁以上的妇女回忆起自己当年的婚礼还觉得特别甜蜜，也谈到今天年轻人的婚礼已经没有多少民族的特色，完全像城里人一样，找几辆婚车，找一些亲朋好友，一早去新娘家把新娘接过来，回来简单拜堂以后就入洞房，和电视里边的情景很相像，没有什么意思。但同时这些上年纪的受访者都表示年轻人现在思想开放，不愿意再用过去复杂的习俗，也表示理解。而对那些年轻人来说，都认为结婚主要是两个人的事情，现在大家一年都在外边打工，回家的时间本来就不多，不愿意花过多的精力在婚礼上，只要两个人感情好，婚礼只是一个形式而已，简单一点就行。由此可见，随着社会的变迁和外来文化的影响，侗族的很多传统习俗在慢慢退出历史的舞台。当然，我们说每一个民族文化能保留下来，都有它的作用的和意义，而有些民族文化势必要退出历史的舞台，只有这样，才是社会进步的表现。

总体来看，近50年来，石村妇女的婚姻礼仪发生了较大的变化，主要体现在以下几个方面。

（一）婚姻礼仪的变化

从婚姻缔结的礼仪来看，石村妇女结婚有一系列的礼仪，粗略算，主要有婚姻礼仪中的"说亲""订婚""讨八字"等。随着社会的变迁和人们思想观念的改变，这些仪式已经不像过去那么隆重了，尤其是出于经济因素的考虑，一些仪式已经非常简化。例如，在过去，女方如果没有按照传统给舅家做媳妇，而是嫁给了别人，那男方家在迎娶女孩之前要给舅家送很贵重的礼物作为赔偿，如果舅家坚决不同意，男方就不可能与女方成亲，而现在，男方在迎娶女方之前，不需要经得舅家的同意，只需要象征性地给舅家送去一点礼物，以示尊重即可。

由此可见，经过半个世纪的发展，石村妇女在婚姻自主权上已经取得了很大的进步。

(二) 迎亲工具的变化

在过去，由于侗族地区普遍的通婚范围很小，所以在迎亲时都是走着去，而且是在正式成亲的前一天晚上就要把新娘接来，而近几年，随着经济条件的好转，人们在迎亲的时候，不管两家距离的远近，都要用轿车来迎娶新娘，笔者在石村参加的三场婚礼中，除了一对新人是同村的没有使用轿车以外，另外两家都用六辆轿车去迎娶新娘，虽然新娘家与石村就是相邻的两个村寨，所用的迎亲轿车都是男方家租用和借来的。而且迎娶新娘的时间也发生了变化，不是像过去那样在成亲的前一天晚上，而是在正式结婚的那天中午之前，新郎家派车队把新娘接回来，所有宾客都可以看到新娘。

(三) 新娘彩礼的变化

从近50年石村妇女的彩礼来看，变化还是很大的。在20世纪70年代，一般家庭的聘礼就是一些银饰，也有少数人家把银饰折合成价值相等的人民币，总计值100元左右，直到80年代末，没有什么变化。到20世纪90年代以后，随着外出打工机会的增多，人们的生活水平日益提高，彩礼的数量也逐渐增加，由最初的只给银饰变成了银饰加200~500元不等的现金，到20世纪90年代中后期，彩礼已经涨到了1000元左右。2000年以后，彩礼的涨幅更大，到2011年底，普通的彩礼已经涨到了3000元左右，当然还包括必要的银饰。由彩礼数额的变化，不难看出乡村社区经济的变迁和人们生活水平的提高，但这其中也不乏部分家庭因为娶媳妇而负债的情况，但是由于现在结婚的攀比风气，娶媳妇已经成为每个家庭最重要的一笔经济开支。

(四) 新娘嫁妆的变化

在20世纪80年代以前，由于侗族地区还流行婚后"不落夫家"和陪嫁"姑娘田"的习俗，除了"姑娘田"以外，还会有一台织布机、一台纺车以及姑娘自己织的布和一些手工品，像背带、手工拖鞋、自制侗衣等，姑娘的所有这些嫁妆都是在落夫家生子以后才带到夫家的。20世纪80年代以后，随着人们经济水平的提高，给出嫁女孩的陪嫁除了传统的纺车和侗布以外，有了少量的生活用品，诸如被褥、暖水瓶等，而"姑娘田"已经没有了，因为当地自80年代以后再没有分过田。2000年以后，出嫁女孩嫁妆的变化很大，不再有传统的织布机等，取而代之的是现代化的家用电器和生活用品，大到三轮摩托、电视机、洗衣机、冰箱等，小到洗脸盆、暖水瓶、电饭锅、饭桌，总价值在 15000 元左右。当然，以前传统的侗布也已经被现代的服饰所代替。根据石村妇女嫁妆的变化，我们可以发现，不管多少，女孩一定要带着嫁妆出嫁，这样，她们才能在新的文化场域中表达自己的行为方式，延展自己的社会网络关系。

以下，主要对石村妇女婚姻缔结中的核心因素——彩礼和嫁妆，进行进一步的探索。

第四节 彩礼（聘礼）与嫁妆

彩礼，有的地方也称为聘礼，指的是新郎或其亲属送给新娘本人或其亲属的礼品，包括钱财、物品，也包括由体力劳动者提供的各种服务。在人类学研究里，"彩礼"通常指的是从新郎家向新娘家转移的资产，它的作用在于敲定两家之间的婚姻契约，从而使妇女从一家转手到另一家。而之后，这彩礼也经常被女方家长用来给自己的儿子娶亲。相形之下，嫁妆则通常被看作是女儿从娘家支取的自己的家产份额。在欧洲与亚洲那些高度等级化的社会里，嫁妆是提高女家地位或新娘在婆家地位的重要途径。在中国，嫁妆中有一部分往往就是出自男方付给的彩礼（Cohen 1976；Mc Creery 1975；Ocko 1991；Watson 1985）。❶

一、彩礼（聘礼）

世界上大多数民族在婚姻缔结时都要送聘礼，就我国而言，聘礼是中国几千年来的一种婚嫁风俗。在中国 55 个少数民族中，缔结婚姻关系时男方要送聘礼的民族多达 54 个，只有俄罗斯一个民族不送聘礼，在所有聘礼中，以牲畜最为普遍，往往以牛、马、羊、骆驼等牲畜中的一种为主，还包括各种衣服、布匹、货币、装饰品以及其他日常生活用品等。聘礼具有多种名目，有的是为娶新娘而直接送给女方父母的身价钱，有的是送给新娘母亲的奶母

---

❶ 阎云翔. 私人生活的变革：一个中国村庄的爱情、家庭与亲密关系 [M]. 龚小夏，译. 上海：世纪出版集团，上海书店出版社，2009：168.

钱，有的是以某种名目送给新娘舅父、叔父、兄弟姐妹等亲属的，有的则是送给新娘家族成员以及所在社区首领的类似积金的钱财。聘礼不仅涉及男女双方的关系，而且还是加强亲缘和地缘社会关系的桥梁。人们通过各种意义的聘礼，使其建立起来的婚姻关系能够得到社会的承认。❶

对于石村妇女来说，彩礼（聘礼）又意味着什么呢？通过以下妇女对聘礼问题的看法，我们可以大致了解石村妇女对聘礼的态度：

送聘礼是我们这里的一种风俗习惯，父母把女儿养大，聘礼作为对父母养育的一种感谢，但是我们要聘礼并不是卖女儿，养一个女儿远不止几千块钱的聘礼，再说我们还要准备嫁妆，送聘礼是对我们父母的一种尊重，以后我们的女儿也不会让别人笑话说不值钱，再说我们也是把聘礼又花在了嫁妆上，还是又让女儿带回去了，这样她在婆家说话才有底气，不会被公公婆婆小看。(SKL，46岁)

其实聘礼就是个意思，是一种体面的做法，要是不给聘礼，女孩没有面子，送得越多说明女孩越值钱，家里人也有面子，不会被别人笑话，现在还有各家各户比聘礼的，其实没什么，只要孩子们过得好就行。(SHT，54岁)

我是去年结婚的，我和老公都在外面打工，结婚的聘礼和彩礼也是我们两家商量的，他家订婚时给了3000元聘礼，后来结婚前又送来1000元，所以我就陪嫁了1000元的东西，这样我们两家都觉得脸上有面子，也能承受，这种事情没必要和别人攀比，多了会有负担，差不多就行了，毕竟日子还是要靠自己以后过。(SKR，24岁)

送聘礼是一种风俗，主要适当就行，我和老公结婚的时候就适当地给了我父母2000元，嫁妆也没有让家里人花钱，是我自己打工攒的钱，父母已经把我们养大了，不能再给他们增加负担，我们两个结婚的时候办得特别简单，没有像别人家那样大操大办，想把钱留着以后盖房子。(SEY，28岁)

---

❶ 瞿明安. 跨文化视野中的聘礼——关于中国少数民族婚姻聘礼的比较研究[J]. 民族研究，2003（6）.

我们这个媳妇是去年刚娶的。当时光聘礼就花了 20000 元，是我们自己愿意给的，人家姑娘还没有结婚就给我们生了一个大胖孙子，一直给我们家干活，我们觉得亏待人家，就想着多给一点彩礼，结果人家又陪嫁了 15000 多的东西，所以我们两家现在相处得很好，有什么事都相互照应，只要孩子们能好好过日子就行了，我们大人也不图什么。（SWT，43 岁）

通过以上描述可以看出，在石村妇女的心目中，送彩礼只是一种习俗，并没有成为一种负担，但是根据笔者的调查，随着人们生活水平的提高，彩礼还是成为每个家庭娶媳妇的一项重要开支，女方的家庭相互之间还是存在着攀比现象，男方家给的彩礼越多，女方父母的脸上就越觉得有光彩，因此也使近几年的彩礼由过去的几千元上升到了 20000 元左右。由此可见，彩礼还是增加了男方家庭的经济压力，但是从另一方来讲，随着彩礼的提高，女方的嫁妆也随之增多，由过去的几百到上千元增加到现在的万元以上。综合来看，尽管女方家得到了彩礼，但是男女双方家庭在缔结一桩婚姻的花费都很大，几乎不相上下。

彩礼作为缔结婚姻关系过程中的一种重要礼物，不仅具有经济方面的交换功能，而且还是反映特定社会结构的象征符号。聘礼在数量和种类上的差异往往是分辨贵族与平民、高等级与低等级、富裕户与贫困户等不同社会角色的显著标志，从聘礼的差异上可以透视不同民族社会分层的状况。农耕民族、游牧民族和狩猎、采集民族所送的聘礼在种类上的差异，反映了他们不同的生产方式和经济生活。[1] 有关聘礼的这一解说，或许同样能够反映石村男女在婚姻缔结中聘礼的意义，但对于常规完婚方式下石村婚嫁的女性而言，聘礼的象征意义不仅限于此，同时，聘礼的多寡，聘礼的给与不给，对于男女双方的意义是不同的。

从石村妇女的谈话中，我们可以看出，彩礼对于女方的意义主要体现在：是一种风俗，并非对女方父母的经济补偿；是对女方父母养育女儿的一种感谢和尊重；是女方本人面子和价值的体现；是对家庭关系的一种制衡，聘礼

---

[1] 瞿明安. 跨文化视野中的聘礼——关于中国少数民族婚姻聘礼的比较研究［J］. 民族研究，2003（6）.

适度，有助于平衡妇女的婚居家庭关系和男女双方家庭的姻亲关系；同时，也是女性离婚后必要的经济保障。其中，最重要的是对女性价值的认可，可以提高女性婚后在男方家的地位。

二、嫁妆

嫁妆是指女子在出嫁时亲属赠送的各种物品或货币，有时候也包括新娘或其亲属提供给新郎亲属的服务。

嫁妆可以有不同的用意，这些用意又常常交织在一起。它可能具有回礼的含义；也可能表示妻子与丈夫一起担负共同生活的费用，通常还是留给女方的一笔财产，以备丈夫死后或夫妻离异后使用。只要婚姻关系没有终止，丈夫一般就有对于嫁妆的用益权。实际上，嫁妆还可以成为购买丈夫的一种手段。❶ 在我国，新中国成立以来，妇女的嫁妆经历了几个阶段的变化：20世纪50年代将"一无所有"视为自豪；"文革"期间，嫁妆中具有封建象征意义的用品受到禁止和摧毁；1975年开始，传统礼俗在民间复苏，乡村嫁女不仅准备许多嫁妆，还出现了隆重的办嫁妆仪式；自70年代末以后，传统的复苏与嫁妆的现代化并行不悖，1981年在上海等地流行的嫁妆是"全鸡（机）全鸭"，整个80年代，全国各地索要彩礼和陪嫁的风气越演越烈。❷ 如今新娘的嫁妆更是无奇不有："荒山林地"做嫁妆"拖拉机和农用车"做嫁妆"对联嫁妆""蔬菜嫁妆""股票嫁妆""保险嫁妆""开店陪嫁""技术保障""小车护嫁""新潮嫁妆——电话、电脑、挣个文凭做嫁妆"，等等，新娘嫁妆的变迁只是社会发展的一个细微缩影。透过这个小小的窗口，我们可以看到社会物质文明的日渐丰富和当代女性新的思想和追求。当问到石村的妇女为什么要置办嫁妆的时候，她们的回答主要有以下几种：

> 女孩不带一点嫁妆过去，以后就要被婆婆小看，要在婆家受气，我们钱多就多陪嫁一点，钱少就少一点，不能让女儿空手嫁过去。
>
> （SKL，46岁）

---

❶ ［芬兰］E. A. 韦斯特马克. 人类婚姻史（第二卷）[M]. 李斌，译. 北京：商务印书馆，2002：818~819.

❷ 姚欣荣. 当代中国妇女嫁妆的变迁 [J]. 妇女研究论丛，1002（2）.

我的嫁妆都是我这几年在外边打工挣的钱买的，现在大家出嫁都比嫁妆，可也不能再让家里花钱，嫁妆越多在婆家就越有底气，我去年结婚陪嫁了将近两万块钱的东西，婆婆就不敢小看我，我们寨子上有陪嫁少的，去了婆家就要受气。（SHT，23 岁）

我们当年出嫁的时候都不兴花钱置办嫁妆，就是自己家织的布和母亲流传下来的银饰，现在不一样了，女孩出嫁不陪嫁别人就要笑话，自己也不忍心让孩子在婆家受气，丢面子。我女儿 2006 年出嫁的时候陪嫁了 10000 块钱的东西，去年我儿子娶媳妇，送了 20000 块钱的彩礼，人家又陪嫁回来 15000 多块钱的东西，算是我们这里最多的了，我们脸上也有光。（SEF，48 岁）

在石村妇女的话语中，送嫁妆是一种习惯，是给女儿面子，也是为女儿争取在婆家的地位和权力。研究表明，聘礼和嫁妆在种类上的一个显著差别，就是许多民族的聘礼中有一定数量的货币，而嫁妆中的货币很少，主要是供新娘穿戴的衣物和供新婚夫妇使用的家具、床上用品和生活用品等。卡瓦拉洛（Cavallaro, R.）以意大利婚俗为例，特别指出了嫁妆的象征性意义：第一，它使婚姻合法化；第二，它反映了家庭内部的权力结构；第三，它强调了女性对娘家的经济依赖；第四，它标志着女人婚后的新角色。嫁妆中床上用品是最基本的内容，它预示了女人未来的性角色，其次是厨房用具，强调了女人婚后在厨房中的责任。[1] 这一象征意义基本也符合石村妇女嫁妆的深层含义。

三、彩礼与嫁妆的共存

通过以上分析可以看出，在石村，结婚时对聘礼的下压上扬或相互博弈，一定程度上支持了古德在《家庭》中的相关言说。古德提出："为什么有的社会是给新娘下聘金，而有的社会却是给新郎送嫁妆，这个问题至今还不很清楚，但在这类婚姻交换中，却能看出一些关系：第一，聘礼与嫁妆关涉新婚夫妇的社会地位和双方家庭的世系利益；第二，无论大量财富落入谁的腰包，长辈们都会制定一些规则，使得婚姻双方家庭和世系做到公平合理；第三，

---

[1] 卡瓦拉洛. 女性角色与嫁妆 [J]. 社会学，1979（总 13 期）：51~86.

收到厚礼的家庭往往回赠其他礼物；第四，只要存在着嫁妆或聘礼制度，在婚姻安排过程中就会留有讨价还价的余地。"❶ 彩礼往往存在于比较贫困的国家和地区。❷ 古德有关聘礼和嫁妆的一个令人瞩目的理论——"生计经济地位"决定论认为：在男人从事主要农业生产的社会中，普遍流行的是送嫁妆而不是下聘礼，并提出在以犁耕为主的传统的欧亚社会即属这类以送嫁妆为主的社会，在这类社会中，妇女不单纯是"母亲"，而且主要是"劳动力"，她们在家庭生计经济中的贡献远大于男人。❸ 很显然，古德的这一理论无法解释为什么在石村人的婚姻中，聘礼与嫁妆并存的这一现象。因为在石村这样一个农业生产为主的社会中，妇女既是母亲，也是劳动力，只不过是由于性别角色的差异，女性主要承担的是一些相对较轻的体力活，重体力活还是要依靠男性来完成，因此，女性不能取代男性，在家庭生计经济中的贡献也就不一定大于男性。如果参照古德的理论，或许在石村，嫁妆与彩礼之所以能并存，是因为夫妇双方对家庭生计经济的贡献只是分工的不同，而没有明显的大小之分。

总之，有关聘礼与嫁妆的理论和个案可以说是仁者见仁，智者见智。基于各自的理论背景和田野基础，目前学界有关嫁妆与聘礼意义问题的主要理论成果有：继承说；福利说；劳动价值说；竞争说；家庭意图说；财产转移说。其实如果把任何一个理论拿来和某一个个案相互对照，可能会发现一个理论是很难解释地方性知识的。❹ 相应的，石村的情况也不例外。从整个婚姻的缔结过程以及之后的姻亲交往来看，聘礼和嫁妆是亲家之间为了建立长久而和谐的姻亲关系所采取的交换体系中的一部分，是一种基于社会文化意义上的经济交换，这种交换不仅可以缔结婚姻，更重要的是可以促使双方的关系更加和谐、长久且稳固。当嫁妆缺席的时候，这种交换体系就是不完整的，由此所达成的姻亲关系自然也就不圆满。❺ 有鉴于此，笔者设想，缔结婚姻

---

❶ [美] W. 古德. 家庭 [M]. 魏章玲，译. 北京：社会科学文献出版社，1986：83.
❷ 李银河. 中国人的性爱与婚姻 [M]. 北京：中国友谊出版公司，2002：115.
❸ 冯学红. 喀什维吾尔族妇女婚姻研究——以阿克提其村为例（1949~2009）[C]. 兰州大学博士学位论文，2009：5.
❹ 刁统菊. 嫁妆与聘礼：一个学术史的简单回顾 [J]. 山东大学学报（哲学社会科学版），2007（2）.
❺ 刁统菊. 嫁妆来源及象征的多样性分析 [J]. 广西民族研究，2007（1）.

时,尤其是在缔结一桩族际婚时,如果议婚的双方都生活在一个还没有完全破除送聘礼的社会,而且又很不了解对方的婚姻文化,一方出于善举,无意中脱口表明不向对方索要聘礼,在另一方看来可能就会造成误会,女方不要聘礼,或许在对方的文化体系或者说风俗习惯中,恰恰就意味着他们面对的是一个嫁不出去或没人要的人,即使达成这桩婚姻,也会埋下婚姻生活中由于不要聘礼而有可能遭受对方随时耻笑,进而引发摩擦和不悦的隐患,婚后由此产生争执并且继续增高,就会出现系统观念所谓的"脱羁"(runaway)。除非他们的关系里成立了一个或数个新的规则,以达成某些程度的协议,否则平衡便不能达到。如果协议不能达成,争执一直升高,无可挽回。"脱羁"的情况便以离婚、遗弃、谋杀,或自杀——亦即此以系统或关系的完全解体——而终局。❶ 由此可见,在嫁妆和彩礼并存的社会中,如果有一缺失,都会或多或少地影响新婚夫妇和姻亲关系的圆满和维护。因此,我们就可以理解石村妇女为什么在出嫁时坚持尚未抛弃的具有象征意义的彩礼和嫁妆。因为在这些盛行娶亲付聘金的地方,如果新娘出嫁时一无所得,将会是新娘本人和其家人的耻辱;同时,如果新娘没有携带嫁妆出嫁,也会受到男方家庭的歧视,进而在进入夫家后影响其在家庭中的地位。所以说,彩礼和嫁妆在石村妇女的婚姻缔结过程中始终发挥着重要的作用,是妇女保证婚后在夫家地位的必要条件,所以它的存在有其合理性和必要性。

小 结

本章主要从石村妇女的婚姻来看石村妇女的地位变化情况,包括石村传统的婚姻制度及其变化、石村妇女的择偶标准与择偶方式、婚姻的缔结方式与缔结程序以及在婚姻缔结中起到核心作用的彩礼和嫁妆。从石村妇女的择偶来看,女性婚姻的自主性越来越高,择偶标准和择偶方式都发生了较大的变化,不再是过去单纯的"行歌坐夜"方式,而是越来越多样化,择偶标准

---

❶ 冯学红. 喀什维吾尔族妇女婚姻研究——以阿克提其村为例(1949~2009)[C]. 兰州大学博士学位论文,2009:5.

由过去单一的只看能力演化为今天能力与经济条件并重，而在择偶方式上，与男性相比，女性的择偶相对还要被动一些。不管是哪一种择偶方式，最终都是以男方家主动提亲得以实现。在婚姻的缔结中，自主婚姻占据的比例越来越大，择偶的范围也越来越大，而且出现了族际通婚的现象，此外，过去盛行的"姑舅表婚"基本已经消失。婚姻缔结的方式在延续传统的基础上，出现了汉化的趋势。通过对妇女婚姻中彩礼和嫁妆的描述可以看出，随着时代的发展，妇女的彩礼和嫁妆数额越来越大，主要原因就是女性都希望通过彩礼和嫁妆巩固自己在夫家的地位。通过对石村妇女从择偶到婚姻缔结的全部过程分析发现，近年来，石村妇女的家庭地位和社会地位确实得到了较大的提高。

第三章　石村妇女婚后的家庭关系

家庭，是社会的细胞，是人们社会生活的基本单元，是个体一生所处时间最长的初级社会群体，它可以满足个人多方面的需要，如人类活动中生物、心理和社会三种最基本因素及其相互之间的作用，都能在家庭中得到最充分和最集中的反映。可以说，家庭在整个社会结构中有着特殊的地位，而且不管人类的社会、经济、文化、政治环境发生多大的变化，家庭始终影响着社会制度的发展。为此，本章将通过探讨石村妇女的婚后居住模式，家庭规模与家庭功能，家庭成员之间的关系以及离婚与再婚现象，分析妇女的家庭地位和社会地位变化。

第一节　婚后居住模式

"居制是一种结婚时选择居住形式的制度，它反映了极深的社会文化背景，是家庭较高变化的直接因素。孩子们一般总是在父母家户中长大，他们第一次改换住处通常发生在婚后组成新的家庭单位之时。他们在这婚后居所可能只小住一时，或可能就在此渡过余生，但无论哪一种情形，这种选择对整个社会总是至关重要的，因为这决定了谁跟谁住在一起，因此也就决定了谁与谁合作，谁与谁共渡闲暇。"[1] 而婚后居住在何处，直接关系到继嗣制度、社会结构和男女在家庭中的地位。按照人类一般的婚后居住模式，主要有单居制、两居制、新居制和分居制四种居住类型。其中，单居制又包括从夫居、

---

[1] 麻国庆. 走进他者的世界 [M]. 北京：学苑出版社，2001：76.

从妻居和从舅居三种形式。具体到侗族，主要的居住类型是从夫居，石村人也不例外。在从夫居制下，主要是实行由不落夫家到落夫家生子的居住模式。

一、不落夫家

侗族在传统上有"不落夫家"的习俗。所谓"不落夫家"，就是在三天婚礼结束后，新娘随送亲队伍返回娘家，继续过姑娘的生活，因此，侗族有"三年上、五年下"的俗规。李宗昉在《黔记》（卷三）中也有对"不落夫家"的记载：

> 六洞夷人在黎平府属。短衣色裙，细花尖鞋。未婚男女剪衣换带为凭，卜吉嫁之。邻近女子执蓝伞往送，名曰'送亲'，联袂歌舞，至男家饮歌三昼夜，携新娘同归母家。新娘每夜潜入女家，与妇同宿，及生子后方过聘而归夫家，母家以苗布数匹为嫁资。❶

这就说明，"不落夫家"习俗在侗族社会存在已久。在住娘家的这段时间，新娘仍然可以行歌坐夜，做一些针线活，为长期居住夫家做准备，这里的准备除了在物质上准备衣物以外，更重要的是做从姑娘到媳妇的心理准备。在这期间，如果遇上节日、农忙时，新郎要把新娘接回家小住几天，到那时，双方可以同房，但是不允许出去"行歌坐夜"，否则会被认为这个新娘太放荡，如果新娘不遵守规定，可能会遭到丈夫的打骂，甚至有被休掉的可能。相反，如果在"不落夫家"期间是新郎来新娘家帮忙，双方不可以同房，因为在当地人看来，如果已经出嫁的女儿和丈夫在娘家同房，就会给娘家带来晦气。在丈人家，新郎可以出去和姑娘们"行歌坐夜"，如果遇到自己的新娘和别人对歌，也不能生气，否则会被别人认为心胸狭窄。当然，新郎也可以和自己的新娘进行对歌，以加深双方之间的感情。

从男女双方订婚开始，一直到女方完全在夫家常住期间，新郎在传统的几大节日（以农历计算）必须给丈母娘家送礼：五月的粽粑节送一挑粽粑（约六七十斤），猪肉一块（约七八斤）；六月的吃新节，送鲤鱼四五斤；中秋节送月饼；春节送一挑糯米，外加腊肉或新肉。而新娘家不需要回礼，一

---

❶ 刘峰，龙耀宏. 侗族：贵州黎平县九龙村调查 [M]. 昆明：云南大学出版社，2001：175.

直送到新娘生孩子定居到夫家以后,男方家的送礼次数和数量就逐渐减少,而外公外婆则需要在逢年过节时给外孙送礼。

近十几年来,"不落夫家"的习俗正在淡化,到近几年,已经完全消失了。男女青年一般在婚后就住在一起,有的甚至还没有结婚就已经同居了。再加上侗族男女青年的普遍婚龄增大,生育时间比过去延缓了许多,所以"行歌坐夜"已经成为婚礼仪式中一个象征性的过程。

石村48岁的妇女SKL 18岁结婚,当年还严格实行着"不落夫家"习俗,她这样介绍自己当年的"不落夫家"。

> 我和老公是通过行歌坐夜有好感的,他长得好看,侗歌也唱得好,我一眼就看上他了,他也喜欢我,我侗歌也唱得好,坐夜半年后,他送了我一副银耳环,我送了他用自己织的侗布做的衣服,现在这两个信物还留着呢。一年后,我们就结婚了,结婚的三天里,我都是和他妹妹睡在一起,两个人见面都不好意思正眼看,三天婚礼完了,我就随送亲的队伍转回娘家了。回家前,在衣柜里放了一件物品暗示他。我们这里的习惯是新娘回家前都要放一个物品来暗示新郎。如果放一件围裙,暗示春节就可以接新娘回家;如果放一件衣服,暗示第二年可以接回来;如果什么都不留,就暗示三到五年可以接回。我当年是想放一件衣服,可是又害羞,不好意思,什么都没放,过了三年他才把我接回来常住。现在年轻人已经不像我们那会了,谈对象就同居了。我女儿结婚那会还是一年以后才在一起的。我儿子和媳妇是同学,原来就认识,两个人谈了一段时间,媳妇就去福建打工了,我儿子跟他爸在家做活,年底女孩回来以后让我儿子去县城接,晚上没有回来的车了,就在县城住宾馆,同居了,就怀上了,那会两个人才18岁,不能结婚,两个人就都去福建,把孩子生在福建了,我过去伺候月子,现在孩子已经两岁多了,还没有办事,打算今年秋天把婚事办了。现在的年轻人,真是管不住,我觉得丢人,但是没办法,不过给我生了大胖孙子,我也高兴。

通过以上这段话,可以看出,中年人对现代年轻人婚前同居的行为不是太能理解,但是也没有办法,对于"不落夫家"习俗的消失,还是心存遗憾。

而即将结婚的 22 岁侗族姑娘 STK 则这样看"行歌坐夜"。

> 我们都知道侗族的"不落夫家",但是现在没有人实行了,和汉族已经没什么区别了,订婚就在一起,再说现在两个人都在外边打工,一起租房子还可以节省开支。我打算今年冬天回来结婚,对象就是下面寨子的,我这次回来是有个好姐妹结婚,过几天就回去了。我们俩现在就在打工的那边租房子,反正已经订婚了,没什么大不了的。

以上这两段对话,可以充分说明两代人对"不落夫家"习俗的不同看法,由此也说明"不落夫家"习俗的消失是必然,而从另一个方面来说,这也是妇女地位上升的一个重要表现。

二、落夫家生子

新娘在"不落夫家"期间有了身孕,如果肚子大到一定程度,就需要回夫家常住。主要是因为女儿在娘家生孩子会认为对娘家不好,会带来晦气,而且是得罪父亲和兄长的事情,所以必须回夫家常住,顺便开始提前熟悉夫家的环境。而落夫家生子对于新娘来说,不单单是一个生活环境的转变,更重要的是一种身份的转变,也就是说,一个新媳妇,只有在生完孩子以后,才会被夫家认为是自己家的媳妇,才能得到夫家人的认可,也才能实现自己身份的完全转变,巩固自己在夫家的地位。如果新娘婚后一直没有怀孕,也就不可能得到夫家的认可,在笔者调查期间,就有一位妇女讲述自己因为不能生育而被迫与原来的丈夫离婚。

> 我和原来的老公是通过行歌坐夜认识的,两个人有好感,他家找了媒人就结婚了。结婚以后也去他家小住,三年以后就常住他家了。可是一直没有怀孕,结婚七年都没有怀孕,他妈就觉得是我有问题,逼着他儿子和我离婚。以前的那个老公特别听他妈的话,我自己也觉得丢人,两人一商量就离婚了,别人给我介绍现在的老公,因为他原来的妻子得病死了,留下一男一女两个孩子,我觉得自己嫁过来就能结婚,就同意了。结果嫁过来第三年我就怀孕了,连着生了两个女儿。虽然没有生出儿子,但至少说明我不是不会生孩子。

他后来也又娶了一个离过婚带孩子的女人，结过婚也生了孩子，不知道为什么我们俩在一起就不能生孩子，这就是命，是老天爷不让我们在一起。

通过以上这段描述可以看出，媳妇婚后身份的完全确认是生育了孩子以后，所以在侗族地区，以前姑娘出嫁的时候娘家只陪嫁一部分嫁妆，等女儿生孩子以后才会把剩下的嫁妆全部给她。当然现在，随着"不落夫家"习俗的消失，也就没有新娘生子后身份确认这一说法了。在现在侗族人的观念里，只要把媳妇娶过门，就算是自己家的媳妇了，不管她能不能生育，但还是有人因为婚后不能生育而离婚。而生育孩子则成为妇女巩固和加强自己在夫家地位的重要手段。

在传统的"不落夫家"生子习俗中，新生儿的出生，不光是对新媳妇身份的确认，也是对新郎身份的确认，因为新郎当爸以前，在公共场合没有发言权，只能听别人的话。有了孩子以后，他就可以在公共活动中自由发言了。另外，新娘在没有生孩子以前，也不能进入夫家的粮仓，生孩子以后，就被认为是夫家的人了，可以进入夫家的粮仓。所以所有新婚的女性，都希望自己能尽快生育，以巩固自己在夫家的地位。

第二节　为人父母之道

在人生的旅程里，初为人父母的转变并不是一件简单的事情。结婚以前，无忧无虑、自由自在的单身日子是很多人常常回忆的美好时光。刚结婚初期，夫妻两情相悦，一起过着甜蜜的生活。因此，决定生不生小孩就不是那么简单的事情，而且在小孩来临以后，怎么样过日子，也是一个大问题。并不是夫妻都能够适应初为人父母的新角色，尤其是在结婚后一两年内就有小孩，因为在经济上、感情上和心理上都必须有所准备。

一、夫妻感情上的适应问题

结婚初期，夫妻双方的主要任务是彼此调整与协调新的婚姻角色，夫妻两人学习如何彼此沟通，如何培养双方的了解和感情。以往旧式婚姻里的父母之命、媒妁之言的婚姻是把两个完全不认识的人放在一起，过着夫妻生活，最初的困惑是可以想象的。现代的婚姻虽然男女青年在未婚期间有交往有接触，甚或相互爱恋，但是结婚以后仍然需要彼此沟通；尤其是在夫妻角色分工不十分明确的今天，夫妻之间更需要多沟通。如果一下子就加上一个孩子，则夫妻关系会变得更复杂，有时甚至会导致严重的危机。

  我们两个人是初中同学，初中毕业都外出打工，是在16岁那年回来过年一起玩才好上的，没有想过会这么早要孩子，所以孩子来了都不知道怎么带，他整天只知道打游戏，也不管孩子，我也不会带，两个人为了带孩子经常吵架，我都不知道以后会怎样？（SGR，19岁，孩子不到两岁）

二、心理上的稳定

为人父母这个角色是很突然的，虽然在怀孕期间，人们可能就在心理上有所准备，但是等到小孩一出生却又忙得手忙脚乱，完全不是想象的那么一回事。不仅照顾婴儿的工作，大多数人都没有提前学习过，而且孩子出生后需要 24 小时不停的照顾，非常劳累。更何况妻子在有了小孩之后可能要全职在家，心理上也觉得很无奈。因此，心理上的稳定和成熟是为人父母的要件之一。

  自从生小孩以后我就一直在家，不能出去打工，老公一个人在福建打工，一个月 3000 多块钱，现在养孩子什么都贵，一个月的工资根本不够花，等孩子再大一点我就要出去打工了，让婆婆看孩子，没有办法。（SHR，23岁，孩子1岁半）

  我自己都还不知道怎么回事，突然就怀孕生孩子了，我又不会照顾，婆婆也不帮忙，每天都很累，老公还说我在家享清福，不用出去打工赚钱，我宁愿打工也不愿意看孩子，这样的日子不知道什么时候是个头。（SWP，19岁，孩子10个月）

三、经济财政上的考虑

要为人父母者必须了解养一个小孩不是那么简单的事情，不能说生了就算了，如果自己经济能力不够，不能养的话，对家庭是一种相当重的负担。从小孩出生，到随着小孩年龄的增长，各种开支也会日益增加，这些对于夫妻来说都是需要考虑的，所以说养一个孩子作为父母除了要有心理、体力上的准备和付出以外，经济上的考虑也是很重要的一个条件。

社会学家罗丝（Alice Rossi）指出，初为人父母能不能扮演好主要取决于以下五个因素：

（1）文化价值和伦理观念常常鼓励人们要有小孩。虽然一个人可能并不真想要小孩，可是在这种压力下就生了，总觉得不情愿。而且一旦小孩出生后，就没有辞掉这个新角色的可能性了。

（2）许多夫妻并没有养儿育女的经验。以往大家庭人数多，还可以观察到父母对弟弟妹妹的养育方式，从而学到一点东西，而且也总有长辈在旁边帮忙，现在的小家庭制往往只有夫妻两个人自己摸索。因此，手忙脚乱是可以想象的。

（3）为人父母的角色是一夜之间就转变成的。其他的社会角色总是有一段适应时间，可是父母角色不一样，这个角色是孩子一出生就自动拥有的，来得很突然。

（4）夫妻关系要因为孩子的来临重新调整。夫妻间的亲密关系可能会因为孩子夹在中间而降低。通常做母亲的，为了照顾婴儿而冷落丈夫，对性的兴趣也可能因为产后而降低；做丈夫的下班回来，没人服侍，而且婴儿的哭闹，也吵得人心神不定。

（5）因为是第一胎，人们往往不知道怎么带孩子，怀疑这样做是不是对。专家的说法也不可全信，无所适从。只有瞎摸，缺少自信心。

除了以上五点以外，初为人母的妻子，还担心自己的身材是否会变形，会不会太胖，整天感觉到筋疲力尽，总有做不完的事情，小孩又常哭，睡眠也少。初为人父者也有不耐烦的地方，孩子的哭闹减少了睡眠的时间，也影响了回家休息的心情；妻子产后的身体和照顾婴儿的疲惫也无心情服侍丈夫，而且又多了一口人要养，经济负担加重，必须多加班或找副业。总之，夫妻两人都要经过一段时间才能适应这个新来的家庭成员。

从小孩出生以后，其成长的每一个阶段都有不同的新任务，为人父母者必须学会去处理。在小孩上学以前，他的衣食住行都需要人负责，也要有人一天24小时陪着他，教育他。小孩在这个期间有模仿成人行为的习惯，大人必须以身作则。等到小孩上了小学，又是另一番景象。为人父母者必须鼓励小孩注意学校的功课和成绩，并且要在旁边辅导帮忙在家的课外作业，另外还要抽出时间陪孩子参加其他课外活动等，所有这些都需要时间。这个时期也是训练小孩能帮忙处理家务，帮忙整理房间以及保持整洁干净的习惯。小孩也要被鼓励合群、不害羞、交朋友，而且和兄弟姐妹的冲突，做父母的也要解决。同时，一方面也要鼓励小孩发挥自己的独立性，有自己的独特人格，学习自己做决定的能力，有判断力，并受到父母兄弟姐妹的相对尊重。

孩子到了中学青少年时期也有必须要做的事情。这段期间做父母的总觉得子女不听话、很野；做子女的则觉得没人了解他们，父母管得太严，而且压抑得他们喘不过气来。代沟（Generational Gap）在这一段时间最明显。因此，做父母的应该有向子女学习的勇气，学习子女的青年次文化。例如，可能父母很不喜欢球赛新闻，可是因为孩子喜欢，父母也应该试着去了解这类的信息，增加双方的沟通。同时，做父母的也要知道什么时候应该放松过分的管束，让孩子有自己的天地。这一时期里，朋友的影响会很重要，因此做父母的应该小心孩子交往朋友的素质。另外，在中学青少年时期是约会开始的阶段，父母也会担心子女约会的对象，约会时的安全问题等。

虽然青少年期间子女跟父母的距离似乎远得像隔着一个世界，但是如果双方能互相协调和适应，还是不会有大的问题。管教方式应该越来越民主，让家里每一分子都可以参加意见。大多数的规则都是可以在事前就订立，如果有必要也可以修订商量，但这并不是说做父母的什么事都要顺从子女的意见或要求，有些事情做父母的还是有坚持说"不"的权利。

总而言之，为人父母并不是那么简单的事情。但是只要经过努力，相信这些问题都能顺利处理，年轻夫妻也会对为人父母的角色感到满意和骄傲。

第三节　家庭类型与功能

在传统中国的思想体系里，社会和国家都只不过是家庭组织的一种延伸而已，统治者与被统治者的关系正像家庭里的父子关系。君臣父子常常被联想在一起，而天下一家的政治理想也带有家庭色彩。儒家的思想更是以家庭为思想体系的出发点,孝道则是维持家庭的最重要因素。

传统中国社会的家庭理想模式是一种五代同堂、多子多孙的扩大家庭。在这个理想模式里,家人不应该离开祖先的居处另建家庭,好几代的子孙应该居住在一起,不仅是家庭的福气,也是社会安宁的表现。史料上对这类家庭颇多记述:例如,红楼梦里的贾府。下边,我们来看一下作为少数民族的侗族,石村人又是遵从什么样的家庭类型,这些家庭在他们日常生活中发挥什么样的作用。

一、家庭类型

随着婚后居住模式的确定,基于婚姻关系、血缘关系而形成的社会生活共同体——家庭,是人口再生产的单位,也是人类社会的基本单位,通常由夫妻、父母、子女、兄弟姐妹和其他亲属组成。根据标准的不同,家庭类型的划分也不同。根据家庭规模,可以将家庭分为大家庭和小家庭;根据权力架构,可以将家庭分为父权家庭、母权家庭、舅权家庭、姑权家庭和平权家庭;根据家庭关系状况,可以将家庭划分为和睦家庭、不和家庭、解组家庭等。而人类学划分家庭的主要标准是婚姻和血缘关系,一般将家庭分为以下几种类型:核心家庭(Nuclear Family)、主干家庭(Stem Family)、联合家庭(Joint Family)或扩大家庭(Extended Family)。其中,家庭中夫妻离婚或有一方死亡,以及所谓单亲家庭(Open-Parent Family,由单身妇女及其非婚生子女组成的单亲家庭),都划入核心家庭范畴,核心家庭也称自然家庭、基本家庭,俗称小家庭。[1]

在此,笔者依据人类学对家庭类型的划分标准,对石村的家庭类型进行了统计。根据调查结果统计,石村有63.82%的家庭为核心家庭,24.78%的家庭为主干家庭,11.4%的家庭为联合家庭。其中,核心家庭中老年丧偶的家庭有12户,只有夫妻二人的家庭有3户。通过访谈,发现在石村人,尤其是年轻人的心目中,对理想家庭成员的数目以4口人到5口人为主,都希望夫妻和孩子组成自己的家庭,而不是一大家子人生活在一起。总体来看,石

---

[1] 阎云翔. 私人生活的变革:一个中国村庄的爱情、家庭与亲密关系 [M]. 龚小夏,译. 上海:世纪出版集团,上海书店出版社,2009:145.

村人越来越希望生活在规模较小的核心家庭中,再加上计划生育的实行,一个家庭最多只能生育2个孩子,使得整体家庭的规模在缩小。偏好核心家庭的村民这样认为:

> 家里人多了麻烦,还是少一点好,一大家子在一起虽然热闹,但是干活路的时候容易有意见,还是人少点好。(SZJ,35岁)

> 我还是喜欢家里人少,和老人在一起要按照他们的意思生活,自己不能做主,不自在。(SYD,42岁)

偏好主干家庭的村民则认为:

> 人少不好,还是人多了好,热闹,一起劳动,一起吃饭,有意思。(SAT,71岁)

> 几代人在一起热闹,干活的时候人也多,还是喜欢人多。(SYF,65岁)

> 家里人多,做活路方便,也快。(SRB,54岁)

也有少部分村民对家庭类型持无所谓的态度:

> 家里老人愿意分家就分,不愿意分就在一起,只要日子过得好就行。(SKL,46岁)

> 家里人多有人多的好处,人少也有人少的好处,看老人的意思,愿意一起过就一起过,不愿意一起过就分家,怎么都行,只要老人高兴。(SWC,47岁)

通过以上几组对话可以看出,不同的家庭类型中人际关系相处的难易程度不同,对于家庭劳动力的需求与满足和对生活的态度也不同。但从石村目前的家庭类型来看,人们还是偏好核心家庭,这可能与人们外出打工有着直接的关系。

二、家庭功能

(一)家庭的功能(Function)与反功能(Dysfunction)

1. 家庭的功能

功能是指一个单位、习俗、制度存在的目的,以及其对其他体系的影响力。家庭，作为一个各社会中最普遍的制度，一定存在某些无可取代的功能，使其如此重要。归纳起来，家庭具有以下几个功能：

（1）社会化（Socialization）

社会化也称教化。家庭是每个人接触到的第一个社会化单位，每个新生儿在家庭中发展其人格，成年人指导孩子如何成为一个符合社会的人。在指导孩子行为时，父母及成人传达了原有文化的价值、语言、规范给孩子。所谓"有其父必有其子"，表示子女常是父母的翻版，接受了父母的教化。自婴儿出生后，就在向父母学习，父母也在不断地"教"他（她），尽管做父母本身并不觉得自己在施教，但是他们的一举一动、一言一行，都会对子女产生影响。

（2）情感分享（Affection and Companionship）

家庭是最温暖和亲密的地方，也最能使成员体会到满足和安全。家也有责任照顾其成员，使每个人免于外在的威胁。家是唯一充满爱的社会制度，研究证明：生活在家庭中的人要比独身者更健康快乐。

（3）性的规范（Regulation of Sexual Behavior）

对性的标准会在不同时空中有所差异，但性行为一定有规范，而此种规范主要是在家庭的规范中确定的。人类比动物有更长的性能力时期，若不加以规范，就会形成严重问题，并造成社会的解体。

（4）生育子女（Reproduction）

每个社会要维持，需要不断有新的成员替补死亡者和离开者，这个任务是依赖家庭完成的。

（5）社会地位的安排（Providing of Social Status）

每个人的地位一部分是生来即获得的，称之为继承地位，这部分主要是家庭给予的。我们常说的"家庭背景"则表示一个人的家庭所给予他在社会发展的背景条件。

（6）经济安全的提供（Economic Security）

有关生产、分配、消费等的经济活动，传统社会主要是在家庭中进行，每个人可以从家庭里获得衣、食、住、行等基本满足。但是在现代社会中，家庭的经济功能已经大大减弱。

(7) 保护年幼及年长者（Protection Infants, Children and the Aged）

和多数动物相比，人类的成员需要较长的时间方能自立，况且在人老以后也需要依赖他人，这两段生命周期，都需要家庭的特别照顾。

总之，家庭是非常重要的，家人之间需要彼此互动，分担责任。从个人看，个人依赖家庭来提供身体的保护、感情的支持、物质的供给、家务的分担。从社会来看，家庭绵延伦理道德、传达价值规范、教导语言文字、稳定整个社会的基础，所以说家庭制度是其他制度无法代替的。

但从整个社会变迁的角度来看，家庭的功能也在调整。近年来，有些功能更重要了，如情感分享、保护年幼及年长者；也有些功能被其他社会支付所取代，如宗教、教育、娱乐等。所以，家庭如何适应变迁社会中每个人的需要和其他社会制度的要求，并适当而有效修正调整，正是家庭制度发展的关键。

2. 家庭的反功能

反功能是指一个单位、习俗、制度的存在或运作的结果，被认为是阻碍了整个体系的整合调试和稳定，换言之，其存在可能是有缺点的。站在社会学和社会工作的角度看家庭，固然应该说明家庭的功能，但也不能忽略家庭的反功能。

(1) 家庭固然对成员照顾保护，但同时也可能约束了成员的发展，许多子女就受制于父母的管教，无法有更大的进步。尤其是在中国社会，由于强调一套权威的社会化过程，个人的发展常会受阻。在父权或夫权等权威下，也存在一些家庭暴力的现象，弱势者饱受欺负，不易获得协助。中国的父母相信"棍棒底下出孝子"，因此常会对孩子采取体罚的方式，认为孩子是自己的私有财产，可以任意处置，由此造成子女的对立情绪，甚至发生过激行为。

(2) 家庭对成员的感情支持被视为"甜蜜的负担"，甜是甜，但也包含着负担。每种家庭关系都代表了权利和义务，在尽义务时，个人是要付出一些代价的。

(3) 家庭的社会地位安排往往造成社会的不公平，有权有势者把财富权利传给子孙，其他人再奋斗、再辛苦也不一定能出人头地。这种现象在越传统的社会越明显，在贫富差距悬殊的地方也很明显。

(4) 家庭的存在使女性的发展受到较多阻隔，由于女性被规范需要承担较重的家庭任务，女性在家庭中的地位较低，使家庭约束女性，家庭制度间接促成和维持了两性的不平等。

（5）家庭因为是经济单位，所以许多经济事物原本应公开和透明，都被家庭的隐秘性所破坏了。

（6）家庭制度基本上是保守的、维持现状的、单一的，对社会的进步、创新和多元，都有可能阻碍。

在社会性别方面，社会学中的冲突学派认为家庭制度促成了两性间的不平等、家庭贬低女性的地位、限制女性的发展空间。由于女性花在家庭中的时间远多于男性，无法在就业市场中与男性平等，在经济生活上自然处于劣势。因此，如何改善女性的地位，如何减少女性的家务负担，如何确保女性在就业市场中免受歧视等，都是由家庭反功能所衍生出的社会问题。

Goodman（1993）综合了冲突学派认为家庭生活的坏处与负面结果有四：①女性因受家庭所困而居于次要角色；②家庭中的暴力比较普遍；③保障既有的阶级体系，降低社会的变动性；④单一形式的亲密关系对其他生活形式。然而冲突学派批判家庭功能，主张多元的家庭形式及两性交往方式，却也可能因此造成更多的负面结果。❶

（二）侗族家庭的功能

侗族家庭作为一种以婚姻关系为基础、血缘关系为纽带而结成的共同生活的社会基本单位，是最典型的初级社会群体，是侗族社会稳定、民族发展的重要社会基础。作为社会初级群体，侗族家庭满足了民众个体和社会本身的多重需求，发挥了诸多方面的社会功能，归纳起来，主要有以下几方面。

1. 满足两性性生活的功能

性行为作为人类的生物本能，在侗族传统社会里受到社会因素的严格限制。尽管侗族传统社会的男女青年主要通过行歌坐夜、自由恋爱的方式发展双方之间的感情，而且在"不落夫家"期间，双方都有自由的社交权利，但是侗族社会对性行为却有着严格的规定。根据侗款的规定，男女双方婚前一定不能发生性关系，否则会受到相应的处罚；即使是婚后的年轻夫妇，发生性行为也有一定的限制。夫妻之间性关系的合法性和正当性受到侗族习惯法

---

❶ 彭怀真．婚姻与家庭（修订三版）[M]．台北：巨流图书有限公司，2005：190~191．

和道德舆论等因素的制约，从而使得夫妻双方的性生活能得到满足和保护，对个体的性格和身心健康大有裨益，也有利于家庭和社会的稳定。

2. 满足物质生产和人口生产的功能

个体家庭既是侗族社会最基本的劳动力，也是物质生产的基本单位。家庭成员通过生产合作，既获得了生存最必需的生活资料，也给社区提供了大量的公共财富，如鼓楼、风雨桥、凉亭、道路等公共设施，这些设施的完成，充分体现了寨子内部家庭之间的团结。另外，社区内成员的生老病死和社会人口继替，也是通过家庭完成的，没有家庭，就没有人口的正常繁衍，也就没有种族的延续，所以说，在物质生产和人口生产方面，家庭都起着不可代替的作用。

3. 承担儿童抚育和老人赡养的功能

由于侗族传统社会没有文字，也没有正规的学校教育，所以家庭对子女抚养和早期教育的作用就十分重要，而且在儿童早期的社会化过程中，家庭起着至关重要的重要。除此以外，家庭还具有赡养老人的功能。由于侗族地区的经济比较落后，地方不具备基本的社会养老保障体制，赡养老人的义务完全由家庭承担，再加上侗族有传统的尊老爱老传统，所以每位老人都能度过一个幸福的晚年，即使是那些孤寡老人，也能得到家族内其他家庭成员的照顾，从来不会出现让老人外出乞讨、流落异乡的情况。

4. 起到休息、娱乐和感情交流的功能

家庭内部的人际关系是最亲密的血缘亲情关系，家庭成员的利益是一致的，内部的感情交流也是最充分的，下文将详述家庭内部成员之间的关系，可以充分体现这一点。另外，家庭是个体休息、娱乐和交流感情的主要场所，虽然侗族传统社会都有专门提供娱乐活动场所的鼓楼、花桥等，但是这些场合都是在个体成年后才开始发挥作用，在个体成长的早期阶段，还是家庭起到主要作用。

第四节 家庭成员关系

家庭关系，是家庭成员依各自角色在共同生活中彼此之间直接的、面对面的交往关系,是家庭成员之间一切社会关系的总和。[1] 在中国传统家庭中,最大的特色也许应该是其父权式的权力结构。男性家长是家庭里的掌权者,父亲或祖父掌有生杀大权。所谓"父叫子死,焉敢不死",而子女受惩罚时"虽至流血,不敢疾怨"都是父权的表现,除此以外,父权也常常涉及经济权、法律权、宗教权以及子女的婚姻大权。这些严格的父权制度是建立在孝道基础上的:为人子者,生者养,死则祭;冬温而夏凊,昏定而晨省;出必告,反必灭,所游必有常,所习必有业。而"父母在,不远游",更是说明了人子尽孝,无微不至的大道理。

传统的中国孝道强调子女对父母的绝对服从,父母可以叫子女死,而子女若对父母不孝,其处罚相当严峻;不只家人不容,社会国家也有所不容,甚至于绳之以法,正是所谓"父虽不慈,子不可不孝"。在传统中国社会,不孝是一种最不可饶恕的罪恶,国法人情皆恶不孝,为人子者也战战兢兢,如临深渊,如履薄冰,唯恐沾上不孝之名。父权之所以能实行,就是靠孝道在支持。因为父权是由上而下单方向的权力支配,父权是支配者也是发号施令者,子女只是在下的听令者。

有人认为孝道不仅是中国家庭阶级的象征,也是父权专制的象征。然而如果没有孝道,可能中国传统的大家庭制度早就瓦解了。家庭中的一切冲突,一言及孝,都可无形消弭。正如许烺光所说:"在孝道的名义下,没有一种行为是太苛刻地或困难地。"人人视家庭为整个单位,视孝友为行为标准。家庭里的每一个人由于孝友的联系而互视为一体,并扩及家族,守望相助,贫病互济。

总之,中国的大家庭制度是建立在父权基础上的,而父权的维持有依赖孝道的概念。那我们来看一下石村的家庭成员之间又有哪些家庭关系。

一、亲子关系

父母与子女的关系即亲子关系。亲子关系在家庭构成中居于首要位置,在直系血亲关系中,亲子关系的血缘亲缘联系最近。亲子作为父母自身生命的再生和延续,为生命生产而结成的抚养、赡养关系,是亲子关系的核心部

---

[1] 丁文. 家庭学 [M]. 济南: 山东人民出版社, 1997: 221.

分。因此，在子女的社会化过程中，父母对子女的抚养教育和日后子女对父母的赡养照料是人类自身生产中具有同等社会意义的相互联系的两个方面。

在侗族传统社会中，"父慈子孝"的伦理观念深入人心。养育子女、孝顺父母是每个人一生当中必须承担的职责。父母对子女有抚养、教育和为他（她）婚配，甚至修造新屋的义务。子女对父母则要尽孝道，在父母有劳动能力的时候帮扶家务，等到父母年事已高后，则要承担赡养的义务。在多子女的家庭中，赡养的责任与财产的继承权是对等的，赡养父母的责任主要由儿子们来分担，由诸子平均负担；随父母居住的儿子，可以耕种父母的"养老田"，承担主要的赡养义务。在财产的继承上，实行男女有别的原则，如山林、田土、耕牛、农具、房屋等主要财产只传给儿子，不传给女儿。女儿只有在出嫁的时候，可以继承母亲的首饰物品和"姑娘田"，该田产的继承权归女儿。由于女儿被排除在家庭主要财产继承人的行列之外，所以也就没有为父母养老的义务，只在父母去世时，按照当地的风俗提供孝帕、糯米、腌鱼等丧葬所需的用品。父母对儿女无微不至地关怀，在儿女成年、成家之前，教育其获取社会知识、生活技巧、谋生技能和道德礼仪。

男孩从父辈那里学习农业生产技术和生存技能，女孩则从小跟随母亲学习女红一类的技艺。两代之间的施教与受教，既是儿女谋求生存的手段，也是培养代际亲密感情和实现个体初步社会化、取得社会承认的方法与途径。所以，在侗族传统社会中，长幼辈之间的代沟关系并不明显，子女不仅从言行上尊敬父母，甚至从心理上会对父母产生深深的崇拜感。再加上社会舆论和民族习惯法的严厉约束，孝顺父母、尊老爱幼就成了侗族社会的传统文化和宝贵遗产。但是通过在男女成长过程中的不同义务和责任可以看出，女孩在家庭中的地位明显低于男孩，所以在以后的赡养中，女孩就没有必要的义务。

（一）父子关系

1. 父亲和儿子的关系

在中国传统家庭中，一切家庭关系都是以父子关系为基本。许烺光曾说："所有在家庭团体内的关系都被认为是父子关系的扩展，或者是附属者，辅助者父子关系。"同时他认为：虽然在地位上两者差别很大，父与子却是一体的。在家庭内，通常父是一家之主，是指挥者和命令者，具有很大的权威，他不仅掌握着家里的一切事务，而且掌管着家里的经济大权；他代表着祖先的权威，甚至可以结束儿女的生命；而为人子者在家庭是服从者，即使父亲残暴不仁，儿女也只有服从的义务。往往父亲的态度是威严的，甚至是疏远的；他的权威是无可置疑的，并且他要求孩子的绝对服从。儿子被期待去做两件事情：对父母尊敬及服从及为家庭团体的财富努力。在中国做儿子的应该保存祖先的财物及房产，这是他的职责。

父子关系是家庭里最重要的，但是并不亲近。他们很少谈话，即使交谈也是板着面孔的教训，绝少嬉笑。杨懋春教授这样描述中国传统家庭中的父子关系："在田里父子共同工作，共同散步，但是儿子时常感觉到和他父亲在一起工作比跟别人还不快乐。在公共场所，他们甚至于避免碰面。"❶ 在许多事情上，尤其是关于私人的事情，他宁愿跟母亲私下商谈；他觉得母亲比父亲更亲近，更能同情了解他。由上所述，我们可以了解父与子的关系，社会意义重于私人意义。来听听石村几位不同年龄段男性对父子关系的说法：

> 我在家里最怕我家公❷，我是家里的长子，从小到大我家公对我非常凶，除了一些像上学打工和结婚的大事，平常我基本不和他说话，他也不和我说。（STZ，男，38 岁，已婚，在外打工）

> 我原来和我家公的关系还挺好，有什么事情也和他说，自从我自己决定不上学外出打工以后，他就不和我多说话了，因为他一直希望我能继续上学，将来考大学，但是我不喜欢读书，也读不进去，坐在那也是白浪费钱，还不如早点出去打工赚钱。（SJK，男，22 岁，未婚生子，在外打工）

> 我在家里什么事情都和我家公说，他在外边走的多，见识也广，是寨子上的文化人，我都听他的，他不会害我，他让我做什么我就做什么，他现在让我好好读书我就好好读书，争取将来能上贵阳读书。（SZM，男，14 岁，初中一年级）

通过以上三个不同年龄段男性对自己与父亲之间关系的描述，可以看出，

---

❶ 蔡文辉. 婚姻与家庭——家庭社会学［M］. 台北：五南图书出版股份有限公司，2005：273.
❷ 侗族的"公"就是我们汉语里边所称的"父亲"。

传统的父亲往往还在家庭中保持着自己绝对的威严，使父子关系比较紧张，而年轻、外出见过世面的父亲则能较平等地与儿子相处，打破传统上下级的父子关系，逐渐趋于平等。由此可见，随着外出机会的增多，男性越来越善于处理家庭关系。

2. 父亲和女儿的关系

父亲与女儿的关系，在中国家庭里是不重要的。为父者不能时常与女儿接近，虽然他爱女儿，却应克制。男女授受不亲的观念束缚着父亲与女儿之间的关系。通常大部分有关女儿的事，都经由母亲传达，尤其在女儿稍长大以后，父亲很少直接与女儿接触。笔者在调查期间也了解到石村人对父女关系的看法：

> 我在家没事不和女儿多说话，不知道该说什么，有什么事情也是让她妈传达。（SRP，男，46岁，有两个女儿）

> 我和三个女儿的关系都很好，她妈在家里很凶，她们有什么要求都不敢和妈妈说，都是来找我商量，我也尽量满足她们，我没有儿子，有三个女儿也高兴，现在的社会女儿和儿子都一样。（STY，40岁，有三个女儿）

> 我去年刚结婚，老婆今年给我生了一个女儿，我们现在的年轻人没有过去老人的那种想法，非要生一个儿子，我觉得女儿也挺好，培养出息了和你（指的是笔者）一样，儿子要是不争气再多也没用，我暂时不会考虑再生，先把女儿养好再说。（SHW，男，24岁，女儿6个月）

通过以上几段对话可以看出，不同年龄段的男性对女儿的态度是不同的，年轻人已经没有严格的"男女有别"观念，说明男女平等观念在年轻人的观念里越来越普遍。

(二) 母子关系

1. 母亲和儿子的关系

在传统家庭里，母子关系是相当亲密的。社会不允许年轻的男孩与其他女人来往或游戏，因此他们喜欢和母亲谈话，尤其是当父亲不在场时，他可以和母亲很自由地谈论许多事情，甚至包括堂表姐妹、女孩子的事，母亲可以利用这个机会探听儿子的意见，给他安排婚事。

婚后母子关系就减少了。通常一个有理性的母亲会和儿媳妇相处得很好；如果母亲是胸襟狭窄自私的人，她可能就会嫉妒年轻的儿媳妇，专门找茬为难儿媳妇，挑拨儿子和儿媳妇之间的关系。

> 我家儿子以前很听话，自从找了这个媳妇，就处处和我作对，挑我毛病，嫌我饭做得不好吃，对他媳妇不好，真不知道要怎么做才能让他们满意。（SKL，女，42岁）

> 我和儿子的关系很好，现在他娶了媳妇我们关系还是很好，这个媳妇也孝顺，讨人喜欢，嘴甜，哄得我们老两口很高兴，别个都羡慕我儿子娶了个好媳妇，还是我儿子孝顺。（STQ，女，58岁）

在理论上，当父亲死后，长子是一家之主，即使是母亲，也在长子的管理下。但就整个家庭而言，母亲的地位会因为父亲的去世提高一些。

2. 母亲和女儿的关系

母亲与女儿的关系是十分亲密的，从开始懂事后，女儿就跟母亲亲近，学习女红、处理家务，有时还需要帮忙照顾年幼的弟弟妹妹。父亲与女儿很少直接接触，尤其是有外人在场的时候，父亲会更避免。母亲则负责教导女儿做人的道理，尤其是将来嫁人后怎么做个好媳妇。女儿出嫁后，夫家满意与否，直接关系着母家的面子。

事实上，女儿的表现代表着做母亲的典范，反映了母亲的人格；同时，母亲也会帮忙分担女儿的过错和婆家的责难。

> 我有四个弟弟妹妹，爸妈一天忙着做活路，我要在家给他们煮饭洗衣服，弟弟妹妹还小，有时候不听话我也会教训他们，但我知道爸爸妈妈不容易，尽量帮忙分担一点，妈妈很疼我，知道我照顾弟弟妹妹辛苦，上次赶场的时候给我买了一个手机，现在我没事就玩手机，很高兴。（SHR，女，17岁，辍学在家）

> 我女儿出嫁以后一年才到男方家生活，我生怕她在婆家不懂规矩，尽量多教她，不要让婆家人欺负她。（SKL，女，42岁）

（三）兄弟姐妹关系

在中国传统家庭里，年龄和性别是决定一个人地位的两个最重要因素。

年龄大的哥哥有权支配年纪小的弟弟妹妹，但是年纪大的姐姐对弟弟只有爱护而没有支配权。女孩子在年轻时通常受兄弟的支配，而男孩子则会有某种保护姐妹的责任。未结婚的兄弟姐妹之间有一种自由和亲密的关系，什么话都可以说。

> 我有一个哥哥一个姐姐，都在广东打工，他们都很疼我，我哥经常打电话给我，要我好好学习，要不以后出去吃不开，我姐每次回来都给我买衣服，我们几个的关系很好。（SJT，男，16岁，初中二年级）

兄弟们在结婚前的关系是很亲密的，他们在一起学习一起劳动，一起嬉戏，但是当成婚后就会逐渐疏远，常因受到了妻子和孩子的影响，甚至于很多兄弟会在婚后不合。如果父母不能调节，这个家庭就很容易破碎。兄弟间的和谐是保持父子关系的要素。兄弟"本是同根生"，应该互助友爱，是传统的邻里观念。但是，家庭成员越多，个性、背景就会有很大的差异，兄弟姐妹之间的友爱关系就很难永远保持。

> 我们弟兄两个原来关系很好，成家以后两个媳妇闹矛盾，我们也就没有原来走得那么近了。（SRP，男，32岁）

二、夫妻关系

在中国的社会里，夫妻关系是次要的，社会所强调的是父子关系而非夫妻关系。事实上，夫妻关系仅仅只是父子关系的附属，夫妻间的感情不能表现出来，男人必须跟血缘保持比妻子更亲密的关系，不能够在大众面前和妻子嬉笑，更不好当众夸奖妻子。夫妻间的接触只有在晚上，当妻子服侍完公婆后，她才能和丈夫单独在一起。夫妻间的了解和爱情是很少的，他们相敬如宾，互相谅解、忍耐和互助。在家庭里，妻子的地位是卑微的，她只是丈夫的附属品。杨庆堃曾经指出："年轻的妻子不仅是附属于这个家庭中的男人，而且附属于婆婆；并且在某种程度上也附属于年长一辈的妇女。"❶ 不过当生了儿子以后，她的地位就会稍稍提高，只因她的儿子将继承这个家庭的

---

❶ 蔡文辉. 婚姻与家庭——家庭社会学［M］. 台北：五南图书出版股份有限公司，2005：275.

香火。如果公婆不喜欢这个媳妇,再加上她不能为这个家庭生个儿子延续香火,即使夫妻间感情再好,这个婚姻关系还是可能会被公婆拆散。

在中国传统旧式家庭里,夫妻角色的任务相当明显清楚。家里男人是一家之主,女人必须顺从丈夫,以丈夫为依赖。男主外、女主内是家务和事业的传统分工。男人必须以事业为重,以光宗耀祖为目标;必须负担起养家的责任,也必须在子女面前扮演严父的角色。妻子的传统角色是辅助丈夫,煮饭清扫,扮演贤妻良母的角色,而且在性行为上必须应付并满足丈夫的需求。这些夫妻角色在传统社会的旧式家庭里有明确的规定,是整个社区规范的一部分。因此,夫妻一结婚后,很容易就按规范扮演角色。但是,在今天的社会里,由于职业结构的改变和社会变迁的影响,家庭内夫妻关系的角色已经不再那么清楚,使得夫妻关系也发生了很大的变化。总体来看,今天的夫妻关系主要包括爱情关系、经济关系、性关系和法律关系,其中,性关系是夫妻关系的显著特征,因为这种关系除了夫妻以外其他人都不能代替,否则就被视为不道德。具体来说,夫妻关系主要包括夫妻在性生活、生育和避孕行为、经济活动、家务劳动、家庭事务决策以及子女培养教育活动中所体现出来的权利和责任关系。

(一) 性生活

在石村人的话语中,性生活是一个很忌讳的话题。由于笔者身份的限制,所以对这个话题的访谈并不是很顺利,只有三位妇女对这一问题进行了回答:

> 年轻的时候体力比较好,那种事还多一些,现在年龄大了,而且每天都要干活,就少了,再说已经生了儿子,没有必要老干那事。(SKL, 46 岁)

> 干那种事都是男人提出来,我们女的怎么能提,男人要怎么样就怎么样。(SGR, 52 岁)

> 那种事情很伤体力,白天还要做活路,不经常干那种事,现在都有孙子了,我们两个已经分房间了,这么大年龄还在一起,别人会笑话,自己也害羞。(SLR, 45 岁)

通过以上三位妇女的谈话,可以看出,性对石村人来说是更多的是一种义务,而在性行为的主动权上,可能女性更多是处于被动地位。据笔者一位主要访谈对象介绍,由于侗族普遍实行早婚,大大增加了妇女患妇科病的几率,但即使是真的得了妇科病,妇女也不好意思去就医,只是偷偷买点药,因此就影响了夫妻生活,也导致了夫妻关系的紧张。此外,寨子里有两例婚外情,一例是男方外出打工,又看上一个女的,回家后以妻子有妇科病为由离婚了;另一例是直接把小三带回家,住在了一起,原来的妻子也没有办法,只能接受现实。由此可见,在性生活上,基本都是以男性为主,女性处于被动的地位。

"性"的基础性功能除了生育以外,还有与生育有关的避孕行为。石村是从20世纪80年代中期开始实行计划生育政策,明确规定一对夫妻最多只能生育两个孩子,生育两胎之后必须强行结扎,但是由于当地医疗水平较低,节育的任务一直是由丈夫承担,也就是实行男扎,直到近十年来,当地才开始大力推广女扎。虽然实行男扎可以减少女性的痛苦,但是由于男扎的安全性不高,有30%多的夫妻在实行男扎后又生育,在一定程度上反而增加了女性的痛苦。在此之前,由于生育和避孕知识的滞后,石村人的生育基本上处于自然生产状态,加之早婚早孕,医疗条件有限,妇女因难产致死致病、婴幼儿早夭的现象时有发生。寨子里现在有一位60多岁男性的妻子,当年就是因为难产死的。在没有实行计划生育之前,一个妇女平均要生产5~7个孩子,有的甚至达到十几个之多。所幸的是,随着国家计划生育政策的实行和人们认识水平的提高,过去的多育、密育已经转变为今天的优生优育,传统的重男轻女观念也淡化了很多。总之,妇女作为生育的直接载体,在很大程度上,她们不仅承担着生育的任务,而且在遭遇与生育相关的一切不幸时,她们往往扮演了受害者的角色。但是总体来看,女性在性生活上没有什么话语权,而在生育问题上,则有权利表达自己的意愿,是其家庭地位上升的一个表现。

(二)家庭事务的决策

一般来讲,乡村家庭权利可分为三大类:重大事务决定权、日常事务决定权、子女事务决定权,而这些权利对家庭生活的影响也各不相同。其中,家庭日常事务和重大事务的决策最能反映出夫妻之间的权力关系,石村也不例外。

1. 重大事务

这里的重大事务,主要包括盖房、贷款、买家用电器和大型生产工具等,其实，主要就是家庭的重大经济决策。

表 3-1　重大事务决定权抽样调查

年龄组 \ 选项	丈夫	妻子	夫妻共同	小计
50 岁以上	87%	11%	2%	100%
30~50 岁	62%	28%	10%	100%
30 岁以下	33%	41%	26%	100%

通过以上抽样调查可以发现，在 50 岁以上的村民家庭中，丈夫做决策的占 87%；在 30~50 岁的家庭中，丈夫单独做决策的下降到 62%，妻子和夫妻双方共同做决定的比例在上升；而到了 30 岁以下村民的家庭中，妻子做决策的比例已经超过了丈夫。由此可以充分说明在提倡男女平等的今天，女性的地位已经得到了大幅提高，夫妻平等的观念也得到了充足体现。通过以下对石村村民的访谈也可以印证这一变化：

我们家的事情都是男人说了算，他说怎么样就怎么样。（女，59岁）

我嫁给了他，就要听他的，他说什么就是什么。（女，52岁）

家里买小东西他不管，花大一点的钱都是他做主，我们女人家也不愿意管，让他们管就行了。（女，45岁）

我们家干什么事情都是两个人商量，两个人一起过日子，就得商量着过，男的不一定就都对。（女，27岁）

2. 家庭事务

家庭日常开支最能体现家庭日常事务的决策权。表 3-2 显示，与家庭重大事务决定权截然不同的是，在各个年龄组中，妻子决定家庭开支的比例都要高于丈夫，这说明妻子在家庭日常事务中决策中的参与程度较高。同时，由于家庭日常开支都是家庭内部的烦琐事务，和家庭重大事务的决定权相比，妻子在家庭日常事务决策中的比例明显提高，当然，这并不能说明妇女的地位有了显著的提高，而是父系家长制中"男主外、女主内"家庭分工模式的体现。夫妻共同决策的比例在各个年龄段的家庭中都占有较高的比例，表明了传统的家庭分工正在向现代平等型的夫妻关系转变,较之家庭重大事务的决策,夫妻关系在日常生活中更趋于平等。

表 3-2　家庭事务决定权抽样调查

年龄组＼选项	丈夫	妻子	夫妻共同	小计
50 岁以上	17%	41%	42%	100%
30~50 岁	22%	32%	46%	100%
30 岁以下	10%	37%	53%	100%

3. 子女事务

家庭子女事务的决策主要包括:孩子何时上学、是否继续上学、择偶等。石村的实际情况是,由于交通和经济条件的制约,大多数学生在初中毕业以后就外出打工了,到目前为止,整个寨子上共有两个大学生,一个高中生。所在对于石村的家长来说,对于子女事务的决策主要反映在"是否继续上学、择偶"上。

通过表 3-3 可以看出,在子女事务的决策上,30~50 年龄组的子女也有一定程度的参与,虽然比例很小。但是在 50 岁以上的家庭中,子女没有决定权,而且丈夫的决定比例要远远高于妻子,说明了父系家庭中男性的影响。妻子决定权的比例随着年龄的递减而逐渐提高,说明在石村的家庭权利关系中,呈现出从父系血统向双系血统变化的趋势,而且年轻人更倾向于夫妻平等的观念。同时,全家商议决定也占了一定的比例,说明家庭中民主平等的代际关系和夫妻权利关系逐渐凸显,对父系家长权威造成了一定的冲击。在家庭的血统关系上,从以往父亲对子女的单向控制变成父母对子女的双向控制以及全家商议等多种形式。

表 3-3　子女事务决定权抽样调查

年龄组＼选项	丈夫	妻子	夫妻共同	子女	全家	小计
50 岁以上	17%	41%	42%		20%	100%
30~50 岁	22%	32%	46%	2%	24%	100%
30 岁以下	10%	37%	53%			100%

从总体来看,在家庭重大事务的决策中,还是以丈夫的决策为主,但同

时也显现出民主平等的趋势。在日常事务的决策中,尽管丈夫的权利有所衰退,但是仍然发挥着一定的作用,妻子的作用和家庭地位仍然需要进一步改善和提高。在子女事务的决策中,开始出现了由父系向双系、全家商议和孩子自主决策并存转变的局面。

(三) 家务劳动的承担

家务劳动的分工,也是家庭权力关系的一种体现。根据调查显示,在石村,家务劳动由妻子承担的比例为87%,夫妻共同承担的比例为2%,由女儿、儿媳、婆婆等共同承担的比例为11%。像做饭、洗衣服、打扫卫生、喂牲口、照料孩子、染布等家务活动,基本都是由妻子承担的。而像照顾弟妹、看田水、拾柴火等活,家庭中大一点的女孩会帮助母亲完成。在有婆婆的主干家庭和联合家庭中,婆婆和儿媳会在家务劳动中相互合作。比如在一个主干家庭中,儿媳妇上坡做活路,婆婆就会在家做饭和看孙子。如果是在两个已婚兄弟和父母同住的联合家庭中,婆婆会在家里做饭,照顾孩子,两个媳妇会一起去干农活,男人基本不干家务活。

就农业劳动来说,除了浇地、插秧、参加义务劳动等重体力活由丈夫承担以外,耕地、播种、施肥、收割等农业劳动基本上都由夫妻共同承担。所以,妻子除了要承担家庭各种烦琐的内部事务以外,还要参加大部分的农业劳动,而男人则以农业劳动为主,基本上不做家务。显然,主要的家务劳动似乎天经地义就与女性联系在了一起,就未婚女性来说,也需要承担做饭和料理家务的义务。可以说,在石村的家庭分工模式中,还是沿袭着传统的"男主外、女主内"分工模式,从这个方面来说,妇女的地位几乎没有发生明显的改变。

三、婆媳关系

"婆媳关系"自古以来就是中国家庭伦理中一种微妙的人际关系。其微妙性在于这种关系虽然属于代际间"亲子"关系的一种,但又明显有别于"亲子"关系,并且这对关系构成了家庭权力关系格局的重要组成部分。也因此,"婆媳关系"往往成为家庭矛盾冲突的焦点。在中国传统乡土社会中,"婆婆"代表着家庭女性的最高权威,在婆媳关系中占据绝对支配地位。进入工业社会后,伴随着现代化进程的加速和社会转型的加剧,社会结构变迁直接引发了人际交往的变动,旧有伦理规范趋于衰变,婆媳关系也发生了一些本质变化。根据笔者的调查,石村目前的婆媳关系大致有以下三种类型。

(一) 压制—服从型

在这类型婆媳关系中,婆婆一般都在 60 岁以上,媳妇的年龄也超过 40 岁。其中,婆婆都是从传统社会中走来的,继续着传统的家长威严和统治地位,而媳妇在新时代中接受了新的思想,但是又无奈于婆婆的大权,她们之间就形成了压制与服从的关系。对于婆婆来说,秉承的理念是"多年的媳妇熬成婆",一定要充分行使自己手中的权力。

> 我 15 岁就嫁过来了,18 岁生的第一个崽,是个男孩,那会我婆婆就可厉害了,家里的大小事都要听她的,家里的经济大权也掌握在她手里,她让干什么就要干什么,要不就给我脸色看,我也怕她。等我自己当了婆婆。我就用婆婆当年对待我的办法,儿子挣回来的钱放在我这,家里要买什么东西问我来拿钱,要让媳妇管了家,根本就攒不下钱,哪有钱给我孙子娶媳妇,现在年纪大了,也不想管了,不过也不能让媳妇管,得让儿子管,这样我才放心。(SHT,65 岁)

这种类型下的婆婆接受的是婆婆要"狠一些"的思想,同时,由于她们是和媳妇住在一起,时时刻刻都想管住媳妇,把自己在做媳妇的时候受的气都发泄出来,所以不论是在语言上还是在行动上,都极力压制着媳妇。而对于媳妇,特别是刚嫁进来的媳妇来说,突然从女儿的角色转换成了媳妇的角色,还没有适应过来,还不明白怎么和婆婆相处,再加上从小受母亲要尊重公婆思想的影响,根本不敢对婆婆的决定进行反抗,由此形成了这种压制—服从型婆媳关系。

> 我刚进婆婆家门的时候,才 16 岁,什么也不懂,我们两家又不是一个寨子的,刚来一个人都不认识,每天就在家里,婆婆让干什么就干什么,可她就是处处找我麻烦,每天让我干很多活,小姑子和我年纪差不多,就不让干那么多活,我什么也不敢说,后来我都怀孕了,还让我去挑水,还好我肚子争气,生了个男孩,这才对我好一些,就是到现在,我婆婆还是说了算,只不过不像原来那样什

么都管了,毕竟年龄大了。(SWB,42岁)

通过以上两个案例,可以很明显地看出婆媳之间主动与被动的地位。婆婆在极力维护自己的权利和作为一家之主的威严,媳妇由于手中没有实权,只能服从于婆婆。双方都按照传统的角色要求扮演者自己的角色。

(二) 排斥—忍耐型

排斥—忍耐型婆媳关系中婆婆的年龄多在50~60岁,婆婆虽然也是从各个方面对儿媳妇表现出不满意,但不是完全的专制,而是开始部分地接受媳妇的意见;而媳妇则表面上听婆婆的意见,在具体行事上,还是以自己的决定为主,她们的生活信条是"退一步海阔天空",因此也使得婆媳之间能够平稳地相处下去。

> 我们两家是姑舅亲,婆婆是我舅妈,从开始他们家就看不起我,可是我和老公从小玩到大,有感情,结婚了婆婆老看我不顺眼,什么事情都要管我,我们又是小的,婆婆本来就应该和我们一起生活,我只能忍耐,还好老公向着我。后来我又连着生了两个女儿,婆婆背地里一直让老公和我离婚,老公不同意,婆婆也没有办法。可是老公出去打工以后,婆婆处处刁难我,也不帮忙带孩子,我一个人又要带孩子,还要做活路,也没办法,只能让娘家的妹妹过来帮忙。这几年好多了,两个女儿争气,学习成绩好,对婆婆也孝顺,她心里也很高兴,对两个女儿都很好。哎,婆媳就这样,面子上能过去就行了,老人家也不容易。(WYD,35岁)

这类型婆媳关系在石村也占有一定的比例,双方因为固有的亲情关系,少了相互之间了解的过程,但同时因为双方很了解,所以婆婆更容易挑媳妇的毛病,再加上这个年龄段的婆婆还固守着传统婆婆的角色,想要行使自己的权利,而媳妇们因为多少受过一些教育,具有一定的反抗意识,不再对婆婆完全言听计从,但还是能从整个家庭的大局出发,维持家庭的和睦。

> 我以前当媳妇的时候,什么都要听婆婆的,后来当了婆婆以后,就用婆婆当年对待我的那套法子来对媳妇,可是媳妇不是像我们以前那样什么都听婆婆的了,人家有时候嘴上说听我的,可还是按照自己的想法办,我也不愿意什么都管了,年龄大了,只要人家不嫌

弃咱，以后愿意养活我就行了。（SRG，58 岁）

以上这位婆婆的话，说明一部分婆婆已经认识到自己不能完全左右媳妇，而是应该放手，让媳妇开始做主，这其中最大的原因恐怕是她们希望在自己丧失劳动力之后，媳妇还能够为自己养老送终，再加上媳妇都有一定的文化，也知道应该怎么处理与婆婆之间的关系，从而调整自己的心态，使得家庭生活更和谐稳定。

（三）费力—不讨好型

在这种类型的婆媳关系中，婆婆一般都在尽力维护家庭的利益，但是媳妇总是表现出这样那样的不满意，以至于婆媳之间出现矛盾和摩擦，婆婆出于整个家庭的考虑，只能顺从媳妇，所以这类型婆媳关系也是一种颠覆传统的婆媳关系。在这一类型婆媳关系中，婆婆一般都是 40～50 岁，媳妇多为 20 多岁的年轻人。

> 我的这个儿媳妇是下面那个寨子的，她和我儿子是中学同学，两人一直有感情，初中毕业以后，女孩去浙江打工，我儿子跟着他爸干活，2008 年冬天女孩从浙江回来，让我儿子去县城接她，晚上没有回来的班车，两个人就在县城开房同居了，就那天儿媳妇就怀孕了，可当时两个人都才 18 岁，不够结婚的年龄，第二年开春两个人就去浙江了，为了躲避这边的计划生育，开始还干点活，后来两个人就什么都不干了，他爸给了 1 万块钱，等到快要生时，我又从这边坐车过去，带了 5000 块钱，挑了一挑谷子，去伺候月子。媳妇生了孩子以后，我天天伺候人家，可人家还老给我脸色看，嫌我做的饭不好吃，儿子也向着媳妇，我天天躲在外面哭，一个人也不认识，到媳妇满月以后，想回来，可是身上的钱都给媳妇坐月子花光了，幸亏那边有我们黎平的老乡，找了一个穿珠子的厂子，干了一个月，挣了 1500 块钱，就自己坐车回来了，我回来时他们谁都没有送我，真心寒。2009 年冬天他们两个人回来了，虽然还没有登记结婚，可是已经生孩子了，媳妇就住在我们家，我每天变着花样给她做好吃的，人家还出去说我的不好，可是毕竟给我生了孙子，我也就忍了。现在这么伺候人家，都不知道老了人家会不会养我，现在

的媳妇太厉害了。(SKL，46岁)

从以上这位婆婆的话语中，可以很明显地感受到婆婆地位的下降和婆婆对自己身份的无奈，但是媳妇非但对婆婆的付出不认可，还处处刁难，使得婆婆对自己的角色产生了怀疑，如果媳妇能从婆婆的角度考虑一下，可能会有利于婆媳之间的相处，这也间接说明了女性在家庭中地位的上升。

第五节 离婚与再婚

一、婚姻的破裂

几乎没有一对夫妻是安全和谐没有冲突的。社会学家相信冲突与否并不重要，重要的是如何去善后。有些夫妻能够争吵完就算了，事后风平浪静；有些夫妻则整天吵闹，还延续很长的一段时间。冲突可能有建设性，如果夫妻双方能就事论事，不攻击对方人格，把争论的缘由找出来，然后针对这些原因设法解决彼此间的冲突；夫妻双方就可以从中学习经验，增加彼此间的了解。同时，冲突也可能是破坏性的，夫妻双方如果把吵架的重点放在人身攻击上，骂街式的胡闹，专门揭对方的伤疤，就会直接伤害夫妻的感情，事后双方不易修好，甚至会导致婚姻的破裂，走上离婚之路。

人们常用婚姻幸福和婚姻满意与否来衡量一个婚姻的持续性。通常，绝大多数的人都认为他们自己的婚姻是满意和幸福的；特别是在婚姻初期的新婚期间。根据调查资料显示，婚姻满意度会随着家庭的生命圈而有所改变，在第一个小孩出生前最高，等到孩子出生后就开始下降，一直要到退休后才有上升的迹象。夫妻对婚姻的满意与否并不单是两个人的事情，它不仅牵涉到许多外来因素，还可能是因人们年龄的增长而有不同的满意标准。依家庭生活的不同阶段（家庭生命圈）来看，新婚期满意程度高是因为夫妻双方都对婚姻有所期待，总是相信自己走上这条婚姻的道路是绝对正确的，夫妻双方都努力照顾和体贴对方。虽然在这一段时间内，由于才结婚，双方彼此之间的了解还不深，而且也不完全清楚自己应该扮演的角色，因此冲突和紧张是不可避免的。但是经过一段或长或短时间的共同生活以后，这种满意程度会提高，一直到第一个孩子出生，双方的满意度会开始下降，而且妻子的下降幅度较丈夫的幅度要大，这其中可能的原因是：①妻子初为人母，心里紧张，不知所措；②初为人母整天忙着婴儿的事务，精神和身体都很疲惫；③妻子可能因为生育要放弃自己的工作，有被困在家里的烦恼；④夫妻之间可能会因为孩子的来临而疏远。事实上，做丈夫的在孩子出生后也有少许满意程度的下降，主要是因为妻子无暇顾及丈夫。从这一时期以后，妻子的满意程度就持续下降，一直要到孩子都外出后的空巢期才有松一口气的感觉；而丈夫对婚姻的满意度下降幅度较小，尤其是他在外边的事业天地可以弥补家庭的不满意问题。夫妻双方从孩子迁出、学成、独立、成家，直至退休期，满意程度再度提升。

贝德（Edward Bader）和一群研究者曾经在美国做了一个研究，观察不同婚姻期间冲突争论的原因是否有所不同。他们发现在婚后半年里，夫妻间的冲突争论原因依次是：①家务事；②钱财的分配使用；③双方相处时间与注意力；④丈夫的事业；⑤感情。婚后一年期间，冲突的原因依次是：①家务事；②双方相处时间与注意力；③钱财的分配使用；④妻子的亲戚与社交活动两项并列。结婚五年后，则冲突原因依次为：①家务事；②双方相处时间与注意力；③性趣问题；④丈夫的事业与感情等。[1]

从这项研究可以发现，虽然夫妻之间在不同时间段里有不同的冲突原因，但是基本上几个主要原因还是明显一致的，尤其是家务事的处理，相处时间和注意力，钱财的分配使用等三项在各个不同时期皆名列前茅。由此可见，夫妻间的争吵冲突仍然是在共同生活的问题上。

列文格（G. Levinger）认为人们是否继续维持一个婚姻关系的因素可能并不与美满程度有关，更应该考虑的是以下三个因素。

1. 婚姻的吸引力所在

人们愿意维持一段婚姻的最主要原因可能是因为它有吸引力，有让人舍不得的好处，例如，配偶的感情和优点，性趣的满足、物质上的享受，相同的性格或价值观念。常常有富有人家的媳妇虽明知丈夫在外拈花惹草，甚至已经另外有了家室，可是舍不得眼前物质生活的享受，仍然继续维持着婚姻

---

[1] 蔡文辉. 婚姻与家庭——家庭社会学 [M]. 台北：五南图书出版股份有限公司，2005：229.

关系。也有人虽然对方对自己不好，自己却对他又十分崇拜，宁愿受辱也要维持婚姻关系。这些情形都是因为既有婚姻的吸引力大。

2. 拆离的阻拒力

有些夫妻不愿意离婚的原因是因为外在的阻力太强。例如，父母的反对、宗教信仰的不许可、对子女的不舍、怕亲友的冷言冷语等。有些丈夫为了讨好年老的父母，对妻子百般忍让；也有些妻子虽然受到丈夫的虐待，得不到家庭的温暖，但是又怕父母不谅解，怕邻里笑话，更担心独自一人无法生活下去，就勉强维持婚姻关系。

3. 外来的吸引力和诱惑

有些婚姻相当美满，可是由于受不了外来的诱惑，而走上婚姻破裂的道路。俗话说：野花总比家花香，就是指外面的女人比自己的妻子更诱惑人，很多婚外情就是因为这个原因而发生，无论男女，一旦有外遇，这段婚姻就很容易破裂，走向离婚。有人为了事业而终止婚姻，有人因为向往单身生活的日子而选择离婚。如果没有比现有婚姻关系更吸引人的地方，一般人是不会轻易选择离婚的。

列文格的这三点因素很好地解释了为什么一个看起来好好的家庭突然间就发生变化，选择离婚；也可以解释为什么成天吵吵闹闹，却仍然能够维持婚姻关系。所以说，婚姻关系的维持与美满之间的关系不一定是正相关。当然，婚姻的破裂并不是在离婚后才开始，这中间有时是要经过一段时间。有第一次吵架就闹离婚的夫妻，但绝大多数的离婚不是一时冲动或无缘无故的。家庭社会学家认为婚姻由破裂到离婚中间可能经过三个过程。

1. 孤独感

当婚姻关系开始呈现破裂迹象时，人们的第一个感觉是被对方忽略，不被重视，由此产生了一种孤独感。夫妻两人不再彼此关心，不再珍惜相处的时光；两个人变得好像路人一样，彼此互不理睬，各走各的路。沉默多于交谈，而且越来越觉得两个人之间没话说。在这种情况下，夫妻二人虽然还同住在一个屋檐下，但是已经不同心。即使交谈，所用的语气也不友善，甚至发生言语冲突或吵架殴打。但是夫妻双方在这个时期并不一定就会谈到离婚的问题，孤独和沉默是这一时期夫妻关系的重点。

2. 敌对感

如果夫妻之间的孤独和沉默持续下去,就可能采取敌对的手段。在孤独感阶段是忽视对方的存在,在敌对感阶段就故意讽刺、敌视对方。恩爱的时期夫妻相互扶持、互相挂念,到这个阶段,就采取敌对,以行动和语言故意激怒对方,挖苦损伤对方。婚姻发展到这个地步时,夫妻双方可能就觉得没什么好珍惜的,不值得花心思去修补。

3. 背叛感

维持一个良好的婚姻关系需要双方彼此信任和彼此忠贞。自己以爱和谅解对待对方,同时也期待对方以爱和谅解回报自己;夫妻相扶相持,不论彼此之间有什么分歧,双方都能尽力处理解决。虽然夫妻间的争吵冲突不可避免,但是只要处理得当就不会造成不可收拾的局面。等到婚姻开始出现裂痕时,一个小小的冲突可能就会演变得不可收拾,而且常常会发生宁可信任外人,也不相信配偶的现象,甚至还会和外人站在同一条线上攻击自己的配偶,总觉得对方已经背叛自己,应该受到惩罚,怀疑对方有外遇,移情别恋,使裂痕更加深,以致不可收拾。到这种地步,如果外来的吸引力和诱惑足够大,夫妻必然走上离婚之路。

离婚的时刻其实并不是最痛苦的时候,因为婚姻通常是在经过一段不算短时期的冲突和挣扎以后才做的决定,离婚只不过是一种法律手续而已。因此,通常我们谈到离婚的痛苦应该是自婚姻有裂痕时算起,一直到婚姻正式结束时,再推算至离婚后的那段日子,三者加起来的心路历程。因此,离婚代表的是一个过程,而非在民政局或法院签字同意的那一瞬间。正因为这个过程要拖延一段时间,所以对人们的损伤也相当严重。

有人曾经把我们一生中所经历的几个重大挫折对我们所造成的痛楚程度作了一个比较,发现离婚经验是最严重者之一,仅次于丧偶。这些经验按照严重程度依次是:①丧偶;②离婚;③分居;④入监;⑤家人去世;⑥伤痛或疾病;⑦结婚;⑧被解雇;⑨婚姻调停;⑩退休;⑪家人生病;⑫怀孕;⑬性无能或困难;⑭夫妇吵架;⑮子女成长迁出;⑯亲家或婆家问题;⑰妻子开始外出工作或辞职。从这17项类别可以看出,丧偶、离婚和分居排列前三,由此可见夫妻关系的变化对人们情绪的影响之大,而这三项所牵涉的都和婚姻的破裂有关。事实上,离婚只不过是婚姻破裂的一种方式而已,其他包括丧偶、分居、遗弃，配偶长期被隔离在总体组织里，如监狱、精神病院等都将使婚姻关系中断。

二、离婚

所有的婚姻，都会因为死亡、宣告无效、分居，或离婚而终止。离婚除了和结婚年龄有关外，还有许多其他因素，从社会结构的角度来看，今天社会离婚率增加的原因有很多。

1. 家庭功能的改变

在传统社会里，家庭是一个自给自足的多功能社会组织。它提供人们教育、宗教、娱乐、生育、性需要等功能；人们依赖它的程度非常高。而在现代工业化社会里，原先由家庭担当的功能逐渐被其他社会制度所取代。感情的扶持变成了目前最主要的家庭功能，教育已经由学校负责，信仰由教会组织取代，娱乐更有专门的艺术、娱乐界提供，经济物资则由工厂等全权处理，生育及性趣虽然由家庭提供，但已经不再完全来自家庭，今天的未婚同居者也很多，生和育都可以请人代理。家庭的功能及重要性大大降低，于是，婚姻、家庭的拆散就不像以前那么严重了。

2. 伴侣选择方式的改变

很多学者都认为伴侣选择方式的改变是近年来离婚率增加的一个主要原因。在以前，选择结婚对象即使不是由父母全权处理，也是由父母或其他长辈积极参与；他们考虑较周全，总希望能找到门当户对，身心健康的，以维护家庭、家族的稳定和延续。中国人过去还是以年轻人为主，家长还是希望能为子女找到永久相配使家族兴旺的对象。而现代的婚姻大都由年轻人自己做主，考虑欠周详，一方面是被情感蒙住了理智冲昏了头脑，另一方面是年轻人没有像父母长辈那样仔细打听收集信息以后再做决定。恋爱期间无视于对方的缺点，只看到，并强调对方的优点，即使知道这个婚姻以后可能有问题，他们也认为自己可以容忍对方或改变对方，认为只要有爱情一切问题和缺陷就都可以弥补，这也为日后的离婚埋下隐患。

3. 结婚目的的改变

在传统家庭里，结婚的目的是为了整个家庭的延续；尤其是在传统中国，传宗接代更是子女的责任，挑媳妇时也必然找一个拥有生小孩体态的女性。

但是现代婚姻强调的是个人的满意,结婚是找一个自己能满意的对象,是建立一个美满的小家庭。但是,什么才是满意,什么才是幸福,它的定义标准随着时间的转移和年龄的增长有所不同。结婚初期可能双方都有幸福感,过一段日子以后由于标准的改变,幸福感就会减少甚至消失,于是,人们就开始厌倦现有的婚姻而另寻幸福。

4. 道德制裁力的降低

在过去社会,离婚只是极少数人会去实践的,不管是社会,还是道德都反对离婚,离婚者是不被社会接受的。但是在今天这样一个开放的社会里,社会对离婚的人已经没有任何异样的眼光,都会用平常和理性的态度对待这些人,连社会伦理也已经改变到承认离婚是结束不幸婚姻的唯一办法,这当然也就给了那些选择离婚的人一个很大的心理安慰。

5. 再婚的可能性增加

以往人们过分强调贞操和性的专一,因此对已离婚者总是避之唯恐不及。而在现代社会里,离婚者已经被社会完全接受,而且有再婚的可能性。根据资料统计,大多数的离婚者都能重新找到对象。既然有再婚的可能,离婚就不是人生的尽头,它只是一段旧婚姻的结束,更可能是另一段新婚姻的开始。人们离婚后假若不被允许再婚,相信人们必然不会轻言离婚。

6. 同侪团体的压力

这里所指的同侪团体是指经常往来的亲近好友。既然目前社会的离婚率在增加,友侪辈上自然难免也有离过婚的,友侪的经验会影响,增加人们结束一段婚姻的勇气;尤其是同侪中有再婚的,又有美满婚姻的人,更让人们觉得不必要勉强维持一段不满意的婚姻。

7. 法律约束的放宽

在过去,离婚必须符合法律的严格规定,而且还有很多限制,很多人也会因为法律的限制而没有选择离婚。但是在今天,离婚的法律条件已经放宽很多,也让更多的人有可能选择离婚。

8. 妇女外出就业的增加

前边曾经提到妇女外出就业机会的增加会影响夫妻关系,因为妻子的职业地位和收入不仅提高了她在家庭的地位,同时也保证了她离婚以后的经济独立和生存的能力。所以,很多妻子不必再像过去一样受丈夫的控制,也不必担心离婚后生活无着落。一旦对目前的婚姻不满,离婚就成为可能的合理安排。

9. 子女的减少

现在的婚姻中,子女的数量都已经大大减少,而且有越来越多的家庭加入"丁克"一族,这样的家庭在婚姻遇到问题的时候受到的羁绊更少,离婚自然就更容易了。

10. 两性角色的模糊

在二三十年前的中国传统家庭里,夫妻的家庭角色是非常明确的,丈夫和妻子都知道怎么去扮演自己的角色,而且也都尽力去扮演好自己的角色。但是近十多年来,由于两性角色的弹性特质和对夫妻角色的内涵存在很大的争议,导致夫妻角色的界限越来越模糊,由此也产生了更多的家庭矛盾,进而导致离婚。

上边所举的十项因素是从社会结构的角度上来看的,当然我们也不能把离婚简单归因于社会,其中个人原因也很多。有人离婚是因为发现两个人的性格不合,也有人可能是因为婚外情,有人可能是因为无法生育,等等,所以每一个离婚案例的背后都有自己独特的原因。

根据社会学家的调查,发现妻子对离婚的要求的主要原因,按次序是:①婚姻不愉快;②精神虐待;③沟通问题;④不同身世背景;⑤性的问题;⑥丈夫时常不在家;⑦丈夫酗酒;⑧职业及经济上的困难;⑨丈夫外遇问题;⑩丈夫漠视妻子;⑪不能信任;⑫丈夫整天和朋友混;⑬兴趣与价值的改变;⑭孩子的管教;⑮两性角色的冲突。

总而言之,离婚的造成有个人的原因,也有社会的原因。从法律角度来看,离婚是依照法定手续解除婚姻关系,也可以说是已婚男女的人际关系的解体。传统上,离婚意味着其中一方有过失。所谓的过失,在法律过程中,是由原告提出证明被告确实曾经犯错误,并因此需要承担离婚的费用。另外,离婚法是依据传统性别角色而订立,女方负责照料家事,男方则提供经济支援。如果犯错的是男方,他就必须支付赡养费;如果犯错的是女方,她将无法获得赡养费。子女的赡养费用通常由父母协商负责,直至子女达到法定承认年龄。

人类学家包汉南(Paul Bohannan)指出离婚常常牵涉到六个层面。

1. 法律上的离婚（Legal Divorce）

这里法律上的离婚是指经由法院判决认可而解除的婚姻关系，其主要目的是解决法律束缚，使感情上已经貌合神离的双方得到法律实质的认可，这样做是为分割财产上分担的义务，并为再婚重新铺路。

2. 感情上的离婚（Emotional Divorce）

感情上的离婚是指夫妻虽有婚姻之名却无婚姻之实，貌合神离式的夫妻。感情的疏远、欺骗、损伤等已经让曾经的夫妻之情荡然无存。在这样一个失败的婚姻里，夫妻双方感到失望，被误解，互相伤害对方，或故意做出令对方不满意的行为。

3. 经济上的离婚（Economic Divorce）

经济上的离婚是指离婚时对收入、财产、债务等的分配，以安排配偶双方及子女们以后的日常生活。据统计，男方在离婚后经济情况会有所改进，可是女方则往往比离婚前差；尤其是对年纪较大的家庭主妇，离婚是一种经济危机，因为她们没有技能赚钱养活自己，在离婚后应受到经济上足够维生的保障。

4. 抚育上的离婚（Coparental Divorce）

大约有2/3的离婚夫妇有子女，在离婚的程序上就要决定谁会获得孩子的抚养权，以后如何教育子女等。通常父亲要负责财务上的支持，而母亲则负责子女教养的日常照应的责任。虽然在今天的法律制度上，父母都有权利取得子女的抚养权，但是大多数的离婚案例还是由母亲获得子女的抚养权。

5. 社区的离婚（Community Divorce）

离婚往往意味着社交圈的改变，离婚以后，夫妻双方以前的共有朋友现在可能只归一方，即使能维持关系不变，自己也会因离婚以后的单身身份而跟以往的夫妻朋友格格不入，也因此会重新建立自己新的社交圈。

6. 精神上的离婚（Psychic Divorce）

结婚以后夫妻双方多多少少会产生一种精神上的共识，一种两人一体的感觉。一旦婚姻破裂，就必须把对方从自己人格中分离出来，由哀伤、痛苦、仇恨，发展出自立的独立人格和自我。

另外，有学者发现离婚双方的感觉正反两方面都有：①96%的人认为离婚有了新的做人的价值；②94%的离婚者认为自己更长大成熟；③92%的离婚者认为自己脱离了苦海；④89%的离婚者认为自己跟孩子更亲近；⑤89%的离婚者认为自己更有信心；⑥87%的离婚家庭经济更困难；⑦87%的离婚者对前配偶仍然有恨意；⑧86%的离婚者缺乏安全感；⑨86%的离婚者更有自己的时间；⑩86%的离婚者心情低落消沉。

由此可见，离婚对一个人的打击还是很大的，除了曾经的夫妻双方会受很大影响外，对孩子的影响也很大，所以最终选择离婚的夫妻双方一定要尽可能照顾到孩子的情绪，让他（她）们尽快适应家庭的变故。

以上是学术界从社会学、法律和人类学角度对离婚的探讨，那么，对于地处西南边陲的侗族人民，他们的离婚又是什么样的一种情形呢？

对于侗族来说，婚姻的解除相对于其他民族要简单得多。在侗族传统社会中，女方家只要接受了男方家的礼物，就说明同意这门亲事了。但是两人在确定婚姻关系后，仍然有各自的社交自由，可以继续参加"行歌坐夜"的活动，也就是说，从男女双方订婚到怀孕生子这段时间内，双方的婚姻都处于一种不稳定的状态。在此期间，如果男方或女方中的一方又看上了别人，就可以和对方解除婚约。离婚的程序很简单，只需要提出解除婚约的一方亲口或委托亲友通知对方及其父母，即可终止其婚姻关系，告诉对方另娶另嫁，对方也不会为难，只不过提出解除婚姻的这一方需要赔偿对方在此期间的经济损失。在石村，大约40%的村民在怀孕生子前都有过至少一次的离婚史，但是他们并不觉得这有什么不好，认为只要最后能嫁娶到自己喜欢的人就可以了，再加上以前的侗族社会没有领取结婚证的习惯，所以双方要离婚也不需要通过政府，手续更简单。

> 我一共离过两次婚，现在的这是第三次婚姻，我第一次结婚是和舅舅家的儿子，我一点都不喜欢他，但是按照我们这里的习惯我就应该和他成亲，我父母没有经过我的同意就接了舅舅家送来的糖，就表示同意了，可是我一直闹，不同意，父母也没有办法，找了家族里的人和寨老去说情，退了这门亲事，到现在舅舅家都不怎么和我们来往。第二次是我父亲自己答应了寨老家的提亲，让我嫁给寨老的儿子，我也不同意，这次父母不管我了，我自己找了寨子上的人去他家说情，哭了十来天，他们家才同意离婚。现在的这个老公是通过行歌坐夜认识的，我一眼就看上他，他长得好看，侗歌也唱

得好，他也喜欢我，我们互相偷偷送了定情物以后他家才提着礼物来我家，我父母看我愿意，就把东西接下来了。我们那会结婚不领结婚证，离婚也简单，如果是两个人生了孩子，离婚就不容易了。
(SKL，46岁)

相对于这种还没有生育就离婚的婚姻来说，怀孕生子后再离婚就要复杂得多。因为按照侗族社会的传统，婚姻当事人在怀孕生子后才算举行完了所有的婚姻仪式，正式确定了双方的家庭关系和社会角色，标志着婚姻仪式的真正结束，同时也标志着婚姻当事人双方关系的真正确立。在这之后，如果婚姻当事人中的一方提出离婚，那他以及他的家庭就要付出代价，包括经济代价和社会代价。一般来说，夫妻双方都可以提出离婚，通常是先通知双方的父母和兄弟姐妹，如果经过劝阻无效，则会请寨老和组长来劝阻，实在无效的情况下，就按传统规则离婚。离婚的判决主要是解决经济赔偿和子女归属问题。不管是哪一方提出离婚，都要赔偿对方结婚时造成的经济损失和每年节日往来礼物的现金折算。如果是男方提出的离婚，除了前边提到的经济赔偿以外，还要加上女方在不落夫家期间短暂回夫家帮忙劳动的个人所得，一般是用3~5挑谷子来赔偿，另外，男方家还要退还女方当初的嫁妆。如果双方生育的是男孩，则归男方家，如果生的是女孩，一般都由女方带走，如果男方家同意，也可以把孩子留下。

一般情况下，男女双方离婚的原因无非是感情不好或者其中的一方有外遇，或者一方好吃懒做，但是最主要的原因还是经济原因。如果把时代因素加进去，主要就是受人们外出打工的影响。随着外出打工机会的增多，人们的眼界越来越开阔，也有更多的机会接受外来的新鲜事物，人们对婚姻的态度也就发生了变化，不再像以前那样恪守婚姻规则，出现了跨地区、跨省的婚姻。同时也因为见识的增长出现了原有婚姻破裂、甚至出现第三者的情况。以石村为例，就出现了两例婚外情、一例因为外出打工导致离婚的情况。但是因为涉及隐私，所以笔者的访谈并没有通过婚姻当事人，而是由主要采访人之一的WSX描述。

我们这里的人生孩子以后都能踏踏实实过日子，不像外面的人离婚的多，在这里，有孩子以后再离婚损失大，一般也没有人愿意。

到现在为止，寨子里只有三家是在有孩子以后离婚的，有一家是我们一个家族的，比我小，今年30多岁，结婚十几年了，老婆也是我们一个寨子上的，结婚以后一连生了三个男孩，这个女的人很老实，和婆婆的关系也很好，后来老公出去打工，在广东那边认识了一个湖南的女的，两个人就同居了，女的还怀孕了，男的就给家里的老婆打电话，说是自己的一个朋友要生孩子，没有人照顾，想让她过去照顾自己的朋友，每个月给300元工资，家里的这个老婆很老实，也没多想，就把三个孩子扔给婆婆，去广东照顾那个女的了，伺候完人家坐月子以后她就回家了，老公还在那边打工。结果到年底的时候，老公居然带着那个女的和孩子一起回来了，和家里人坦白说那个女的是他在外边找的小的，孩子也是他的，家里的这个媳妇气不过，吵了两架，最可气的是，男的居然提出了离婚，女的不同意，男的就打这个女的，最后没办法，两人就离婚了，人家和那个小的结婚了，这个女的自己带着3个儿子，和婆婆一起过。寨子上的人看她可怜，也劝她不要管婆婆了，自己再找一个，可她说已经有3个儿子了，不想找了，没办法，男的不要女的了就是女的可怜。

寨子上另外一家离婚的年龄都很大了，男的已经70多岁了，是我们寨子上的歌师，可是前几年还找了一个40多岁的女的，就是我们乡上另外一个寨子的，和原来的老婆离婚了，都那么大年龄了，不过两个人离婚以后还住在一个房子里，只不过是人家和小的住一起，以前的老婆自己住，两家人走不同的楼梯，把房子从中间隔开了。

还有一家离婚的是大寨那边的，夫妻两个人结婚三年一起在外面打工，后来女的怀孕生了儿子就回家照顾孩子，可是去年夏天不小心让孩子掉在水塘里淹死了，男的就在外面又找了一个女的，逼着自己的老婆离婚了。这种天灾人祸的事情谁也不愿意，可是这个男的就觉得是女的没有照顾好孩子才会被淹死，女的也觉得对不起丈夫家，两人就离婚了，女的觉得在自己地方丢人，听说在外面打工嫁了一个湖北那边的。

通过以上这段话可以看出，石村人一旦在结婚生子后不会轻易选择离婚，因为离婚毕竟会带来很多负面的影响，但是相对而言，离婚对女性产生的影响更大，离婚不仅造成了她们物质生活上的困难，而且会产生一定的精神压力和社会压力。因为从总体上来看，社会对男性离婚比女性离婚要宽容很多，在传统观念中，女人是为男人的婚姻需要而塑造的，但婚姻并不是为女人而设的，所以说，离婚对女性的伤害更大。这可能也是石村人在结婚生子后不会轻易选择离婚的一个重要原因。

三、再婚

再婚也属于结婚的一种形态，也是一种合法的关系。这种婚姻关系的契约，有可能会影响到前夫（妻）赡养费的给付，子女的监护权归属、保险契约、继承权、医疗保险，以及养老金等。再婚时由于往往涉及子女问题和经济问题，因此更需要考虑其合法性。毫不令人意外的，是再婚时签署婚前契约的情况更为普遍，由于上一次婚姻的财产及彼此的权利义务等问题，因此这次婚姻契约所涵盖的范围将不仅是夫妻双方，甚至还包括了双方的子女或前夫（妻）等人。尽管再婚时对象的选择范围比第一次婚姻小，但是择偶的形式，基本上与第一次婚姻相似。

离婚后的人第一件要做的事情就是重新适应自己的社会生活，自己不再是"丈夫"或"妻子"的角色，有子女的离婚者离婚后"父亲"或"母亲"的角色也大为减少。尤其是没有获得孩子监护权的一方，虽然可能仍然有探访子女的权利，但是由于角色的改变，见孩子的机会还是大为减少；而获得孩子监护权的一方，由于生活所迫需要更加努力地工作，也无法全心全意扮演自己的角色，社会上的规范也没有特别的方式来帮助这些离婚者进入另一个新的生活圈子，于是，这些人只能靠自己的意志度过离婚后的过渡期。

据资料分析，按照性别来分，3/4 的离婚男士通常都能再婚，而女士们再婚的比例要低一些，约有 2/3 的女性会选择再婚，这种男女再婚机会不均的原因有很多，但主要有以下几种。

1. 女性寿命较长

年龄越大，性比率（男士人数和女士人数之比×100%）越低；换言之，年龄越大，女性人数越多，自然可挑选的男性对象越少。

2. 男女有别的审美标准

一般来说，男性即使过了中年，仍然具有良好的择偶条件；但女性就无法和男性相比，尤其是再加上生理上生育条件的限制，接近40岁的女性，不但被人形容为"黄脸婆"，而且会被人形容为"不能下蛋的母鸡"，但是男性不一样，不管他们是哪个年龄段，都想娶年轻貌美的对象。

3. 离婚妇女对儿女的牵挂

通常情况下，一个带有孩子的离异女性会让很多男性退避三舍，而且根据统计，儿女越多的单亲母亲，越难找到再婚的对象。

4. 男女在经济和事业上的不均

一般男性的经济情况和事业成就要到40岁以后50岁才到顶点，而女性则不同，一般在30岁以后，女性的事业就开始走下坡路。男性因经济基础稳固及事业成就而增长其择偶的资源条件，自然比女性更容易找到再婚对象。

不管怎么说，第二次结婚的经验和第一次相比还是有差异的，例如，

（1）由于已不是年轻的单身，生活环境已经不再单纯，都有工作，还可能有小孩，相对来说约会的时间会大受限制，往往不允许太长、太晚，明天还得上班，家里还有小孩，不像第一次结婚前，约会时可以说出门就出门，完全可以尽兴，几乎没有任何顾虑。

（2）由于都已经有婚姻生活的经验，在挑选约会对象或婚姻对象时会有些急促，没有耐心慢慢来，不像首次婚姻时的情绪化。某些人在经过第一次婚姻失败后，对婚姻完全失去信心，于是曾经经历一段时期完全拒绝约会，等等。

（3）再次找对象时比较重视现实条件，如经济环境、社会地位，或者个人人品等，是否能提供给自己的孩子安定、完整的家庭生活，能否给自己提供安稳平静的婚姻生活，总而言之，罗曼蒂克的爱情已经不重要了。

（4）在为再次婚姻铺路的约会中，较易发生性关系，这自然是因为双方都已经有性经验，知道如何在性趣上的沟通，以及对性趣上的需求较强。

事实上，再婚并不是那么简单的事情，尤其是双方都曾经有过不美满的婚姻经验的话，可能都经历过孤独、痛苦和挣扎，再加上双方可能都有子女，也各有事业和工作，要协调并非易事。虽然如此，大多数的再婚者都认为自己第二次的婚姻比第一要好，也有不少再婚者都为自己能再次找到较理想的

对象而庆幸。曾经有调查指出：有88%的再婚者认为其第二次婚姻比第一次好得多；有7%的认为第二次婚姻稍微好些。当然也有学者对此比例产生怀疑，认为再婚者的离婚率相当高，其比率比初婚者还高；对第二次婚姻表示满意的资料可能只是再婚者不愿意承认他们第二次犯错、失败，不敢承认自己的第二次婚姻也不幸福。

再婚者再次走上离婚道路的原因有很多。

（1）再婚者可挑选的对象较受限制，在时间上较仓促，又常因反弹只为找个伴侣，或找个人做孩子的父亲或母亲，于是经常会考虑不周，未能找到真正合适、相配的对象。

（2）两家合并的子女问题，继父母不好当。

（3）经济负担上的困扰，尤其是要养两个人各自的小孩。

（4）因为自己曾经有离婚的经验，所以较容易决定再次结婚。

（5）社会对再婚者的角色和规范不是很清晰。

当然，再婚者再次离婚的原因绝不仅此，但大多数的离婚者还是会勇敢选择再婚。

一般情况下，再婚有离婚后再婚和丧偶后再婚两种情况。具体到石村，在还没有生子之前离过婚的人都选择了再婚，在丧偶的婚姻中，只有两个人选择了再婚，而选择的主要原因都是孩子还小，自己一个人没法把孩子们抚养成人。以下是其中一位再婚妇女对自己婚姻的看法：

> 我是下面那个寨子的，原来就嫁在同一个寨子，和原来的老公很早就认识，两个人通过行歌坐夜确定了恋爱关系，感情一直很好，可是结婚以后七八年都没有生孩子，也想了各种办法，都没用，婆婆就给我脸色看，背后叫老公和我离婚，而且有时候专门找茬骂我，后来我们两个一商量，觉得还是离了比较好，就离婚了。离婚以后，他又找了一个离过婚带孩子的女人，我也在这边找了一个老婆去世的男的，现在的老公比我大16岁，我没有看上他，听说他脾气不好，但是有两个孩子，我嫁过来就可以当妈，所以别人一介绍，我就答应了。嫁过来四年以后，我居然怀孕了，而且一连生了两个，虽然都是女儿，可是说明我能生孩子。他和那个女人结婚以后也生了一个女儿，我们两个再婚以后都能生孩子，可就是在一起不能生，

看来这就是命,老天不让我们在一起。不过后妈也不好当,现在老公的那两个孩子经常骂我,在他们爸爸那里说我的坏话,让老公打我,老公一天做活路,也不在家,以为我真的欺负他的孩子,经常打我,我这辈子的命就这样。他原来的那两个孩子一年都不来看我们一趟,到底不是自己亲生的,我自己的闺女都嫁到别的寨子了,平常家里只有我一个人,我就养了一条狗做个伴。(SRH,47 岁)

以上这位妇女对自己两段婚姻的叙述,让人听着很心酸,直到现在,还能想起她寂寞孤独的画面。

另一位妇女再婚的过程更加曲折,所以笔者没有直接采访到她,而是通过旁边人的描述知道了她再婚的具体情况。

SET 脾气不好,以前的老公还活着的时候,就经常骂老公,这样的女人在我们这里还是比较少见的,一般都是男人打骂女人,虽然她和以前的老公生了三个女儿,但是老公也不敢说什么,他们家平常的家务活也是男的干得多,不过田里的活都是 SET 干,一家人的日子倒也过得不错。可是就在 2006 年,SET 把家里扔下去广东打工了,刚去 1 个多月,家里就出事了,她老公开着拖拉机往山上拉肥料,结果在半路和别人撞车了,自己摔成了重伤,还把对方给撞死了,家里人打电话让她回来,她居然说没钱不回来,后来死者家里实在闹得没办法,她才回来,借钱处理了事故,可是没过多久老公也就去世了,扔下 3 个孩子,最大的才 8 岁。过了一年,别人给她介绍了一个四川过来在镇上弹棉花的男人,两人就结婚了,那个四川男的跟她住过来,算是倒插门吧,两人结婚以后又连着生了 3 个女孩,两个人照顾不过来,就把两个小的送回四川老家了,每年给一点生活费。虽然她是再婚了,可是脾气还是那样,一天骂男人,到现在,这个男人每天还要自己回来洗衣服,可是看人家过得也挺好。

虽然这起再婚的婚姻比较特殊,但是可以看出,在石村人的观念里,再婚并不是一件容易的事情,尤其是对于妇女来说,再婚要面临很多的顾虑和现实问题,这也成为石村再婚比例低的一个重要原因。

小　结

　　本章主要从石村妇女的婚后的居住模式，家庭规模与家庭功能，家庭成员之间的关系看石村妇女的地位变化情况。从石村妇女婚后的家庭关系来看，在普遍的从夫居制下，妇女基本都建立起了新的家庭关系网络，开始了自己的婚姻生活。虽然在侗族地区，流行婚后与公婆同住，但是从石村妇女的内心来说，还是希望有自己独立的生活空间，而且这种生活方式随着人们生活水平的提高正在逐步得以实现，由此也带来了石村村民家庭类型的变化。在家庭类型的动态变迁中，核心家庭成为石村妇女的首选，这也有利于婚姻的稳定，当然也说明越来越多的石村女性有了自己的自主权，可以来决定家庭的一些事务，是家庭地位提高的一个重要表现。在婚姻家庭中，主要存在夫妻关系、亲子关系和婆媳关系三大类，其中，婆媳关系是最难处理的，但是年轻的媳妇们也在努力处理各种家庭关系之间的矛盾，寻找双方之间的契合点，以减少家庭矛盾，避免冲突。通过不同年龄阶段家庭关系的比较可以发现，女性在处理家庭关系上随着年龄的增长自主性越来越小，事实上现代女性在家庭中的地位是有了实质的提高，不管是在亲子关系、夫妻关系还是婆媳关系上，这是一个明显的进步。有婚姻存在就有可能出现离婚，离婚的原因有很多，但是对于石村妇女来说，不会轻易选择离婚，尤其是在有了孩子之后，大多数人在离婚后都会想着再婚，因为石村离婚的比例不是很高，所以离婚后都选择了再婚，当然再婚也是出于自己实际情况的考虑，再婚对于女性来说很难说能够真正获得幸福感，更多是为了自己的孩子有个完整的家，所以在离婚和再婚上，女性的地位一直没有什么明显的变化。

第四章 石村妇女的育儿习俗

任何社会如果想要延续下去就必须有新的一代来继承消逝的一代。如果社会里老年人死亡后未能由年轻人接续香火，这个社会就会逐渐由于人口的不足而消逝。因此，家庭担负了生育繁殖的功能。虽然人们体制上的生育功能与家庭并没有直接关系。也就是说，人们没有家庭仍然也可以具有生育的能力。但是大多数社会都规定生育是家庭的独特权力之一，只有在社会许可的家庭内生育的小孩才是合法的。但是，家庭对社会的生育功能并不只在于生育子女，还在于教养子女，也就是社会学上的子女的社会化。"社会化"（Socialization）是指个人学习社会规范与期待的过程。它是将一个人模塑成社会所能接受的人。一个初生婴儿是没有独立求生能力的，家庭不仅要提供他生存的环境，还要把他教养成为一个能为社会所接纳的人。婴儿在与家人的互动中逐渐学习社会的规范，知道哪些事情可以做，哪些事情不能做。由于小孩最初几年的生理限制，活动范围小，所接触的人大多是家人，因此，家庭就成了小孩社会化的最主要的机构。虽然社会化过程在一个人的一生中由小至老时时刻刻都在经历，但是幼年时家庭的那一段还是最深刻和最重要的。因此，小孩在婴儿时期在家庭中的社会化就尤为重要，最主要的育儿习俗对小孩社会化的影响。

育儿习俗是处于一定社会共同体的人们在长期的生育实践中约定俗成的生育习惯。侗族育儿习俗的仪式展演，体现了作为社会细胞的家庭以及社会对个体的抚育和培养，使之成为社会中合格的一员；同时也是个体从出生到成年、从一个文化空白的孩童成长为一个合格的社会成员的成长历程。为了确保个体的健康成长，侗族传统育儿习俗从孕前、孕育到诞生的各个环节、仪式和禁忌等方面都加以严格要求。本章主要详述石妇女的育儿习俗，涉及孕前、生产和育后等各个阶段。其中，孕前习俗包括求子仪式，孕育包括生育期间的仪式和禁忌，育后包括诞生礼，即贺生、三朝、满月等仪式过程和养育礼俗，并阐释产妇在整个产育过程中的地位变化以及生育女孩和男孩的不同待遇。

第一节　孕前求子习俗

一、到迎龙庵许愿

迎龙庵位于石村旁边的另一个寨子，是茅贡乡各个村寨都祭拜的求子庙，据寨子的功德碑记载，迎龙庵始建于清嘉庆元年，建有三殿，占地四亩多，庵内供奉有十尊神佛像，都是民间代表生育的女神像。清咸丰年间，迎龙庵被大火烧毁，直到1921年，才被重建，庵内的神像全部按原样恢复，一直到新中国成立初期，迎龙庵的香火都很旺盛，附近寨子的民众都来祭拜。但是到了"文化大革命"，迎龙庵完全被毁，到1979年改革开放以后又开始重建，资金主要来源于周围寨子民众的捐款，到现在，整个迎龙庵才建好两殿，还在逐渐修复中。

每年的农历六月十九日，附近寨子的村民都要来迎龙庵祭拜，因为迎龙庵以求子为主，所以一般来的都是女性，包括婚后还没有生育的年轻女性和年长一些的女性，年轻的女性主要是来求子，年长的女性除了给家中的儿媳妇或女儿求子以外，还求神灵保佑全家人健康平安。据说这个庵求子很灵验，如果上过香的人事后真的如愿得子，必须在来年的六月十九还愿，到时需要给殿内的所有神灵各披一块红布，笔者通过观察发现，殿内的每个神像身上都披有多块红布，说明还是很灵验的。每个人来上香的时候，都要挑一挑谷子，大概有20斤，由寨子里组织专人登记，并挑选三到四名擅长做饭的男性为这些来上香的香客准备晚饭，值得一提的是，这顿晚餐全部都是素食，不能有一点肉。这些香客回家的时候还可以象征性地带一点回去，让家里人和邻居都尝一下，据说能保全家人平安。

二、积德行善

侗族非常注重公共事务，每个村寨的水井都砌着石板，水井边会有竹筒或者水瓢，供过往行人饮用。即使是山间流下来的一眼泉水，也会有人用竹片接住，并在旁边放上竹筒，供大家饮用，这些泉水非常清澈干净，据说还有养颜美容的效果。在离泉水或水井不远的地方，一定会有一个或一排石凳供大家休息，所有这些都说明侗族人民很注重公共事务。

那些久婚不育的家庭为了求子，就会主动来做这些公共事务，他们认为，积德行善会得到回报。相反，如果做了损害集体、损害他人利益的事，有可能就会遭到报应，可能是自己不顺利，也可能是报应在后代身上。❶"善有善报，恶有恶报"的观念在侗族求子习俗中有很好的体现。通过积德行善，人们的心灵得到安慰，能够平和地对待生活中的酸甜苦辣。

三、架桥求子

侗族人都相信人是有灵魂的，而且灵魂是不灭的。人死了以后，三个灵魂中的一个会先到阎王爷那里报到，等待重新投胎转阳。一个婴儿的出生，其实就是一个灵魂的转世。如果一对夫妻婚后不育，可能就是阎王爷没有给这家人安排后代，就需要通过架桥的方式来求子。

在石村，桥被认为是有灵魂的，每个人或者每个家庭都有一座生命桥，这座生命桥可以是宏伟的廊桥，也可以是横在人们必经之路上的石桥或者独木桥。所以在石村，随处可见各式各样的桥，既有宏伟的风雨桥，也有架在山间小溪上的简易独木桥。架桥既有积德行善、方便百姓的意义，也可以获得过桥之人的福祉，甚至是灵魂。每年的正月初八以后，寨子里久婚无子的家庭，就会请寨子里的鬼师，按照夫妻二人的生辰八字选择黄道吉日，到人们必经的小溪或田埂边架一座生命之桥。架桥是件隐秘、充满争议的事情，所以必须秘密进行。在天色已黑或者外出人员稀少的时候，需要架桥的男主人和鬼师就要带上猪头、侗布、香等祭品，带上已经砍好的杉木，来到事先

---

❶ 如果某个家庭生了一个兔唇的孩子，就会被认为是他的父母曾经做了损害集体的事情，报应到了孩子身上，所以大家在平常都尽量积德行善，以免后代遭报应。

选定好的架桥地。待鬼师念完悼词以后，在杉木上绑上一段侗布，烧香祭拜。

第二天早晨，人们如果发现寨子旁边的小溪上多了一座桥，就知道是有人家昨天晚上新架的，了解本地习俗的人都知道这桥的厉害，会叮嘱家里人尽量避免走这座桥，如果实在没办法必须要走的话，在过桥前要朝着桥的方向吐一口，方可过桥，据说这样就可以避免自己的灵魂上桥，当然灵魂就不会被桥拉走，投胎到架桥的那家人家。据石村的寨老石 LR 介绍，有的人家架桥很灵，两三个月就有了（怀孕了）。当地人对此都深信不疑，所以到现在，只要是婚后一段时间还不孕，大家依然会用架桥的方式来求子。如果此方法还不管用，人们才会求助于医学手段，由此可见，传统习俗在人们的生活中已经根深蒂固了。

以上几种求子习俗直到今天在石村的妇女中还很流行，因为对于每个还没有生育或没有生育男孩的妇女来说，这些传统习俗可以让她们在求子的道路上获得极大的心理安慰。

第二节　孕子习俗和禁忌

从得知怀孕开始，对于孕妇及其家人来说，就意味着进入了一个特殊时期——既有对后嗣的期待，也有对孕妇及腹中婴儿的全面保护。妇女在得知自己怀孕后，要在第一时间告知婆家和娘家，尤其是对新婚的妇女来说，是非常有必要的，因为婚后怀孕了，才会得到夫家的认可，对婆家是一个交代，娘家也会觉得脸上有光。因此，不管是娘家还是婆家，都会将孕妇作为重点保护对象，因为孕妇的健康不仅关乎孕妇自己的安全，还关系到一个家庭和家族的兴衰，所以家庭里的长辈和姐妹们都会给孕妇传授自己的亲身经验，让她懂得如何保重身体、保护胎儿、顺利生产。婆家和娘家也开始准备甜酒，以备在婴儿出生的那一天招待客人。不管是在婆家还是娘家，怀孕后的妇女都被当作重点保护对象，尤其是近几年来，怀孕的妇女更是能得到全家人的保护，与原来大着肚子还在地里干活的情形相比，现在的孕妇待遇已经提高了很多。

在侗族的生育文化中，从怀孕到生产这段时间里，有其独特的生育禁忌。

生育禁忌是积淀在人们心理深处的神秘文化现象，是属于社会心理层面上的民俗信仰。[1]"塔布（禁忌），就我们看来它代表了两种不同方面的意义，首先，是'崇高的''神圣的'，另一方面，则是'神秘的''危险的''禁止的''不洁的'"。[2]生育禁忌正是蕴含了这两方面的意义，所以具有很强的约束力，因此，可以说禁忌既是约束生育行为的准则，也是作用于人们精神层面上的一种文化现象。所以，禁忌不仅存在于生产力不发达的传统社会，即使是在现代文明高度发达的今天，禁忌也有着很强的生命力，尤其是在民间社会。

在石村，妇女怀孕以后，不只是孕妇本人，包括整个家庭的成员，都要遵守各种各样的生育禁忌，以确保胎儿的正常发育和出生。例如，如果家里有孕妇，就不能往家里拿生竹子，甚至也不让别人拿生竹子从家门前经过；同时，也不能装修房子，就连修修补补都不行，当然拿锤子敲打的活计都不能干，否则，孕妇就会流产。在侗族人的心目中，火塘是个神圣的地方，也是祖先享受香火和祭拜的地方，所以家里有人怀孕以后，就不能动火塘里的灰，也不能起新灶，而且，如果孕妇出现身体不适的时候，也要祭拜祖宗，这样祖宗就能保佑母子平安。

事实上，生育禁忌最主要的还是针对孕妇个人。笔者在石村调查的时候，正好遇到有两个孕妇，就和她们聊了一会，她们具体讲述了自己作为孕妇需要注意的事项。当地人管怀孕的女人叫"四眼婆"，在笔者看来，是一种蔑视的称谓，这些孕妇也不喜欢别人这样叫自己，当然，大部分人都不会当着孕妇的面叫她"四眼婆"，只会在背后偷偷叫，但是也有一些人会当着孕妇的面叫，这样会让这些孕妇觉得很不舒服。一个妇女在知道自己怀孕以后，如果碰到别人外出打工或者做生意，最好不要打听，否则，这个人在外边就不顺利。如果看到别人家在染布，也不要往前凑，更不要动手去帮忙，不然这些布就都染不好了。另外，如果家里或邻居做腌鱼腌肉等食物，也不要帮忙，否则这些食物就会变臭。除此以外，如果寨子上有人家结婚，这些孕妇也不能第一个到新人的洞房去，不然就会把新人的喜冲掉。由于侗族以前实行

---

[1] 高梓梅.生育禁忌文化心理阐释［J］.江西社会科学，2004（01）：58.
[2] ［奥地利］西格蒙德·弗洛伊德.图腾与禁忌［M］.北京：中国民间文艺出版社，1986：3.

"不落夫家"的习俗,所以妇女在怀孕后,就要回到夫家待产,即使是再回娘家,也只能短暂住几天,尤其是快到临产时,基本就不能回娘家了,因为当地人认为出嫁的女儿如果把孩子生在娘家是不吉利的,会把娘家的财气冲掉。诸如此类的禁忌还有很多,有的可能有一定的科学依据,大部分只是当地的一种传统习俗,没有科学根据,但是当地民众对此深信不疑,千百年来一直沿袭着这些传统习俗和禁忌。

总之,遵守禁忌使侗族民众获得了身心的放松和心灵的快慰,在生产力不发达的过去,可以增加人们内心的安全感。即使在科学技术高度发达的现代社会,民间禁忌仍然具有很强的约束力,祖先和神灵的保佑更是具有不容置疑的神秘力量。

第三节 生育礼俗

侗族的生育礼俗伴随着一系列的仪式展演,包括"贺生""打三朝""满月"等。"仪式,通常被界定为象征性的、表演性的、由文化传统所规定的一整套行为方式。它可以是神圣的也可以是世俗的活动,这类活动经常被功能性地解释为在特定群体或文化中沟通(人与神之间,人与人之间)、过渡(社会类别的,地域的,生命周期的)、强化秩序及整合社会的方式。"[1] 纵观石村人的生育礼俗,通过贺生、三朝、满月等仪式过程,新生儿完成了从自然人到社会人的转变过程,在社会中确立了自己的人格和身份。

一、生产过程与禁忌

以前,石村的妇女都是在自己家里分娩,直到近几年才开始到镇上的卫生院生产,但是那些家庭经济条件不好的或者超生的还是会选择在家里或者去外地的医院生产。在石村,年龄在30岁以上的妇女基本上都是在家里生产的;年龄小一点,受过一定文化教育的则选择去医院,她们认为这样对大人

---

[1] 郭于华. 导论:仪式——社会生活及其变迁的文化人类学视角 仪式与社会变迁 [M]. 北京:社会科学文献出版社,2000:1.

和小孩都有好处。渐渐地，大家都接受了在医院生产这样的现实。石村没有专门的接生员，妇女在家生产一般都是由家里年长的妇女来接生，也有妇女因为生产比较着急，也会自己接生。笔者在调查期间就遇到这样一位妇女SHX，她是这样叙述自己的生产过程的：

> 我前面生了两个女儿，都是在家里生的，是我本家的一个婶子帮忙接生的，我婆婆年纪大，也接生不了。去年生现在的这个儿子的时候，是大半夜，老公也不在家，突然肚子疼，都来不及叫人，就把大女儿叫起来，去喊邻居，还没等邻居来，小孩的头就出来了，我只好自己接生，也没有什么准备，就拿家里的剪刀给孩子剪了脐带，我也知道这样不卫生，可是情况紧，没办法。我生那两个女儿的时候都是婶子用事先准备好的竹片割的脐带，我们这以前都是这样，也没有什么危险，我这儿子现在身体就不太好，可能和去年生的时候没处理好有关系。我把他生下来以后都累晕了，也没有及时把他包好，后来邻居来了才帮忙弄好，不然可能我和小孩都会有危险。

SHX现在讲起自己的这段生产经历来还觉得有些后怕，同时也感慨自己的命不好。在笔者调查期间，多数妇女都觉得在家生孩子有一定的风险，还是现在的年轻人命好，可以去医院生产，大人和小孩都少受罪。据在家里生产的妇女讲，当地生产盛行用新竹片割脐带，只有一位稍微懂点医学知识的妇女说自己生产的时候是用消过毒的剪刀割的脐带。从医学的角度来讲，用竹片割脐带有一定的风险，容易让小孩得病。

孕妇在家生产一般都是在自己的卧室，呈蹲式，而且是蹲在地上，即以手抓床沿，张开双腿，腹部用力把孩子挤出来。当地人认为如果把孩子生在床上，以后孩子就容易生病，如果把孩子生在地上，孩子一生下来就能接触到地面，也就意味着接了地气，好养活。

在婴儿顺利出生以前，不能让外人知晓。在石村，据老人讲，如果被外人知道这家孕妇正在生孩子，生产过程就会延迟，甚至出现难产的情况。当然，这个时候也不能让外人进屋，否则会增加孕妇的痛苦，而且认为进屋的人会把外边的孤魂野鬼带进来，把小孩的灵魂带走。所以如果知道哪家近期有孕妇要生产，周围的邻居都很自觉地不去他们家，免得引起不必要的麻烦。

婴儿呱呱落地后，要用自织的土布把婴儿包裹起来，外面再用稻草捆上三道，一般为3～5天，之后再穿家里准备的衣服，这些衣服也是用大人穿过的旧衣服改的，据说这样孩子好养活。把孩子包裹起来是为了防止孩子长大后手脚不干净，出现偷盗行为。

孩子出生以后，家里人要在第一时间在门口挂上标志，如果是男孩，就在大门上挂个稻草打的结，称作"表"，再挂上一根红辣椒；女孩则只挂表，添一树叶。外人看到后，就不会随便进入了。如果有人误入，就得带上酒、肉、米向主家赔礼，说些吉利的话，以防冲撞了主人家。而且，未满月的婴儿也不能带出门，否则会碰上偷小孩的女鬼"偷魂婆"。

产妇在产后三天就可以外出活动，但是不能进别人家，因为她们身子不干净，会给别人家带来晦气。产妇在外出的时候，必须用斗笠把头盖住，不能见天。产妇在坐月子期间，有很多的饮食禁忌，如忌吃盐、辣椒、开花的菜、萝卜以及鸭肉、鸡蛋等，当地人认为产妇吃这些会落下病根，产妇最好的食物是用糯米熬鸡，据说这样的食物最有营养，既能下奶，又利于产妇身体的恢复。

从孕妇的整个生产过程及其演变状况来看，石村孕妇近些年来在生产过程中的待遇已经有了很大的提高，不管是从生产条件，还是生产以后的饮食各方面，当然，这最主要还是得益于现代医学技术的发达和人们生活水平的提高，由此也说明孕妇从怀孕到生产的地位还是有了很大的提高。

二、胎盘的处理

在医学上，对胎盘是这样界定的：胎盘是由母体组织及胎盘组织共同构成，由胎盘的绒毛膜和子宫底蜕膜所构成的胎儿与母体间联系的通道。胎盘与子宫壁的血窦紧贴，通过渗透作用使母体与胎儿间进行物质交换，以维持胎儿在母体内的正常发育。石村人认为，胎盘是与胎儿紧密相连的有灵性的东西，是胎儿的一部分，所以在婴儿出生以后，不能把胎盘随便丢掉，更不能任由牲畜和猫狗糟蹋，

而是要由家中的长者女性或者负责接生的妇女用事先准备好的烂黄泥把胎盘包好，放在主家房子的中柱脚旁，并要在上面压一块石头，这样既可以

避免胎盘被猫狗等牲畜挖出来吃掉，也可以保证小孩的健康。第一胎生的胎盘堆在房子的中柱脚边，以后每生一胎就往后依次堆放，其意是说胎儿的"房子"在家中，他的灵魂就不会四处游动，这样他以后就会身体健康，不容易生病。据石村的妇女主任 WHD 称："石头压着，小孩睡觉不受到惊吓。"

据笔者调查，石村人在处理男孩和女孩的胎盘时还是有一点区别的，对男孩的胎盘比较慎重，相对来说，女孩的就要随便一些，这可能与"重男轻女"的观念有一定的关系，因为对于一个家庭来说，男孩才是真正的继承人，女孩迟早是要嫁到别人家的。

三、踩生

孕妇在生产的时候，禁止外人进入，而在婴儿出生以后，主家则会主动邀请寨子上性格开朗、身体健康、儿女双全，并且在家族和村寨里都比较有威望的人第一个进入家中，当地人谓之"踩生"。在石村，如果家里生了男孩，就请寨子上的男客"踩生"；如果是女孩，就请女客"踩生"，当地人认为，新生儿或多或少会受到踩生的人的影响，尤其是在性格或成就方面，都会与踩生的人相似。如果有幸被选作"踩生"的人，这个人就会觉得脸上特别光荣。妇女主任 WHD 在讲到自己经常被叫去"踩生"的时候这样自豪地说：

> 村里只要有人家生了女孩，就会来叫我去踩生，不光是因为我在寨子上的文化水平比较高，我是我们那个年代初中毕业的，更主要是因为我儿女双全，两个儿子，三个女儿，二儿子还是寨子上的第一个大学生，现在我的孙子又是一个大胖小子，所以大家都喜欢叫我去踩生，我自己也很乐意干这件事情。

四、报生

婴儿出生的第二天，主家就要派专人到外婆家"报生"。如果生的是男孩，"报生"的人就带一只大公鸡，如果是女孩，就带一只母鸡，外婆家人一看，就知道自己的女儿生的是男孩还是女孩。得到消息后，外婆就会带领整个房族的女性，挑着甜酒、鸡蛋、鸡和糯米一起来喝喜酒。外婆到了以后，要给女儿煮甜酒蛋，当地人认为，甜酒蛋很补身，可以让产妇尽快恢复健康，促进乳汁分泌，保证婴儿茁壮成长。当晚，婆家要杀鸡做饭款待外婆及其房族。

第一胎无论生男生女，家里人都很高兴，但是对待男孩和女孩还是有区别的。如果生的是男孩，婆家就会祭拜祖先，还会祭拜萨神，告祭神灵，以取得神灵的保佑。若生的是女孩，就不祭拜了。

五、打三朝

"三朝"是侗族诞生礼中最重要的环节，一般在婴儿出生后的第三、五、九或者第十一天举行，一定要选单数日子举行。"打三朝"的目的一是对新生儿表示祝贺，二是获得社会的认可。"三朝"有大办和小办之分。大办一般是生头胎或一连生了几胎女孩后生了男孩时才举行。大办时要杀猪宰鸡，大宴宾客；小办则只简单请几个至亲。当然，也有不办的情况，笔者调查的向导家大儿子因为不到法定结婚年龄就生了小孩，虽然是男孩，但是因为怕计生办罚款，所以就没有办"三朝"。

"打三朝"这天非常热闹，外婆及其家族的人，这次也包括男性，一行人挑着礼物浩浩荡荡地贺"三朝"。由于侗族以前的婚姻形式是"二年上、五年下"，即女儿结婚后不落夫家，二到五年后才到夫家常住，所以女儿的嫁妆是在第一个孩子"三朝"这天送来的。礼物包括衣箱、棉被、织布工具、酸肉、酸鱼、酸鸭、鸡、糯米和婴儿的鞋帽衣物等。现在基本已经没有"不落夫家"的习俗了，所以女儿的嫁妆在女儿出嫁的这一天就带走了，"三朝"这天外婆只带糯米和酒肉等礼物即可。

"三朝"，侗语叫"凹关弄"，意为给婴儿取名字。外公外婆、爷爷奶奶、父母等会事先为婴儿取几个名字备用，请专门的师傅卜卦。师傅用两个竹刀抛起，如果两面向上，就说明鬼神、祖先同意用这个名字。当地人也认为，如果婴儿喜欢这个名字，就不哭闹了。

侗族取名主要依据家族的班辈，还有就是兄弟联名，[1] 就是除了姓以外，哥哥名字的最后一个字作为弟弟名字的第一个字，这样兄弟相连，笔者的向

---

[1] 侗族文学史编写组. 侗族文学史 [M]. 贵阳：贵州人民出版社，1988：103~105.

导四兄弟的取名原则就是班辈与兄弟联名相结合。在"打三朝"的时候是长辈取名,到孩子上学以后,还可以再取学名,这个是大名。一般来说,取名的原则是村寨及附近村寨内不重名,以免因同名引起不必要的麻烦。现在人在"打三朝"的时候已经不再这么麻烦地取名字了,而是一般由家里的爷爷或者外公等长者来取名,当然学名也就一并取好了。

六、满月

婴儿满月当天,家婆和媳妇要带着婴儿回外婆家或者过桥,外婆家离得近就回外婆家,如果离得远就过桥。如果是回外婆家,家婆要用外婆缝制的背带背着婴儿,摘一些萨坛里的长青树枝叶别在背带上。临出门的时候,到火塘边的三把叉上擦点灰抹到婴儿的额头上,再将一把油纸伞扛在肩头。所有这些措施都是为了请求萨神保佑婴儿一路平安,防止鬼来作祟。同时,婆家还要请房族中的几位女性(人数为单数,一般为七、九、十一),挑着鸡、酸肉、酸鱼、酒和糯米饭到外婆家。外婆家杀鸡杀鸭款待,吃完饭后也要祭拜萨神,下午再挑着回礼回来,外婆家的回礼一般就是把家婆带去的东西放下一部分,剩下的作为回礼让来客拿回家。

如果外婆家离得比较远,就以过桥来代替。满月当天,家婆背着婴儿,和家人一起带着鸡肉、酒和糯米饭去寨子旁的河边或者风雨桥上过桥,烧香祭拜,吃几口糯米饭,然后带着婴儿回家。

通过以上对生产过程以及生产后的一系列习俗的描述可以看出,石村人在对待男孩和女孩问题上还是有一定差别的,他们更重视的是男孩,而对于产妇来说,生育男孩和生育女孩的待遇也不一样,如果生育了男孩,立刻就会提升自己在夫家的地位,而如果生育了女孩,则会受到冷待,表明自己的生育任务还没有完成,还需要继续为生育儿子做努力。

第四节 男女两性角色的互动

在日常生活中,我们通常认为男生比较粗枝大叶,女生比较温柔细心;刀枪机械是属于男生的玩具,过家家、洋娃娃是属于女生的游戏;男生适合当医生、工程师,女生适合当护士、老师……等等。性别可以说是一个人最明显的特征,当我们能够确定对方的性别后,我们对待他们的方式就产生不同。例如,听到某某人刚生了小孩,第一个浮现的问题经常是:是男孩,还是女孩?宝宝一出生,也马上被以象征男女性别的淡蓝、粉红色毛巾包裹起来;接着礼物、衣服、玩具……就依照这种性别宣示,井然有序地进行。性别区分让我们有所预期,男生就是这样,女生就是那样,借此我们可以明确的判断,应该如何与他们谈话、接触,应该保持何种距离;认知自己的性别更让我们有适当的表现,扮演合乎于性别规范的角色。性别的明确化,当然有助于人际关系的建立,因为人总是要过群体的生活,规范孩子应有的性别行为当然有其必然,但是,这种规范只是为了方便社会生活,却不能因其性别,而限制他或她的发展。

一、男女性别角色的社会化

性别角色源自于社会化的过程,而这正是一个人持续终生,不断自我充实,并且致力于成为社会一分子的过程。

(一)家庭

男孩和女孩自出生的那一刻,就被期许有不同的行为准备。在传统文化中,男孩被认为应该是独立自主、积极进取;女孩则被认为应该是依赖的,温柔体贴的。这些品行多半是在家中借助于各种方式教育下一代而形成。一般而言,小孩在家里总是比较受家人的照顾。虽然小孩的懂事能力不强,但他们也能体会出父母对自己的关心,经常会通过做一些鬼脸,或者一些夸张奇异的动作来吸引父母的注意,逗父母开心。通常在一个家庭中,男孩子所受的待遇较女孩子要粗糙一些,并且一般家长也能忍受男孩的好动行为,期望他能早日独立。相反,女孩通常会在家里受到温和慈爱的呵护。这些不同的对待加上先天的差异,无疑将影响其后天的行为发展。此外,性别角色的形成,也得自于观察父母在家中的行为而间接学习得来,因此,可以说每一个男孩和女孩成年后的性格和行为很大程度上都是受父母的影响,来自于父母言行的潜移默化。

总之,男性与女性在行为模式及个性上是有差异的,只是这些差异很难简单用先天或后天来判断,但是不可否认,家庭对男孩和女孩的性别角色塑造都起到了重要的作用。

(二) 学校

每个人最初的角色认同来自于父母，其次就是学校教育。每个小孩等到了上学就会发现，自己不能再像在家里一样靠逗人开心来吸引同学和老师的注意，而是要以努力和成绩与他人竞争为基础。老师喜欢的学生常常是成绩好的学生，而且老师的管教也较父母要更有规律、更严格。通常在学校里，老师对孩子的注意似乎比对女孩要多一些。老师注意成绩好的男孩，不听话的坏男生也会吸引老师的注意。老师总认为女生一般都比较听话，不需要专门费心去管女生。曾经有一个调查指出，在幼儿园，老师对捣蛋的男生的注意力是捣蛋女生的三倍，也因此提高了男生捣蛋的心理。老师对乖巧女生比较注意，因此也鼓励了女生的顺从心理。老师们也常把较难的工作或差事交给男生去做，让他们接受此类挑战而变得更能干。这项研究发现，老师们虽然有这种倾向，但是他们自己并没有觉得。也就是说，老师们并不是故意区别对待男生和女生，而是顺理成章地这样做。在小学和初中学校也是这样，男孩的功课好会受到老师的特别称赞，女生的表现则偏向于音乐、绘画或才艺等方面。学校所用的教科书也有重男轻女的倾向，比如，很多教科书里的文字和插图总是把男的描绘得雄壮而充满信心，而把女性描绘得软弱而无主见，这在一定程度上也造成了两性角色的分离。

(三) 同辈团体

除了家庭和学校对两性角色的塑造以外，同辈团体对两性角色的学习更直接。在青少年时期，男孩会跟其他的男孩一起玩耍，女孩则跟女孩在一起，各有各的行为准则。在家庭和学校里，小孩所面对的是有权威的大人，因此只有听从的份，不能抗拒；但是在同辈团体里，小孩或青少年的圈子里，大家年龄相近，认同性强。因此，属于这个圈子的感觉强，而且总觉得朋友能够了解他。这种男女团体活动很自然地，直接或间接地鼓励两性角色不同的发展方向。有一项研究表明，大多数学龄年龄的青少年和朋友相处的时间要比和父母相处的时间多一倍。也就是说，处于学龄年龄的青少年更愿意和同龄人在一起，由此形成自己的性别角色观。

(四) 大众传播工具

近年来，随着有线电视和网络的流行，大众传播工具对两性性别角色的影响越来越明显。据研究，目前中国 16 岁以下的小孩，一天的时间安排是 1/3 的时间在睡觉，1/3 的时间在学校，另外 1/3 的时间就是在电视或电脑、手机前。如果把他（她）从出生到 16 岁这段生命加起来计算，中国小孩花在看电视或上网的时间要比在学校的时间更长。

目前国内一个不争的事实是：电视和网络等大众传播工具已经把小孩的视界由家庭扩大到一个几乎没有止境的世界。通过电视和网络等大众媒介，小孩能接收到大量的信息，这些信息有很多是连父母都没有经历过的，由此就产生了我们常说的"代沟"，父母不懂孩子，孩子不理解父母，由此经常发生冲突和矛盾，很多极端的案例就是由于父母和子女之间的代沟所造成的。当然我们并不是一味批评大众媒介，比如，电视或电脑上播放的关于科学和教育类的节目，就会让孩子受益；但是另一方面，目前网络上充斥着越来越多的色情和暴力的节目，甚至于电视广告都会给小孩造成很多不良的影响，所有这些，都是需要家长和社会正确引导，才能真正发挥大众媒介的作用。

在两性角色的处理上，目前国内的大部分儿童节目都是以男孩为对象，剧中角色也是由男孩担任为主，比如，现在风靡全国的《熊出没》，主人公全部是男性。在晚上的主要电视节目里，男性主角的地位总是比女性高；在电视广告中，男性的广告总是以职业场所（如办公室）和事业（如投资）为主，男性模特总是开着最新式的汽车，拿着公文包上班或者坐在电脑前做事；相反，女性的广告通常都是以家庭为中心（如厨房），描写以家务（如拖地、洗衣服）为活动范围，或者由漂亮的女性模特穿着漂亮的衣服做奢侈品、香水之类的节目。而在电视连续剧中，更是经常把女性描绘成一个弱者，剧情总是围绕着一个女性悲剧生命史展开，以此博取观众的眼球。大众传媒这种男女不同的形象设计对小孩两性角色的塑造产生了很大的影响，那些没有完全辨识力的男生女生会根据大众传媒传播的形象来规范自己的行为，从而产生自己的性别角色意识。

二、男女两性角色的特质

男女两性最显著的不同是在生理上的差别。人们由体能的不同而辨别出自己及他人的生理性别。个人的性别是与生俱来的，不过目前随着医学技术的进步，人们也可以经由手术改变性别，但毕竟这种案例是极少数的，绝大多数人还是会接受与生俱来的性别，也就是接受自己本来的性别特质。其实男女特质到底有没有差别，除了生理上的性别很明显清楚以外，其他的特质都很难有清晰的区分。到目前为止，科学上所能找到真正男女不同的特质案例并不多。据科学研究的所知两性特质如下表4－1。

表4－1 两性特质之异同❶

一、科学研究上已经证明两性相同之共有特质		
学习能力	活动层次	服从性
记忆	依赖性	性反应
分析能力	综合性	性趣反应
概念之构成	同情心	智能
情感性智能	抚养力	利他性
二、科学研究上已证明两性不同之特质		
语言能力	视觉空间技能	性兴趣
数理技能	生理忍受力	性经验
沟通方式	积极性	
三、目前尚未有明确结构之特质		
层组织	创造力	竞争
认知形态	创造力	合作
惧怕感	支配性	

今天大多数学者都支持生理因素与文化学习交互影响的看法，认为男女两性的差别是文化因素影响大于生理因素，不仅只是单一因素的影响，而是两者互动的结果。美国学者马利和艾哈特（John Money and Anke Ehrhardt）研究阴阳人（Hermaphrodite），这种人出生时生殖器官是男是女难以判断。他们两位的研究发现这些阴阳人的自我观念是很重要的：如果在婴儿时期被指定是男的，并以此性别被对待，那他们长大后就有男人的

---

❶ 蔡文辉．婚姻与家庭——家庭社会学［M］．台北：五南图书出版股份有限公司，2005：37．

行为、思想和特质；如果在婴儿时期被指定是女的，那她们长大以后的行为就像女性一样。

除此以外，马利和艾哈特还发现了遗传影响两性特质的证据。有一种女婴由于在母亲体内怀胎时期，母亲接受过多量男性荷尔蒙的药物，该女婴长大以后就会比其他女孩更具有男性倾向的特质。这种男性化的倾向很可能是因为男性荷尔蒙在胎儿期间所种下的影响。因此，马利和艾哈特也认为荷尔蒙对性别有关的行为是有影响力的。

大多数学者并不否认遗传因素和荷尔蒙分配等影响力的存在，但是他们同时也相信文化仍然是最主要的原因，因为科学实验里发现社会和心理因素的改变能影响人体荷尔蒙的分泌程度。例如，做母亲的因受文化的影响接受喂奶的观点而尽心尽力地促进体内女性荷尔蒙的分泌产生奶水。

社会学家从芝加哥社会学家顾里（Charles Horton Cooley）的镜中之我理论开始就一直认定个人的行为以及与他人的互动是受社会角色扮演影响的。依此理论，男女两性行为的差异是不同角色期望下的结果；而人们对角色的认定又是在文化熏陶下的社会化过程中学习而得的。

文化对男女两性角色的界定是传统性的，但并不一定要合理：传统的两性角色是把男性看作进取、独立、无情、客观、有主见、勇敢的，男人也知道自己应该走的方向，能做抉择、有理解力、有竞争力、有野心，也看得远；女性角色往往是话多的、富有感情的、温和的、善解人意的，女人被认为极需安全感、不易隐藏感情、也分不清楚情感与理性、不会自做决定、不精于数理、无理解力，也不善于经商。古人曾坚持的"女子无才便是德"其实就是这种女性特质的表现，把女子看作长舌妇、唠叨、软弱，把《红楼梦》里的林黛玉描述成理想美人，也是文化的偏见。唐律男人休妻的"七出"所包括的理由有些也是文化影响的偏见所致，尤其是"口多言"一项更是典型的偏见。另外，传统的"男主外、女主内"分工观念更是来自社会角色的分配。以下图表可以明显看出男女两性角色的文化典型特征。

表 4-2　典型性别角色特质[1]

女性	男性
欠进取	进取
欠独立	独立
富感情，不隐藏感情	无感情，隐藏感情
非常主观	非常客观
服从，易受影响	支配，不易受影响
易对小事激动	对小事不激动
被动	主动
无竞争性	有竞争性
不合逻辑	合逻辑
无商业才能	有商业才能
拐弯抹角	直截了当
无冒险性	有冒险性
难下决心	有决心
欠自信心	有自信
无野心	有野心
多话的	沉默的
灵巧、温和	直爽、粗鲁
能了解他人之感情	不能了解他人的感情
安静	嘈杂
需要安全感	稍需安全感
对文艺、艺术有兴趣	对文艺、艺术无兴趣
能表示温柔的性情	不易表达其温和性情

---

[1] 蔡文辉. 婚姻与家庭——家庭社会学 [M]. 台北：五南图书出版股份有限公司，2005：38~39.

传统的男性角色是惯于攫取的。一个男人要有男子气概，英雄本色，他必须成功、强壮、自信、聪明，永不惧怕。男人的成功可以表达在事业、财富、名望、领导地位上，甚至于拥有多少妻妾都可以算是成功的表现。男人要不介意敌对和竞争，强壮而沉静，并力图克制情感，能冒险，敢拼命。成功是男性的最崇高表现，无论要付出多大的代价。男人为达到这种社会角色的期望往往力图克制其感性的一面，造成婚姻上的困扰，甚至于摧毁自己造成的悲惨结局，或牵涉到各种各样的犯罪行为。

传统的女性角色假定女人需要男人的保护，以感情的支持回报男人。理想的女人是美丽的，不好强争胜；是个好听众，有适应力，能安慰人，依赖男人，做贤内助，并赞赏男人的成就。女人除了应该照顾丈夫之外，也要能照顾子女，所谓贤妻良母的角色，为丈夫、子女牺牲，无论代价多大；牺牲自我是女性角色的完美境界。就像我们常说的："一个成功男人的背后一定有一个伟大的女性"，这个女性最可能是妻子，当然也有可能是母亲。但是无论是妻子还是母亲，在文化规范里，她们只是居于"背后"，因为"女强人"不是每个人都能接受的。

社会学把男性以事业成就为中心的角色称之为"工具性角色"（Instrumental Roles），把女性以柔顺和情感的付出为中心的角色称之为"情感性角色"（Expressive Roles）。

社会文化对男女两性角色的不同期望在社会上造成了不同的影响：男性支配（Male Dominance）的现象由此而生。这是明显的"男性优越"的文化概念。在社会里，男人变成能支配和有影响力的成员。虽然在今天，女性人口数量绝对不少于男性，但是仍然无法享有同等的财物、权势和地位。目前，在整个社会上，女性参与劳动力的人口增加很快，职业学校的女生数量也在快速地增加，但不可否认的是，绝大多数女性只能取得较低待遇的工作，如秘书、售货员、打字员等职业；而专业人才、管理阶级、政治圈里，女性还是只占到很少的比例。才能高超的女性要出人头地是很难的，常被责备为太"有野心"，企图超越男人；在事业上稍有成就的女性，常被形容成不是好女人，不是好母亲，等等，甚至还有可能被传"是因为和老板有一腿，才会爬得这么快，升得这么高"。

典型的性别待遇和两性角色期望对男女双方都有可能产生不良的影响。

对男性来说，传统男性角色强调竞争和事业成功，往往会塑造出一个紧张和孤立的男性。在目前这样一个竞争性很强的社会里，男人在务求成功的压力下常常造成激烈的紧张情绪，心脏病、高血压和其他循环系统的疾病都和这种压力有关；过分强调竞争、生产以及成就很容易造成焦虑和紧张，这也是为什么男性的生命普遍要短于女性的一个主要原因。要做一个真正的男人，就必须学会忽略痛苦，也必须隐藏温和与热情。相反，社会对女性角色的界定是要温顺，也由此造成了女性的"卑贱感"。消极、无聊、空虚、不满足以及罪恶感经常存在于许多女性心中。据统计，女性自杀的企图是男性的六倍以上，女性更容易罹患一些心理疾病，所有这些都是由于女性内心的压力太大，也是不少女性整天显得无精打采、意气消沉的原因。

以上这两种对男女两性不同角色的期待对夫妻的婚姻关系也会产生巨大影响。男性角色不允许表现出亲密的感情，女性角色则感情丰富，却缺乏主动性，于是就容易造成阻碍婚姻中男女双方亲密关系的形成和持续。

研究婚姻关系的学者赞成一种"双性向"（Androgyny）的变通法：允许个人既有工具性的角色，也有富于感情的情感性角色共同存在。这个变通办法鼓励个人同时兼具男女角色的正面特质，在需要的情况下，可以采用工具性的或感情性的角色来扮演，这样可以使个人更具有主张和自信，能更好地应付复杂的现代社会，同时也可以分享情感，彼此依赖和抒发感情。

三、性别角色的延续和转变

毫无疑问，在当今社会中，男女性别角色已经有了很大的弹性，越来越多的女性能够争取自己的权益和福利。

（一）职场

在20世纪八九十年代，全国仅有约10%的女性可以在外工作；到21世纪初，一半以上的妇女可以出去工作，其中，已婚并且有学龄子女的妇女也有一半以上可以选择外出工作。但是，我们必须要承认的是，尽管女性工作人数在增加，但是男女所从事的工作性质仍然有很大差别。女性多半从事销售、服务类的工作，而男性多半是承担事业性和管理职位，或者技术性工作。即使是在传统的女性工作环境中，如教育领域，女性也较少拥有较高的行政职务。因此，尽管性别角色在职场上的差异越来越小，但是性别的区别仍然会长期存在于就业市场上,甚至于即使这些差别待遇已经有趋减的现象,但是就同类型的工作而言,女性所得仅为男性的一半多。

(二) 高等教育

以往大学及专科以上几乎全是男性独占的世界,而今天,这个情形已经不再。事实上,今天的女性无论是在大学还是在研究所的人数都多于男性。但是,虽然女性获得硕士及以上学位的人数较多,但是总体上还是男性较多拥有博士学位,甚至社会上对拥有博士学位的女性专门创了一个带有污蔑性的词语——"灭绝师太",由此可见,在高等教育中,女性还是被认为是异类。但总体来看,女性在逐渐开始追求更高深学识时,社会对女性的偏见在慢慢改变。

此外,即使在高等教育的领域中,某些形式的性别区隔仍然存在。例如,女性多半学习人文与社会科学,而男性则多学习理工科学。这些课程学习上的差异,往往根植于男女两性的社会化过程。

(三) 家务和养育责任

在今天越来越多的新式家庭中,是由丈夫和妻子共同分担家务和养育子女的责任。除此以外,大多数人仍然把家务视为是女性的专属。男性如果分担家务,他们多半应该是处理财务问题,或一般的修缮事务。烹饪和打扫房子仍然被视为是"女人的事",因此,在家务的分担上,通常不可能真正实现男女的平等。一般而言,职业女性仍然需要负责烹饪、家务和养育子女。但是,也有证据表明家庭中的性别角色正面临巨大的转变,已经有更多的男人真正开始分担家务,而这种态度经由传统,也渐渐开始影响下一代。

(四) 政治

传统性别角色的区分使女性被排挤在决策圈之外。虽然今天已经有越来越多的女性开始进入政治圈,但是不可否认,未来仍需要做大量的努力才有可能真正实现两性的政治平等。

在过去30年时间里,中国女性获得了越来越多的政治权利,已有较多的女性开始在政治领域崭露头角,不过,多半是地方性而非全国性的职位。女市长、女县长的人数增加了,但是有更多女性还是很难进入更高一级的政治圈。

第五节　男孩和女孩的不同成长过程

以上主要是，从男女两性角色社会化的角度分析传统社会男女两性角色的认同和新时期开始发生的改变，以下主要通过中国父母管教子女的方式和中国式家教反观石村村民对男孩和女孩采取的不同养育方式。

一、管教子女

人们对子女的管教往往受到自己年轻时父母对自己管教的经验所影响。有些人按照父母当年对自己的管教方式教养子女，有些人则按照相反方面去做。也就是说，有些人在童年时受到父母的管教（可能是严格，也可能是放松）的影响，而照章学样，用来管教自己的小孩（当年，我父母就是这样教我们的）。有些人则认为当年父母对自己的管教不适当，因此希望以不同的方式去管教自己的小孩（当年父母管得太严，现在准备对子女民主些；或者是当年太松，现在认为应该严格些。）另外还有一些人则依赖专家的意见，从书本上或杂志上找些理论基础，以专家们所提供的方式来管教子女。市面上这种婴儿手册、育婴指南、如何教养子女等方面的书籍为数不少。

大致上来讲，对子女的管教可以分为两类型：一类是管束型（Restrictive School），另一类是放纵型（Permissive School）。以管束型为方法的父母必须以专横严格的体罚为管教方式。这种父母通常认为"子（女）不教，父（母）之过"的传统伦理，相信小孩不管就不能教，不能教就不能成器。为了小孩的将来，他必须受严格管束，做错必罚。父母和子女的关系建立在敬畏的关系上。因此，体罚如殴打、罚站罚跪、不准吃饭、不准看电视或禁足就成为父母管束子女的主要方式。放纵型父母则认为孩子有自己的尊严和独特人格，必须受到尊重。因此，爱、谅解、自由以及满足孩子的身心需要就成为放纵型管教方式的基本原则。孩子做错了事，不打不骂，好好地跟孩子讲道理，希望他能自己了解并约束自己。体罚很少，因为父母跟子女就像朋友一样，彼此尊重。中等家庭较讲究这种方式的管教。其实，管得太严或管得太松都不是好办法。一个折中的办法是该严则严，该松则松，最主要的原则是父母的管教方法要一致，也要让子女知道为什么受罚，错在哪里，这样比一味地殴打或装着看不见要实际和有效。

父母对子女的管教是家家有本难念的经。社会阶层的不同通常所使用的方法也不同。在上层社会里，父母对子女的教养非常重视，因为子女是要承继家业名望的。但是由于父母事业忙碌，他们很难有时间直接管教子女，因此往往把子女送到贵族学校式的私人机构代为教养；学习课业并学习上流社会的礼仪。上层社会的父母有时也担心由于生活富裕，会宠坏子女而不求上进。做子女的也可能由于预见将来承接家业而不求上进。另外一种困境是上层社会子女常常是人所注目的对象，很难有私生活，庭院深深无法享受一般性的童年。而且无论子女如何努力或求上进，他们总是活在父母或祖父母的阴影下。

中层社会的子女管教通常比较开放和民主。父母对子女总希望能讲理和劝说，不用体罚或命令式的语气，父母对子女的教育非常重视，也尽力帮忙子女的功课，因为他们知道教育是成功的一大捷径。子女对父母通常比较信服。在子女心目中，父母是成功的，有前途的和有信心的人，中层社会的父母子女相处时间较多，而且也注重两者之间的沟通方式和素质。

工人阶级和下层社会的子女管教比较严，而且父母较常用命令语气或体罚来控制子女，他们虽然也知道教育的重要，但是常有无能为力的感觉，而且子女也不对他们信服。父母严格要求子女遵守法律和传统道德的约束，父母子女之间的代沟比较严重。由于生活上的困难，父母往往为生活奔波，无暇顾及子女的课业，也无法给予适当的爱和照顾，即使回到家，也常已是筋疲力尽，无心情教养子女。另外这个阶层的家庭往往有较多的子女，更增加了问题的复杂性。

无论是哪一种社会阶层，父母与子女之间彼此互信是最基本的要求。互信是指父母信任子女，而子女也信任父母。首先，我们必须知道什么是互信。根据克拉清尼（J. G. Corazzini）的说法，彼此间的互信包括以下几项特质：

1. 相信彼此间会诚实，讲真话，并认真执行该做的事；
2. 相信对方有责任心；
3. 彼此互为榜样；
4. 彼此给予对方某种自由发挥的余地；

5. 对类似情境有一致性的反应；

6. 双方向的来往和互动。

如果父母子女双方能有这样的互信，父母对子女所作所为会相信子女的行为判断力，而子女也会相信父母能了解为什么他们这样做的原因。如果双方能有互信，即双方会以对方为傲，互为榜样。如果父母对子女没有信心，则对子女的行为会处处怀疑，样样俱管，令其子女反感。例如，子女的约会，如果父母信任子女，则父母就不会担心子女是不是会做出违规的行为，也就不会限制子女不能做这或做那，父母会信任子女能自我约束，能适可而止。如果父母不能信任子女，则容易造成不准许子女跟人约会的情形，甚至派人跟踪，造成子女的不满。

为人父母之道的一个基本原则是要如何改变和影响子女的行为，互信是必然的要件，有几个教养子女的方法是可以建立在互信的基础上：

1. 行为的修正（Behavior Modification）

行为的修正主要的是靠赏罚分明来达到。子女有好的行为表现就应该加以酬赏，而且不能拖太久才给予酬赏；同样地，当子女有坏的行为表现则应立即惩罚，使该行为立即停止。等到子女能自动自发约束自己时，赏罚就不必要了。

2. 民主式教养（Democratic Child Training）

民主式教养是要让子女自动自发地在家规之内表现行为，这个家规是经由大家讨论且同意的规范。如果子女能理性地了解家规时，子女就会少犯错。

3. 人文方式（Humanistic Approach）

人文方式是建立在父母子女的沟通上。做父母的应该以同情和谅解的眼光来看子女的问题，替他们着想。持这种方式者不相信体罚会有成效，也不认为奖赏是好办法，父母子女应该互相尊重和沟通。

4. 父母的效率（Parent Effectiveness）

父母作为子女的听众，倾听子女的问题和困扰，提供解决的办法，并且尽可能不责备子女所犯的过错，以间接的方式提醒子女下次如何修正。

从社会学的角度来看，对子女的管教就是要把子女训练成一个遵守社会规范的人，也就是社会化的过程，经由父母兄弟姐妹，孩子把社会规范、文化习俗、价值观念灌输到心里而成为其人格的一部分。小孩在家里从父母及兄弟姐妹身上观察到什么事情是可以做的，什么事情是不能做的。他学会去博取父母的欢心，从父母所施与的赏罚和理喻来修正个人行为。

但是孩子慢慢地也受到家庭以外的成分的影响，因此父母若要成功地管教孩子就必须注意到这些家庭以外的成分的功能。例如，近年来的电视和网络对儿童的影响越来越重要。小孩在两三岁之间就开始看电视和电脑，父母也往往为了自己事情或求取宁静，把小孩往电视机或电脑前一放，让孩子自己看电视和电脑。如果父母不对电视节目加以挑选，则可能影响到自己管教的立场和功能。

另外一个直接影响小孩社会化的非家庭机构就是学校，从幼儿园算起一直到大学毕业，子女有将近20年的时间是受学校的影响。学校担负一个相当重要的儿童社会化角色，其道理是很明显的。在学校里，子女学到新的知识和技艺，也学到如何合群与相处，并且灌输孩子竞争的公平原则。在学校里，孩子知道成绩和表现是评价他人和被他人评价的标准，他必须公平地与他人竞争。在学校里，他也有机会结交一些朋友，学习尊重别人并为别人所尊重。尤其这些友情关系在未来一生中的事业也有相当重要的价值。

总而言之，父母对子女管教的成功与否虽然与本身所采取的立场和方法有直接关联，但是外界的影响也是为人父母者必须加以注意的。

二、中国式的家教

从古至今在中国社会里，家庭一直扮演着一个相当重要的角色，"孝道"是传统中国伦理的基础，"严父慈母"是中国家庭对子女教养的传统分工方式，"相夫教子"一直是妇女的理想角色。儒家思想的五伦，政治系统里的君臣和官民关系无不是家庭伦理的延伸。无论是传统中国还是现代社会，对子女的教养都是相当重视的。

由于受西方心理学或其他行为科学架构的影响，中国人的社会化问题研究或讨论一直呈现片面化的现象。下面主要介绍几种观点。

曾炆煋从人格发展的观点，特别是艾瑞克森的人格发展阶段观点来看中国子女养育及人格发展的过程，他将由孩子出生一直到青年时期分成六个阶段来叙述。

1. 婴儿期：中国为人父母者无不认为婴儿虚弱，需要营养滋补，而且注意小孩的身心舒适，最重要的是以小孩为中心，一哭就喂奶或喂食物。另外，小孩也总是与父母同睡，因此养成日后"好吃善黏"的性格。

2. 孩童早期：中国人对小孩的排泄训练不严格，不重视规律训练，但是却限制小孩的活动和主动性，而且强调如何与人相处，学些适当角色的扮演。

3. 孩童后期：自我控制与批评的训练，重视外来的约束力量，不鼓励好奇心。生活范围扩大到家庭以外，但中国小孩被教导如何去顺从、符合、协调环境，而非征服改造。

4. 少年期：严格管教的开始。在家听父母，在学校服从师长和老师。这个阶段也要求小孩勤奋、努力、求上进，吸引并模仿成年人的经验。这一阶段里，小孩与母亲的关系仍然密切，但对父亲则开始有敬而远之的现象。在社会关系里开始学习到互助的人际关系。

5. 青春期：性的压抑，自我意见的压抑和自我身份的谦虚，造成一种内向型的自我认同，决定自己在社会上所要扮演的角色。

6. 青年期：这个时期的中国小孩虽然有反抗父母的倾向，但是仍然相信权威必胜，尊重权威。独立自主的欲望一直要到结婚成家立业后才能充分获得。

曾炆煋认为："从整个人生过程来看，中国婴儿在早期极为享受、舒适，到了少年期突然接受严格管教，进入负担沉重的青壮年期，到了老人期后，又开始其享有权力与地位之舒适阶段。"❶

徐静也是从发展人格的角色来看中国儿童的人格发展，是以儿童故事为资料，他强调亲子关系里所反映的中国社会化过程。

徐静把人格发展由婴儿期、幼儿期、孩童期、青年期，一直到父母期，然后试图从几部流传较广的儿童故事（其实应该是民间故事）中找出有关的社会化特征，以下是他叙述的摘要。

---

❶ 蔡文辉. 婚姻与家庭——家庭社会学 [M]. 台北：五南图书出版股份有限公司，2005：215~216.

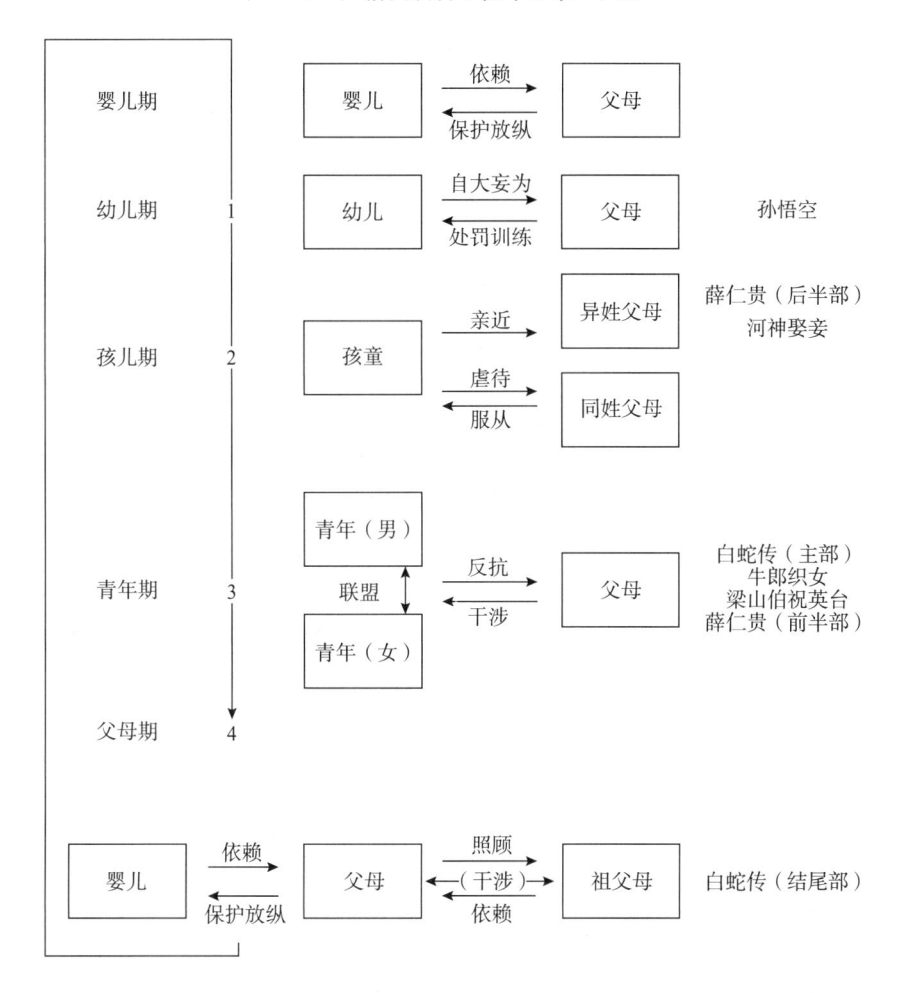

表 4-3　人格发展各阶段中之亲子关系[1]

阶段	关系图示	相关故事
婴儿期	婴儿 ⇄ 父母（依赖／保护放纵）	
幼儿期 1	幼儿 ⇄ 父母（自大妄为／处罚训练）	孙悟空
孩儿期 2	孩童 → 异姓父母（亲近）；孩童 ⇄ 同姓父母（虐待／服从）	薛仁贵（后半部）河神娶妾
青年期 3	青年（男）联盟 青年（女），⇄ 父母（反抗／干涉）	白蛇传（主部）牛郎织女 梁山伯祝英台 薛仁贵（前半部）
父母期 4	婴儿 ⇄ 父母（依赖／保护放纵）；父母 ⇄ 祖父母（照顾／（干涉）／依赖）	白蛇传（结尾部）

徐静还把二十四孝的故事加以分析，他发现：①孝顺的孩子似乎清一色是男孩；②孝顺的对象以母亲为多数；③孝顺的行为表现以喂食父母、牺牲自己，以及照顾父母为多数等特质。

杨懋春和朱岑楼也同意，在重视家族主义的中国社会里，孝的训练与要求是儿童社会化的中心。杨懋春指出：孝道至少有三种含义：①延续父母与祖先的生物性生命，即结婚、成家、生育子女；②延续父母与祖先的高级生命，即教育子女，使他们具有社会、文化、道德上的表现与贡献；③弥补父

---

[1] 蔡文辉．婚姻与家庭——家庭社会学［M］．台北：五南图书出版股份有限公司，2005：217．

母或祖先未达到的愿望,即为祖先光大门第。杨懋春进一步指出,传统中国人有两种认同:一种是以想象中的圣贤、伟人为对象的认同;另一种则是以家传祖先为对象而看齐。朱岑楼认为孝道的训练在培养一种耻感文化性格。这种要求在儒家经典到处可见,而且传统中国的人文环境也适合这种文化性格的滋长。以子女教养方式为例:第一,父母以外的年长权威,包括祖父母、伯叔、姑婶、外祖父母、姨舅,以及非亲非故的乡邻长者,皆有管教的权威;第二,训练与奖惩之执行,截然分明,且不欺暗室,无愧屋漏。

心理学家杨国枢认为在中国的农业经济形态和社会结构下,教养方式所强调的是依赖、趋同、自抑及安分。对这几种特质,杨国枢指出:

1. 传统的中国家庭在教养子女时,特别强调依赖训练,以维护集体主义与家族主义。同时也注重服从以维系上下关系的阶层式社会结构;

2. 中国农业社会在思想上注重正统,在行为上求齐一,也特别注重服从趋同他人的反应,以避免差异行为的出现;

3. 传统中国家庭一向注重子女的自抑训练,对他人的冒犯、批评、争吵以及攻击行为,皆受到严厉的惩罚;

4. 父母为子女培养积极的谦虚忍让性格,不论自己有理无理,都应该谦让别人;

5. 重视安分,也就是适当的社会角色的扮演。安分守己,不求变革;

6. 传统中国教养手段重惩罚,而轻予奖赏;

7. 父母为中心的单方向教养方式。

杨国枢根据上述教养方式的特质发现中国人的性格有下列特质:

1. 社会取向:社会(特别是家族)的利益高于并重于个人;

2. 权威性格:验收"自己人"与"外人"的分别。习惯于服从权威,重视并追求权威感;

3. 外控态度:将个人的成败归诸外在因素,一种被动的无力感;

4. 顺服自然:强调人与自然的和谐关系,认为人与天是不可分的;

5. 过去取向:传统主义的保守取向,缅怀历史;

6. 冥想内修:强调内修的重要性,而贬低外在行动,以减少与外人发生冲突;

7. 依赖心理:一种希望别人加以照顾、保护、支持,及指导的心理需要。

杨国枢认为中国近30年来的社会变迁已经使上面传统中国人的性格有了明显的改变，一方面是因为工业社会不适合上述性格的人，而另一方面也是因为人们改变自己以适应新的社会环境。❶

综合上述几位学者的观点，中国人的社会化过程重视小孩的服从权威、团队精神、内向性以及自我约束，在这个过程中，家庭社会化是惩罚重于奖赏。不过这些特质近几年来已经有了明显的转变，父母对子女的管教比以前民主了很多，比较注意子女的个人意愿。其实无论是传统的严格模式还是现代的开放模式，希望子女成为社会上有用的人的心还是一样的。

以上是对中国传统家庭养育孩子和家教的一个简单探讨，下边，我们就来看一下作为中国少数民族家庭的石村村民又是如何教养孩子的。

三、石村小孩的童年生活

在童年时期，石村的男孩和女孩基本都能受到区别不大的关爱，尤其是在计划生育政策的约束下，各家生育孩子的数量都受到了限制。

（一）饮食

"望子成龙，望女成凤"，是每个父母对儿女成才的期盼，这在每个民族都一样。但是和汉族不同的是，侗族人希望自己的儿女能秉承"温和"的民族性格，掌握生存的本领，这一点，在侗族儿童的饮食选择上就有体现。侗人给婴儿吃的第一餐食物是糯米饭，第一次吃的肉则是鸡爪。在侗人看来，鸡很聪明，能轻易地获得食物，并且很勤快地到处找食，而鸡爪又是鸡赖以生存的工具，所以他们在祭神拜祖的时候，首选鸡做祭拜物。第一次给婴儿吃肉时，要先吃一点鸡爪上的皮，是希望孩子像鸡一样聪明，掌握一套生存的本领养家活口。但是侗人一般不给孩子吃鸭，因为他们认为鸭做什么都慢吞吞的，并且走路的样子很难看，孩子吃了也会像鸭子一样养成慢吞吞的性格。另外，蝌蚪和田螺也都因其丑陋的外形和慢吞吞的个性而不能成为儿童的食物。

儿童成长过程中的食物被人们赋予了某种象征意义，成为人们情感寄托

---

❶ 蔡文辉. 婚姻与家庭——家庭社会学[M]. 台北：五南图书出版股份有限公司，2005：218~219.

的外化体现。在儿童的饮食上,侗人的选择也比较特殊。我们都知道,在汉人社会,人们认为儿童吃鸡爪写字会歪歪扭扭,相反,石村人则认为吃鸡爪会让儿童变得灵巧,体现了侗族对生存能力的重视,但是他们反而认为小孩吃鸡翅膀写字会歪歪扭扭。在汉族地区,麻雀因偷食人们晾晒的稻谷而被憎恨,但在石村,麻雀被赋予聪明的含义,麻雀出色的谋生本领为侗人所欣赏,所以也成为儿童的食物。另外,不能给小孩吃红红绿绿的小鱼,这样小孩会记性不好。为了让小孩忘记前世故事,要给孩子吃半生不熟的田螺丝,或者吃一些红红绿绿的小鱼。除此之外,也不能给小孩吃鸡头,否则小孩长大后很容易脸红,而且脸皮薄。小孩也不能吃牛肉,不然会像牛一样笨。总之,石村人把自己对动植物的观察,加上对孩子聪明伶俐等良好品质的期盼,作为选择儿童食物的依据,其目的就是期望孩子继承侗族温和、勤劳、善良的民族个性。

在石村,母乳喂养要断断续续延续到小孩七八岁,而母乳喂养除了营养方面的需求外,还有丰富的文化内涵。母乳把母亲和孩子联系在一起,孩子可以通过母乳增强个体对社会的信任感和安全感;母亲则可以通过喂养活动,训练孩子基本的生活技能、认识周围人和物的能力,以及良好的心理素质和积极乐观的社会情感等。母婴之间的这种互动是婴儿出生后最初的情感交流,它不仅包括身体接触、物质给予,而且还包含着亲情表达和技能教化,具有丰富的心理和社会内涵,对于个体加强社会认知能力、提高基本生活技能、养成良好人格等方面都起到了积极作用。当然,这也被不少科学研究所证实。人类学"文化与人格"研究的代表人物之一玛格丽特·米德就认为:一个人的成年人格的形成,深受其所处的文化的影响,尤其是不同文化或社会的儿童养育方式,对人的个性形成有着关键性的影响。[1]

(二) 传统育儿保健习俗

在石村,由于医疗保健还不够发达,所以人们通常首选以宗教、鬼魂等信仰来认识自身与环境的关系,解释疾病的发生,解除疾病的威胁。

萨岁崇拜在石村很盛行,萨岁除了被认为是民族英雄、始祖神以外,也被当地人认为是送子神,能保佑孩子的健康成长。所以家里的小孩生病了,石村人都会去祭拜萨岁神,祈求萨神的保佑,据说此招比较管用,祭拜过萨

---

[1] 王铭铭. 西方人类学思潮十讲 [M]. 桂林:广西师范大学出版社,2005:16.

神以后小孩的病就能好。据石村的乡村医生 WHS 介绍，石村直到 1978 年以后才有乡村医生，之前，寨子里村民的身心安全一直是靠巫医结合的状态来维系。直到现在，寨子里还有专门的鬼师，一个人如果生病了，做事不顺利，都会认为是有鬼在捣乱，会去找鬼师。去的时候要给鬼师带一些糯米，请求鬼师做法事，鬼师通过做法，给来人一张符，让其回家烧完就着水喝下去，所有附身的鬼就被驱逐了，这是最简单的驱鬼办法。如果家里有人突发严重的疾病，就会请鬼师来家里做法，鬼师在门口烧三炷香，撒一些米，并念一些驱鬼的咒语，据说这些就可以把鬼驱走。当然，这些方法实际上并不能起多么大的作用，但是由于当地相对落后的医疗条件，使得巫医还有一定的市场，甚至以此闻名乡里。

在石村村民家的木楼上，经常可以看到路边的房柱上钉着一块长四五十厘米、宽二三十厘米的木板，当地人称之为"石敢当"。其实，"石敢当"在我国很多地方都有，是一种保佑平安、驱鬼避邪的神器，主要用来保佑家中幼儿健康成长和家人平安。人们一般在石敢当上画一个灵符，下面写着"泰山石敢摇""一路平安""擂箭大路"等字样。在石村，小孩哭夜可能是因为生病，或者被鬼魂侵扰，家里人都会请鬼师写一块石敢当，挂在三岔路口边上，意思是"把'哭'卖给人家了。"❶

在石村，每个小孩都有一座属于自己的生命桥。每逢年节，家里人都会带上侗布和茶酒去祭拜桥，称为"暖桥"。如果孩子身体不好，则需要给孩子的生命桥添上一根杉木，绑上侗布，焚香祭拜，称为"添桥"。如果家人病危，则要请鬼师举行一个"砍桥"仪式。仪式上，盛两碗水，上架一筷子，鬼师呼唤病人误入他人之桥的灵魂回归，拿刀砍断筷子，意即砍断桥，使其灵魂不再深入。如果仪式后病人能恢复健康，表明灵魂已经回归本身；如果病情继续加重，则说明他的灵魂入别人的桥太深，唤不回来了，可能已经投胎到了别人家，这样，他就会慢慢死去。但是，因为投胎过去的小孩灵魂还不完整，所以也会身体不好。因此，"暖桥"和"添桥"有利于不断增强个体的生命力，实际上也是通过增强桥的神力，使桥的主人获得他人的生命力。

前文提到的认干亲，也是为了小孩能够茁壮成长，此处不再详述。

---

❶ 高梓梅. 生育禁忌文化心理阐释 [J]. 江西社会科学, 2004 (01): 58.

(三) 男孩与女孩的不同游戏

在儿童的成长过程中，游戏起着举足轻重的作用。游戏简单易学，适合儿童玩耍；游戏大都有一定的规则，儿童能够学会简单的合作和竞争；另外，游戏能给儿童带来身心的快乐，也能活络筋骨，利于身心发展。可以说，"游戏是适应儿童身心发展的一种文化娱乐形式，是体育的重要手段之一"❶。在石村，游戏也是儿童成长过程中必不可少的一种娱乐方式。

1. 捉迷藏

捉迷藏是女孩爱玩的游戏，一般由五六个女孩聚在家附近的地方，限定以几家的木楼为范围。在游戏开始前，大家先商量好规则，如被捉到后会有什么惩罚措施等。在游戏第一轮开始的时候，众人一起伸手抓住一根草，齐唱："叮叮当当，晚来追，丁丁达达，尾最大，哪个收慢手挨压。"当唱完的时候大家一起放手，最后放手的那个人要在第一局找大家。等到别的小孩都藏好以后，大家会喊："开始找吧"。那个负责找人的小孩就开始在事先约定好的范围内四处寻找其他小伙伴。孩子们有的躲到了草堆里，有的躲到牛圈里，有的躲到楼房之间的隐蔽角落。第一个女孩被找出后，就被作为下一局找人的人，等到所有女孩都被找出来以后，这一轮游戏就结束了，开始下一轮，依次循环反复。

2. 打仗

打仗是男孩们爱玩的一种游戏。这种游戏一般在山坡上进行，五六个男孩子就可以玩，如果人多更好玩。孩子们一般分成两组，各选一个男孩当队长，以木棍为武器，模拟打仗的格局，开始两军对垒。准备充分以后，队长一声令下，孩子们就冲向敌军阵营。一阵打斗过后，孩子们又玩起了其他游戏。在侗族儿童的世界里，玩游戏并不是为了输赢，而是为了玩得尽兴。

四、石村小孩的不同性别塑造

(一) 生活节律

在传统教育中，对下一代的教育更多是在耳濡目染、潜移默化中进行。儿童的社会化教育，首先就是熟悉本民族、本地方的生活习俗，在生活节律

---

❶ 赵金昭. 传统儿歌、游戏的育人功能与传承 [J]. 洛阳理工学院学报, 2009 (02): 27.

的惯习中对本民族和本地区产生归属感。

在石村，村民一天的生活简单而充实。每天早上五六点，家中的丈夫和女人就起来了，稍微梳洗后出去割草、摘菜。到了上午九十点，回家做早饭，早饭其实也就是中午饭，一般都是三到四个菜，加糯米饭，菜是侗族传统的腌菜等。吃过早饭后，大人就出去放田水、种地了。直到日落时分才收工回家，喂家禽牲畜后开始煮晚饭，晚饭时间大概在七八点，冬天稍早一点，大概六七点钟吃晚饭；夏天则迟一些，要到八九点钟。农忙时节，在早饭和晚饭之间会多加一餐，称为中午饭，但是这一餐基本就是把早上的剩饭直接带到坡上去吃。在节日过后，家中还有粽子、粑粑之类的食物，干活就带上几个充饥。晚饭过后，小孩和男人到河边洗澡，女人则在厨房擦过澡后，开始当天的社交活动。女人们一般到屋前与亲友邻居聊天，男人们则到鼓楼和村里人闲聊。未婚男青年则与伙伴聚到一起，相约到某个女青年家"坐妹"（即行歌坐夜）。

近十多年来，石村的经济状况有了很大改善，人们的生活也发生了很大的改变。村里的年轻人纷纷外出打工，家中的老人变成了主要劳动力，因此，整个村寨的生活也受到一定的影响，基本没有过去那种大家聚在鼓楼聊天的场景了，更看不到年轻人"走妹"的场面。

（二）劳动分工

侗族是一个传统稻作民族，农作物的种植构成了其时间划分和性别区分的主要依据。从儿童到少年、成年，一直到老年，劳动分工对个体的人格塑造起到了很大的作用。

侗族男女儿童从四五岁开始就跟着大人上坡，随着年龄的增大，男女两性的性别区分日益明显。女孩从七八岁开始帮助母亲分担家务，学习织布、绣花等女活，并跟着学唱侗歌；男孩则要跟着父辈学做农活。从十五六岁开始，男孩女孩就可以参加社交活动了。年轻姑娘们晚上相约聚在同伴家一起织布绣花、唱侗歌，等候未婚男性来"坐夜"，然后一起聊天、唱情歌，直到深夜。如果男女青年双方聊得有感情，双方就会交换定情信物，之后履行结婚仪式，建立稳固的婚姻关系，共同为养育下一代而努力。

在侗族社会，男女两性之间的劳动分工并不是非常严格的。一般来说，家务活动中的煮饭、洗衣、清洁、饲养鸡、鸭、猪等工作，以女人为主，但是男性也可以做，而挑水这项活，却是由女人来干，通常以家中的年轻女人为主，主要是未出嫁的女儿和刚进门的儿媳妇，男性不承担这项工作，他们主要是负责砍柴、挑柴、养牛等。像农业生产的大部分工作，一般都是由男女一起承担，包括栽秧、割草、施肥、打谷子等，但是，比较繁重的工作还是由男性来完成。如果家中男性劳动力不够，女性就得承担这些繁重的劳动。在侗族人的观念里，男女两性的分工模式就应该是［男：田/女：地］。

（三）性别期待和性别塑造

在侗族社会中，男孩和女孩在家庭中占据着不同的地位。男孩被认为是家里的顶梁柱，长大以后要负担起赡养老人、继承家业的任务，所以一个家庭至少要有一个男孩，如果没有男孩，可能就会被别人看不起。但是，侗族社会又有着不同于汉族社会的"重男轻女"思想，他们认为，一个家庭里，没有男孩不行，没有女孩也不行，因为侗族有"上月"的习俗。所谓"上月"，就是家中的老人去世以后，他（她）的灵魂要到女儿家享受香火，如果家里没有女儿，就只能到侄女家去。侗族有这样的俗语："鸭是代替不了鸡的。"就是说别人的儿子代替不了自己的儿子，别人的女儿也代替不了自己的女儿。以前，如果家里没有儿子，男主人就会想方设法离婚，再续娶，目的只有一个，就是要一个儿子。如果实在没有儿子，则要过继或者收养一个。在石村，没有招上门女婿的习俗，所以家里没有男孩的一般都是通过续娶或收养的方式来获得儿子。由此可见，在侗族地区，儿子和女儿都是家庭中必不可少的。

在侗族传统社会中，家长对孩子没有建功立业、振兴家门的功利期待，只是期望孩子能够健康成长，继承家业，勤劳善良，掌握基本的生存技能。所以男孩从五六岁就开始帮助干简单的农活，女孩则开始帮忙分担家务。在当地，擅于织布绣花、勤劳能干、礼貌善良、能言善辩、能歌善舞的女孩深受长辈和同龄人的喜爱。同样，勤劳能干、礼貌善良、能弹擅唱的男孩也受到长辈、同龄人的欢迎。在"坐妹"和"月也"的时候，这样的男女青年最受人关注。

五、石村小孩的道德教育

道德教育是家庭教育的重要内容之一，正所谓，父母是孩子的第一位老师，家庭是孩子的第一所学校，家庭对孩子良好性格和品质的形成具有重要的作用，而侗族温和、知礼的特点主要在家庭教育中体现。

在侗族传统教育中，礼仪教育非常重要。在孩子刚懂事的时候，父母就开始教授基本的礼仪知识，例如，如何称呼别人，怎样问候他人，如何待人接物等。在侗族社区，只要在路上遇到人，不管认识与否，都要主动打招呼并让路。如果家里来了客人，也要第一时间打招呼，并热情招待，吃饭的时候，不能挑食，不能把筷子插在饭上，不能随意乱翻碗里的菜，不能在长辈面前翘腿等。不管是在家里还是在公共场所，年轻人都要主动给年长者让座，诸如此类的礼仪还有很多，这些基本的礼仪教育都是从孩童时代就开始抓了，所以，这样的教育也形成了侗族热情懂礼、善良谦虚的良好品质。

侗族人非常重视生产劳动，从小就注重培养孩子热爱劳动、勤俭朴素的习惯。

> 正月砍柴堆放，二月翻地拓荒，三月浸种下秧，四月耙练田塘，五月牛催䐑，六月种棉苗，七月修割田坎，八月铲油茶山，九月锄禾上晾，十月放禾归仓，冬月修补田塘，腊月齐家欢畅。[1]

除此以外，侗人还通过故事、歌谣的形式教育儿女要孝顺父母，长大了报答父母的养育之恩。

> 父母养我们不容易，母亲种布来遮身；白日母去留我哭，留我在家日难熬；母从山来汗未干，喂我奶吃心方安；置我凳上来喂奶，想起母愧记恩情；父母恩情重如磨，谁人发火都不对；谁人不对暗地记，铭记母恩到永远。

> 人来世间靠父母，还在深山地谷靠阎王。还没投胎须辛苦，九个月孕育才出世。还没出生先担忧，只怕河水湍急水卷山坍塌，水流平沙旁阻塞，只担心船只纵行犹如竿子横在路上。没有心恼忧在前，只怕水湍山崩塌，水汹平沙旁成堆，怕船纵滩杆横路，还没养你架东桥，朝着南方修段路，三年五载抚养大，现在成汉弃父母……[2]

---

[1] 陈中午. 中国侗族歌谣故事精选 [M]. 北京：中国文联出版社，2006：19~20.
[2] 赵金昭. 传统儿歌、游戏的育人功能与传承 [J]. 洛阳理工学院学报，2009（02）：27.

六、石村小孩的不同上学经历

在石村,孩子到了六七岁,不论男女,只要身体上没有残疾,都会被家里送去上学。由于各家孩子数量的不同和经济条件的不同,一般来说,家里还是先紧着男孩上学,对于女孩,如果经济条件允许,可以一直上,如果经济条件不好,家长最多让她上到中学毕业,就让她去打工挣钱了。当然,如果女孩自愿辍学,家长也不会强求让她读书,但是对于男孩来说,家长还是希望他多读书,想尽各种方法让他读书。所以在石村,现在村里的三个大学生都是男孩,除了这几个男孩自身优秀以外,还有一个原因就是有家里经济的支持。由此可见,家长对于男孩上学仍然比对女孩上学更为重视。随着九年制义务教育的普及,绝大多数孩子在上完小学以后,都会继续上中学,只有少数因为家庭或者自己的原因选择辍学。

初中毕业以后是否继续上高中,在石村的男孩和女孩中就有了很大的分化。因为,石村的孩子上高中必须要到县城去上,要在学校寄宿,一般一个月只能回家一趟。总体来说,没有几个家庭会选择让孩子继续上学,目前石村只有两个孩子在上高中,一个女孩,是因为家里没有男孩,她在姐妹几个当中学习最好;还有一个是男孩,是家里逼着必须要上高中,剩下的孩子在初中毕业以后都选择了辍学,外出到江浙和广东一带打工。因为在石村人的普遍观念中,女孩子能上到初中毕业就很好了,可以出去打工挣钱养家了;而对于男孩子来说,当然是期望他们能考上大学,但是一般的家长并不对孩子上大学抱很大的期望,一是因为难考,还有就是上高中和大学的花费比较大,所以多数家庭如果男孩不愿意继续上学,也就不再坚持了。但是总体来看,石村人更支持男孩上学。

对于不让女孩在初中毕业以后继续上学,大部分家长都认为女孩迟早要嫁人,再上学就增加家庭的负担,而且上学多了不好找对象,人家也不敢要,所以到目前为止,石村还没有一个女大学生,学历最高的一个是正在黎平县城上高二的女孩。由此可见,石村人在对待男孩和女孩的教育上还是有很大差别的。

小　结

　　本章主要从石村妇女在孕前、生产和育后等各个阶段中的礼仪习俗来看石村妇女的地位变化情况。其中，孕前习俗包括求子仪式，孕育包括生育期间的仪式和禁忌，育后包括诞生礼，即贺生、三朝、满月等仪式过程和养育礼俗。由于在生育和养育的过程中，女性占了主导地位，所以从生育到养育，直到儿童成年，妇女一直起着主要的作用，其中的习俗和禁忌也多是针对女性而设定的，这一方面有利于婴儿的正常出生和发育成长，但从另一方面来看，也束缚了女性的进一步发展。在传统社会中，家庭、学校、社会团体等对男性和女性角色有不同的规范，由此形成男性和女性不同的社会角色，进而影响到男女两性不同的性格和职业，这种规范对于社会分工起到了很大的影响，虽然随着社会的进步在改变，但并未从根本上消除男女两性的社会角色分工，由此导致男女两性在社会上有着不同的角色认同，从根本上也造成了女性社会地位普遍低于男性的局面。对于石村的男孩和女孩来说，在儿童时期一直到初中毕业，所受到的待遇也不是相同的，对于男孩来说，不管是在家庭、还是在社会中，都受到比女孩更多的重视，就连上学的机会，也是男孩多于女孩。由此可见，在侗族社会，女性的地位虽然有了很大提高，但是，相对于男性来说，还有一定的差距。

第五章　石村妇女的生育现状

生育作为人口再生产中的一个重要环节，指的是在一定的社会条件下，男女两性结合生儿育女，繁衍后代的一种人口现象，其中，起主要作用的是生育观和生育行为。生育观作为支配两性生育行为的观念，主要包括生育目的、生育数量、性别偏好、生育质量等。在不同的生育观念影响下，会产生不同的生育行为。本章将重点探讨石村妇女的生育观和由此影响的生育行为，并分析其生育行为和生育观的因素，分析传统生育文化在石村的发展情况以及在此过程中妇女地位的变化情况。

第一节　石村妇女的生育观

所谓生育观，是指人们对生育问题的基本看法和态度，是支配人类生育行为的内在动力，是变革生育行为的直接因素。生育观作为生育文化的核心内容，主要包括生育目的、生育数量、性别偏好、生育质量等问题。

一、生育目的

生育观是生育文化的核心，生育目的又是生育观的核心，因此，生育目的可谓生育文化之基础，有关生育文化的内容都是建立在生育目的基础之上，生育目的的变化会影响到生育观念的变化。

通俗来讲，生育目的就是为什么要生育、生育孩子的动机是什么。因为人不仅是个体的人，还是社会的人，人的活动不仅是为了个人的需要，也是为了社会的需要。动物的两性结合是单纯的生殖问题，而在人类就不能以单纯的生殖为目的，更重要的是为了人生的各种目的而生育。❶ 心理学家马斯洛经过多年的深入研究，把人的需要归纳为五个层次。他认为，人类的基本需要分为生理需要、安全需要、社会需要（归属和爱的需要）、自尊的需要、自我实现的需要五种。从生育的目的考虑，这五个需要层次中已经隐含了生育需要、继替需要和精神需要。其中，生育需要既是最基本的生理需要，也是一种社会需要，更是人们的一种精神寄托。

"生育目的"是个专业名词，人们在生活中并没有这种说法。在石村，当笔者提到"生育目的"这个词的时候，所有被访谈妇女都摇头，不知道是什么意思，当笔者转换说法，问她们为什么要生孩子的时候，答案主要有以下几种：我们那时候哪想过了，有了就生，在我们这个地方，没有孩子会被别人笑话；这还有什么为什么，总得生的啊；没有孩子以后谁养活我们；没有孩子老公和婆婆还要你干什么；孩子多了就能帮着干活，不然家里的活干不完。总结起来，石村妇女的生育目的主要有以下几种：老有所养、巩固自己的家庭地位、增加劳动力、传宗接代等。

> 生小孩的目的当然是为了养老啊，要不然老了谁养我们。（SKL，46岁）

> 不生孩子人家还娶你干什么，不生孩子自己都在婆婆家待不下去了，不用人家说，我们自己结婚就想赶快生个孩子。（SEC，37岁）

> 孩子多了受罪，没有孩子也不行，没有帮忙干活的，老了也没人养，过年过节也不热闹。（STY，63岁）

> 结了婚不就是要生孩子，不生孩子还结什么婚。（SRB，25岁）

综合受访妇女的回答，不难看出，"老有所养"是石村妇女最主要的生育目的，而且生育不仅是要在经济上有保障，也是为了在精神上有所寄托，比较来看，精神寄托的愿望似乎更强烈一些。除此之外，"传宗接代"也是石村妇女的另一个生育目的，虽然有些妇女没有直接提到传宗接代的说法，但是从她们流露出的"延续香火"的思想可以看出，在石村妇女的内心深处，"传

---

❶ 张纯元，陈胜利. 生育文化学 [M]. 北京：中国人口出版社，2004：72.

宗接代"一直占据了她们生育的首要位置，也是她们巩固自己在家庭和社会地位的一个重要手段。

二、性别偏好

性别偏好是人们在生育过程中对子女性别的看法和价值取向，是生育文化的重要内容。在人类的生育史上，性别偏好观念随着人类社会的发展而变化，不同的社会发展阶段会表现出不同的性别偏好。研究表明，从原始社会到现代社会，性别关系大体经历了四个发展阶段，即原始社会的"重女不轻男"和"重男不轻女"阶段，封建社会的"重男轻女"阶段以及现代社会趋向"男女平等"阶段。❶ 这种"重男轻女"思想在侗族社会的体现，主要有以下几个方面。

1. 养儿防老

不同的婚姻模式能赋予男孩女孩不同的社会功能和社会价值。在侗族传统的男婚女嫁婚姻模式下，衍生出从夫居的婚居模式，在原则上使得女儿不能为娘家父母提供足够的经济资助和生活照顾，因为女儿在出嫁以后，就变成了"外人"，为了避免家庭利益受到损害，女孩被剥夺了继承家产的权利，同时也失去了赡养亲生父母的权力，从而使得儿子成为父母养老的主要承担者。因此，就产生了养儿防老的实际需要，进而刺激和增强了人们的男孩偏好。

2. 传宗接代

在石村，有这样一句谚语："树怕断根，人怕绝后。"在当地妇女看来，生男孩不仅是养老的需要，是对家族血脉的传承，更是自己在夫家地位的保证。在血缘传承观念的影响下，人们已经把自己看作是延续家族血脉的一个环节，把这种链环继续延续下去是自己不可推卸的责任和此生最大的生活目标，任何人都不允许祖辈传递下来的链接在自己这一代断裂。所以，如果家里生了男孩，全家人甚至整个家族都很高兴，相应地，妇女的地位也就得以确立；如果生了女儿，孩子和大人都会受到冷落。在石村花桥旁的"栽岩"碑文上，第九条就有这样的规定："婚后无育，双方同意，经寨老裁决可以离

---

❶ 张纯元，陈胜利. 生育文化学 [M]. 北京：中国人口出版社，2004：127~128.

婚，其财产，男的归男，女的归女。离婚后男婚女嫁互不相干。"由此可以看出石村人对子嗣的重视。

3. 财产的单系继承

根据侗族的财产继承制度，家庭中的大部分财产都是留给男性的，女性只能在出嫁的时候能得到少量的"姑娘田"和嫁妆，如果女儿嫁到别寨，在其死后"姑娘田"均由房族收回，即"姑在姑吃，姑不在收回"，这种规定可以用"肥水不外流"来概括当地家产的继承限于男性的原因。由于侗族一般都是聚族而居，同姓不婚，所以他们的通婚圈就限于不同血缘的某个固定族群，进而形成了双方不同的家族利益，女孩出嫁后带走财产就是对娘家利益的损害，族人对此有权过问和干涉，姑娘在嫁入夫家后，地位的确立往往只能靠生育一个可以传承血脉和继承财产的男孩。因此，生育一个可以继承家产的男孩就成为每个家庭最首要的生育需求。

除此以外，受汉族"重男轻女"思想的影响，也使侗族民众产生了强烈的男性偏好。但同时，相对于汉族地区来说，侗族又有强烈的"儿女双全"倾向，主要有以下三个方面原因。

首先，在家产分配上，男孩的增加会直接减少有限的家庭资源，从而导致贫困，而由于女孩不继承遗产，所以在生育一个男孩以后生育女孩，就可以避免这个问题。费孝通先生在《生育制度》中认为，在社会继替过程中，若是一家有了两个以上的儿女，结果免不了沦入贫困的境地，所以人们实行了人口的控制，包括堕胎和杀婴，使人地的比例不会改变。❶

其次，"儿女双全"是家庭"亲情消费"的需要。当地侗谚称，"家有三男不为贵，家有一女似神仙"，人们认为女孩情感更加细腻，更善解人意，更加体贴父母，而且女孩的"亲情消费效应"和男孩的"养老保障效应"互补，是一种"理想型"家庭结构。

最后，儿女是家庭社会关系网络横向延伸的需要。儿子具有传宗接代、继承财产、保证家族纵向发展的功能，女儿则具有扩大社会关系网络，壮大家族势力的功能。因此，只有实行"儿女双全"的生育模式，才能实现人们现实和情感的需要，当然，这也是当地民众生存的智慧。

---

❶ 费孝通. 生育制度 [M]. 北京：北京大学出版社，1998：5.

总之,"儿女双全"的生育模式在重视生男的同时,也强调了女孩的重要性,在一定程度上有利于性别的平等。

笔者在石村调查过程中,多数妇女对生育的性别偏好是这样看的:

我这辈子没有儿子,受尽了别人的欺负,要是有个男孩,别人也不敢小看我。(STY,48岁)

我第一胎生了个女儿,婆家人都不高兴,后来生第二胎压力很大,幸亏生了个男孩,要不我就没法活了。(SRY,34岁)

我现在只有一个女儿,但是我还不想再生,现在社会,有个女儿更好,我们家就有三个哥哥,可是现在还不是我照顾父母多,我觉得还是女儿好,而且到现在,婆婆家还没有说让我再生,现在人思想都开放了,不一定非要有男孩,可我丈夫还是想让我再生个男孩。(SGD,26岁)

通过调查发现,虽然石村的"重男轻女"思想不是那么严重,但还有部分人坚持着生男孩的想法,只是整体趋于弱化,尤其是近年来随着年轻人文化水平的提高和外出打工机会的增多,这种思想在年轻女性中越来越淡化,但是要从根本上消除男性偏好思想,还需要很长一段路。

三、生育数量

生育数量的选择主要反映了人们对生育孩子的数量要求,这不仅体现了家庭的需要,也是社会经济发展的需要。在传统社会,普遍存在着"多子多福"的思想,而且是认为男孩越多越好。笔者通过调查发现,在石村,对生育数量的选择主要有以下四种:60岁以上的妇女普遍希望越多越好,尤其是要多生几个儿子;40~60岁的妇女则认为双儿双女最好;25~40岁妇女理想的生育数量是一儿一女;而25岁以下的年轻妇女则认为生育一个就足够了。通过不同年代的人对生育数量的看法,可以看出人们的思想在进步,同时也说明国家的计划生育政策在少数民族地区已经取得了较大的成就。

笔者在石村调查期间,当明确提出"想要几个小孩"的时候,不少妇女不假思索地表示从来没有考虑过这个问题,尤其是没有结婚的年轻女性,都表示没有考虑过此类问题,那是结婚以后的事情。在访谈进行到一定程度以后，被访谈妇女才开始讲述自己对生育数量的期望值。以下几段访谈最能代表不同年龄阶段妇女对生育数量的看法：

> 我们那个年代没有实行过计划生育，只要有了就都生下来，不像现在，还限制生几个。我有6个孩子，3个女儿3个儿子，还生过两个，没活下来，我还是喜欢孩子多，多了过年过节热闹，现在不让生，孩子少了，没意思。(SRY，69岁)

> 我们那时候刚开始实行计划生育，管得还不严，说是只让生两个，可我觉得两个太少了，双儿双女最好，可是我自己不争气，连着生了4个女儿，这只能怪我命不好。(SKL，46岁)

> 我们那会计划生育管得严，只让生两个，大家都想生一儿一女，这样就圆满了，我算是命好的，头胎就生了个小子，婆家很高兴，对我也好，第二胎就无所谓了，不过我心里想要个女孩，女儿贴心，后来正好也生了个女儿。(SCD，36岁)

> 现在计划生育严格，虽说我们少数民族可以生两胎，但是也有条件，中间要间隔4年以上，从我自己来讲，不管男孩女孩有一个就够了，现在养孩子成本高，生多了养不起，我两年前生了儿子，婆家还想让再生一个，我和老公都不想要，就偷偷上环了，这辈子能把儿子培养好就够了，要那么多一个都培养不成也没用。(SXC，24岁)

四、生育质量

生育质量，笔者将其理解为人们对出生婴儿健康和养育过程中各个方面的期望，通俗地讲，就是优生优育。我们的先民很早就有了优生的意识，并在长期的实践中形成了许多有关优生的知识和习俗。如侗族的"同姓不婚""同宗不婚"习俗，从某种意义上就促进了民族人口的优生。近年来，随着国家计划生育基础知识的普及，关于婚前优生指导、新婚与避孕、幼儿早期教育等优生优育常识已经深入人心，极大地保证了新生儿的质量。关于优育，家人为新生儿举行的各种仪式和礼俗，归根结底都是为了使其健康成长。同时，家长在其成长过程中灌输的各种教育，都是为了自己的子女能够健康成长。

过去，人们对优生优育没有足够的认识，对孩子的生育和养育基本说是顺其自然，而随着人们经济生活水平的提高和文化素质的增长，对下一代的抚育越来越科学和重视。现在，年轻夫妇一旦准备生小孩，怀孕前就会做很多准备工作，以确保顺利怀孕，怀孕后也不再像前辈那样照常劳作，而是开始注意加强营养，并且减少甚至停止体力劳作，还定期去医院检查，以确保生一个健康聪明的婴儿，所以现在很少有不健康的婴儿出生。在小孩的成长过程中，家长也开始重视教育。

> 我们以前怀孕了还是像平常一样要每天上坡做活路，临产前几天才能休息，如果碰上农忙季节，家里人手不够，直到临产前都在干活，还有的就把孩子生在坡上了。(SKL, 46 岁)

> 我们以前的人都不值钱，不像现在的人，还没怀孕就开始花钱，怀孕了更是什么活路都不做，还要人伺候，还是人家现在的人会享福。(STB, 52 岁)

> 我生了五个孩子，每个都是刚坐完月子就上山做活路，孩子扔给婆婆带，可我儿媳妇，现在孩子都3岁了，还是每天只围着孩子转，什么活也不干，还要让我伺候，说是不放心我带孩子，我的五个孩子还不是我自己带大的，也没什么差错，老三还是村里的第一个大学生呢。(SRC, 58 岁)

> 现在教育小孩不像以前那样只认识自己的名字就行了，各方面的教育都要跟上，所以我的孩子我都是自己带，老人带容易宠孩子，养成不好的习惯，我现在就想着把孩子带好，让他接受好的教育。(STM, 28 岁)

总之，计划生育知识的普及，民众文化素质的提高，信息的发达，思想的解放，等等，都有利于生育质量的提高。

第二节　石村妇女的生育行为

西方学者认为，生育行为是一个极为丰富和复杂的心理权衡过程，整个生育行为都伴随着心理变化。当代西方人口学者对生育的社会心理方面的研究，主要集中在生育决定的内容、过程和决策上。他们认为，人类的生育力（每个妇女平均生育能力）与人类期望的生育不仅时常不一致，而且往往高于期望值，于是对生育行为的控制就既有必要，也有可能。这种生育期望值，无论是受外界因素的限制，还是作为主观愿望，都是最终要通过心理活动进行并决策的。因此，生育对育龄夫妻可以说是一种预先的期望，或者就是一种对生育的预期。❶ 以现代西方经济学的经济预期理论为基础，可以把生育的心理预期划分为：盲目生育预期、适应性生育预期和理性生育预期。所谓盲目生育，顾名思义，就是不加控制的任意生育；当生育受到人为政策的影响时，生育预期就处于适应性的生育期；当生育成为一种理性行为时，生育预期就变成了理性生育预期。

一、石村20世纪50年代及以前出生妇女的生育行为

笔者根据石村的户口登记簿和镇计生办的户籍卡信息，列出了石村村民的家庭生育情况。通过调查发现，这一时期村民处于一种盲目生育的状态，对生育的数量和质量都没有任何的认识，只是顺其自然。由于过去农村医疗条件有限，再加上没有去医院生产的习惯，被访谈的妇女中80%以上都曾有至少一个孩子夭折，最多的一个妇女今年65岁，共生育过8个孩子，但是其中的5个都夭折了，只留下来两个女儿，一个儿子。另外，还有部分家庭出现过因为生育孩子过多无法养活而人为溺杀婴儿的情况，一般溺杀婴儿的事情外人都不知道，笔者在调查期间，通过另一位主要采访人得知，当地确实有溺婴的现象，但是被溺死的一般都是女孩，大多是采用被子蒙或生下来不喂养任其死亡的办法，因为在当地人看来，孩子只有过了周岁以后才算人，

---

❶ 胡伟略. 人口社会学 [M]. 北京：中国社会科学出版社，2002：117~119.

所以把刚生下来婴儿溺死，不会有任何负罪感，溺死刚出生的婴儿和杀死一只动物没什么区别。除去这些夭折的孩子和因为养不起而溺杀的婴儿以外，只有一户人家是独生子女户，主要是因为这户人家的女主人在生育了一个儿子后就去世了，男主人怕再娶一个对自己的儿子不好，就没有再婚，成为50年代以前出生人员中唯一的一户独生子女户。

表5-1 石村20世纪50年代以前出生妇女的家庭生育情况　　　单位：户

生育情况	40年代出生的妇女	50年代出生的妇女
独生子女（女）	0	0
独生子女（男）	1	0
一胎男二胎女	2	3
一胎女二胎男	1	0
二胎均为男	3	5
二胎均为女	0	0
一、二胎女三胎男	8	3
三胎均为女	1	0
一、二、三胎女四胎男	4	7
四胎以上	7	5
总计	27	23

二、石村20世纪60~70年代末出生妇女的生育行为

在石村，20世纪50年代及以前出生的妇女们由于没有受到人为政策的影响，生育预期处于盲目生育期（见表5-1）。而当生育行为受到约束时，这个阶段的生育预期便开始处于适应性的生育期。在这一时期，人们可能从感性上开始知道生育多对社会、家庭及个人都有不利，但是他们掌握的信息还不完全。或者说还有一些不准确的信息，从而预计多生孩子会带来更多的效益；又或者是对政府的控制生育政策不太理解，对家庭生育计划还不能完全接受，因而只能被动地采取一些避孕节育措施，在这两种情况下，人们所做出的就是适应性的生育预期。适应性的生育预期没有准确的目标，会造成生育率的各种差别，有的人群或地区生育率很低。有的人群或地区生育率很

高。❶ 因此，适应性的生育预期是不稳定的，是缺乏理性的，不是合理的生育预期。石村 20 世纪 60～70 年代末出生妇女的生育心理正是适应性生育预期的很好体现（见表 5-2）。

表 5-2　石村 20 世纪 60～70 年代以前出生妇女的家庭生育情况　　单位：户

生育情况	60 年代出生的妇女	70 年代出生的妇女
独生子女（女）	0	0
独生子女（男）	0	0
一胎男二胎女	1	4
一胎女二胎男	3	12
二胎均为男	6	10
二胎均为女	0	1
一、二胎女三胎男	9	15
三胎均为女	0	2
一、二、三胎女四胎男	3	1
四胎以上	5	2
总计	27	47

根据国家规定，计划生育一孩政策在 1980 年开始在石村落实。1980 年之前的两年里是计划生育政策的过渡时期，以控制多生为主，即把生育数量控制在两个孩子以内，从 1980 年开始，全面实行一孩政策。而在贵州省，贵州省革委会于 1979 年 6 月颁发了《贵州省计划生育暂行办法》，把国家计划生育政策的"晚、稀、少"具体化，规定"每对夫妇生育子女最好一个，不得超过两个，生育间隔三年以上"。具体到少数民族，政策放宽为"人口在一千万以下的少数民族，允许一对夫妇生育二胎，个别的可以生育三胎，不准生四胎"❷。突如其来的计划生育政策，让村民们开始感到不适应，那些逐步进入生育年龄的青年女性还不能适应和理解国家提出的计划生育政策，不能接受对生育数量的限制，再加上长期以来对男孩的追求，使得这些妇女们开始想尽各种办法逃避计划生育的检查。虽然根据规定，当地的妇女可以生育两胎，但是这远远不能满足她们的生育要求，在她们看来，虽然不能像前辈那样想生

---

❶ 胡伟略. 人口社会学 [M]. 北京：中国社会科学出版社，2002：121.
❷ 王浩. 贵州省计划生育政策实施成效评析 [C]. 贵州大学硕士论文，2008：8.

几个就生几个，但至少要保证有一个儿子，而在大部分妇女的心目中，最理想的生育模式是"双儿双女"，所以她们会想尽各种办法达到自己的生育愿望。

通过调查发现，在 60～70 年代末出生的妇女中，共有 7 位妇女生育超过四胎，她们超生的唯一原因就是为了生 1 个儿子，其中有 2 个妇女都是生了 6 个女儿，最终放弃继续生育；而其他 5 位妇女中，3 位在生育 4 个女儿之后生了 2 个儿子；另外 2 位则分别有 4 个女儿，1 个儿子。而在总共 74 位被访谈女性中，没有违反国家计划生育政策的共有 37 位，占到总访谈数的一半，也就是说，有 50% 的妇女违反了计划生育政策。由此可见，在当时违反计生法超生的现象是司空见惯的。在 50% 违反计划生育政策的妇女中，超生的前两胎都是女孩，甚至有 2 位还生了 2 个男孩，由此可见，男性偏好现象在石村妇女中是较为严重的。所有这些现象也说明，无论国家实施计划生育与否，石村妇女都希望自己至少有一个男孩，这也在一定程度上强化了人们对孩子的性别偏好。

三、石村 20 世纪 80～90 年代初出生妇女的生育行为

由于侗族地区长期流行早婚早育的习俗，所以在石村，90 年代出生的女性也开始结婚生育，因此，笔者在统计的时候，把 90 年代初出生的女性也列入统计表中（见表 5-3）。

表 5-3　石村 20 世纪 80～90 年代以前出生妇女的家庭生育情况　　单位：户

生育情况	80 年代出生的妇女	90 年代出生的妇女
独生子女（女）	1	5
独生子女（男）	2	6
一胎男二胎女	9	2
一胎女二胎男	7	1
二胎均为男	4	2
二胎均为女	2	1
一、二胎女三胎男	3	0
三胎均为女	1	0
一、二、三胎女四胎男	1	0
总计	30	17

笔者在对石村 20 世纪 80～90 年代初出生妇女的生育情况调查时发现，

这个年代的女性在生育选择时显得很有理性。育龄妇女在决定其生育行为时，都能预先周密地考虑自己的生育行为对家庭经济和个人的影响，以此选择效果最佳的生育行为，而主动避孕节育等行为和措施都说明这个年龄段的育龄妇女进入了理性生育预期。在石村 47 位 80 后的年轻女性中，共有 14 位女性选择了只生育一胎，其中，6 位妇女生的是女孩，8 位生的是男孩，但是在 6 位生育女孩的妇女中，都有生育二胎的想法，其中 3 位已经怀孕，剩下的 3 位也在为生育二胎做准备。在 8 位生育男孩的妇女中，只有 3 位明确表示不打算再生育，而剩下的 5 位则有生育二胎的想法，她们觉得一个孩子太少，以后养老孩子的负担太重。这里有必要说明一下，在侗族地区，如果家里有两个儿子，老人老了以后父亲跟大儿子生活，母亲跟小儿子生活，如果只有一个儿子，则父母双方就要跟儿子生活，这样儿子的压力太大。如果家里没有儿子，老人则需要靠自己养老，因为在石村，没有招女婿上门的习俗，所以这也是大家不放弃生育男孩的行为，这应该是一个主要原因。在笔者调查期间发现有一个特例，一位生育了 3 个女孩的 80 后妇女，婚后接连生育了三个女孩，本来还打算再生育，但是被镇计生办的人强行拉去做了女扎，所以再没有生育的机会了，到现在，这位妇女说起这段往事还义愤填膺，大骂当地计生办的人，同时也为自己此生没有儿子感到遗憾。

通过以上分析可以看出，到了 20 世纪 90 年代中后期，石村的人口再生产类型已经基本实现了由高出生、低死亡、高增长到低出生、低死亡、低增长的历史性转变。但是生育率的下降，并没有完全消除石村妇女对男孩的偏好，这也就增加了当地计生部门的工作难度，因为当地民众在生育过程中，为了生育一个男孩，会想尽各种办法逃避，所以也给当地的计生部门工作带来较大挑战。

第三节　影响石村妇女生育观念与生育行为的因素

国家生育政策、家庭收入水平、受教育程度等整体的社会观念与生育行为和生育观念存在密切的关系。生育观念往往决定着人们的生育行为，而最终生育行为取决于社会经济和制度环境的允许范围。生育行为和生育观念的转变是人们对所处经济、社会、文化、政策等方面的综合反映。

石村妇女的生育行为和生育观念是由经济、文化、制度、政策等多种因素同时起作用的,其中很多因素还互为因果,彼此促进,但整体上都有利于黔东南地区计划生育政策的实行。下面,主要从经济因素、文化因素、政策因素来分析影响石村妇女生育观念和生育行为的因素。

一、经济因素

经济是社会的命脉,社会的发展需要经济的支撑,自改革开放以来,中国的经济在突飞猛进。经济的发展促进了城市化的进程,加快了城乡人口流动,提高了农业的机械化程度,从而最终改变人们的生产生活方式。

虽然石村只是一个小小的侗族村寨,但是通过前文对石村妇女生育行为和生育观的分析,可以大致描绘出整个侗族地区在生育行为和生育观上的态度。从石村几代妇女在生育数量上的变化,可以看出,她们在对待生育数量这个问题上,主要是基于养育孩子的成本和从孩子身上得到的经济和精神回报,尤其是经济利益的回报。但是,她们在考虑减少生育数量的前提条件是必须要生育一个男孩,也就是有明确的性别偏好,当然,这也是中国农村生育行为和生育观的核心,但是在侗族地区,这种思想要更严重一些,这可能与当地的家庭养老方式有关,因为家庭养老主要靠的是留在家中娶妻生子的男孩,而不是嫁出去的女孩,所以在当地妇女的心目中,没有男孩就没人养老,自己的老年生活将会很凄惨。因此,她们在生育性别这个问题上,一致都选择生育男孩,因此出现了为生育男孩倾其所有,不惜一切代价的现象。著名人口学家贝克尔关于生育成本曾经提出这样的假设:如果孩子的净成本是正值,即父母投入的抚养费高于孩子提供的收益,则对孩子的需求就会降低;反之,如果孩子的净成本是负值,即父母投入低于收益,则对孩子的需求就会升高。[1] 根据笔者在侗族地区的调查,发现随着打工潮的出现和生活成本的提高,生育和养育子女的经济成本也随之上升,因此,村民普遍对生育数量的需求表现出下降的趋势。但是对于生育的性别,却没有任何大的改变,都是要不惜一切代价地生一个男孩。

---

[1] [美] 贝克尔. 家庭经济分析 [M]. 北京: 华夏出版社, 1987: 94.

在侗族地区，除了外出打工以外，剩下还是主要以农业为主，所以，从实际角度考虑，男性作为土地上的主要劳动力和家庭收入的主要创造者，成为父母偏爱的对象。近年来，随着打工潮的出现，年轻男女都选择外出打工，从收入来看，男女都成为家庭收入的创造者，在经济地位上越来越趋于平等。但是如果将男女的收入放进家庭日常生活中来考察，就会发现，在石村，外出打工的男女对自己打工收入的支配是不同的，男性一般是把收入全部投入家中，而女性只投入少量一部分，剩下的大部分都存起来，作为自己将来出嫁时置办嫁妆的费用。通过对打工收入的分配，可以看出，在石村，家庭负担主要还是由男性来承担，女性只是起到了辅助作用。在女孩出嫁之后，老人的养老问题就落在了家里的男性身上。因此，在侗族这样一个以家庭养老为主要养老形式的地区，生育一个能够为自己养老的男孩就显得尤为重要，所以，这也是为生育男孩不惜超生现象出现的主要原因。

但同时，由于抚养孩子的经济成本提高，使得石村妇女开始重新审视自己的生育行为。现如今，多生育一个孩子再不像过去那样仅仅是多一双筷子和一只碗的事情了，而是需要投入较大的经济成本。在过去，由于受社会发展、经济落后的限制，人们并不需要去为孩子创造良好的生活条件和教育机会，老大穿过的衣服老二可以继续穿，一直往下传，依次接力；同时，父母也不需要花多大精力照顾孩子，因为年长的可以照顾年幼的，家长不需要投入过多的精力。相比低生育成本，子女数量的多少直接影响着家庭的收益，也就是说，养育孩子的效用大于成本。而现在，随着家长对教育的重视，养育孩子的成本大大提高，而效用大幅降低，综合这两方面的原因，使得石村妇女自觉减少了生育数量。但是总体来看，石村妇女对男孩的偏好还是比较严重的，只不过受经济因素的影响，这种偏好有降低的趋势。

总之，经济在带动社会发展的同时也推动了文化的进步，石村妇女在享受经济发展带来的美好生活的同时，思想也在不断发生转变，传统生育行为和生育观念也在发生变化，传统生育文化正在向新型生育文化方向发展。

二、文化因素

在侗族地区，虽然儒家文化的影响不像汉族地区那么严重，但是随着20世纪90年代打工潮的出现，汉文化的影响也越来越严重。加上侗族传统的重男轻女、多子多福、养儿防老思想，决定了侗族地区社会性别的不平等，而这种不平等主要是由传统文化造成的。在石村，普遍存在男女有别，生女孩无用的思想，这种思想已经成为一种观念，深深印刻在每个人的心里，甚至连女性自己都认为自己对家里做不了多大贡献，所以在她们为人妻后，也是急切渴望能赶快生一个男孩，好巩固自己的家庭地位。

通过上文对石村妇女生育行为和生育观的经济因素分析，我们发现，虽然不同经济收入、不同年龄段的妇女在生育行为和生育观上有一定的差异，但是生育男孩却是各个不同年龄段妇女的共同生育目的。美国社会学家威廉·奥格本提出了"文化滞后"的理论，也有学者译为"文化堕距"理论。文化滞后论认为，相互依赖的各部分文化在发生变迁时，各部分的变迁速度是不一致的，有的部分变化快，有的部分变化慢，结果就会造成各部分之间的不平衡、差距、错位，由此造成社会问题。"物质文化"总是先于"非物质文化"（奥格本称之为"适应文化"）发生变迁，物质文化的变迁速度快于非物质文化，二者不同步，就产生差距。就非物质文化的变迁来看，先是制度发生变迁，其次是风俗、民德变迁，最后才是价值观念的变迁。❶ 具体到石村，随着社会的不断进步，制度、风俗等都发生了一定或者较大的改变，但是生育男孩的目的却一直没有发生根本变化。笔者认为，这种现象存在的根本原因是当地以家庭为主的养老方式，因此，只有改变传统的农村养老体制，这种生育观念才可能发生根本性的变化，否则，这种早已内化于男女两性意识形态的男性偏好就会长期存在。

除了传统文化的改变以外，随着时代的变迁和社会的进步，石村的家庭文化也在影响着妇女们的生育观念和生育行为。年轻女性的婚姻不再像过去那样由父母包办，而是可以自主选择结婚对象，家庭一切事物都由夫妻双方协商决定。女性在经济上的自立和其自主意识的增强，也在很大程度上影响着家庭的生育行为。养育孩子成本的增加，再加上社会养老制度的完善，使得原有的家庭功能有所削弱，尤其是多子多福的思想。但同时，虽然传宗接代已不是家庭的主要功能和生育的首要目的，但希望生育男孩的思想一定程度上还存在于已婚女性的潜意识中，只不过男孩和女孩的地位差别不再是那

---

❶ 郑杭生. 社会学概论新修 [M]. 北京：中国人民大学出版社，2003：86.

么大，最重要的是，人们普遍开始重视生育的质量，重视孩子的生活质量和教育质量。生育孩子不再是纯粹为了满足家庭劳动力的需要和传宗接代，更多是从家庭完整性、稳定性和和谐性上考虑，这也有利于新型生育文化的实施。

三、制度因素

经济和文化因素都是出于民众自身的主动追求，而制度因素在村民生育过程中所起到的作用却是最直接的，表现出极大的刚性。对石村妇女生育行为真正有直接影响的制度因素，一个是家庭联产承包责任制，另一个就是计划生育制度。

(一) 家庭联产承包责任制

直到今天，对广大农民而言，土地仍然是最重要的生产资料，直接关系到农民生存大计的家庭联产承包责任制，就与农民的生育之间发生了直接的联系，对于石村妇女来说，这一制度也与她们的生育行为息息相关。家庭联产承包责任制的实行，确立了农户对土地的独立经营权，但是土地仍然公有，只是将原来农民对土地的收益和福利均分化，显化为对土地的均分权，从而使得刺激人口增长的机制继续保留在一个经济结构变化不大的村庄里，土地具有了很大的经济作用。当人口增加、人地矛盾加深时，土地的稀缺程度就会提高，这种状况的累积必然使家庭人口多的农户多分地，人地比例越高，土地调整的频率就越高。因此，使多生育成为获取更多生产资料的最佳方式，可以说，家庭联产承包责任制的实行在一定程度上刺激了人口的增长。虽然石村和贵州的大多数农村一样，在1980年就实行了"生不增，死不减"的土地制度，但是并没有根除土地对生育的刺激作用，只是起到了一定的缓解作用，只有在人地矛盾进一步加剧的情况下，才可能从根本上改变人们的生育行为。

(二) 计划生育制度

计划生育制度作为旨在控制人口增长速度，实现人口与社会、经济协调发展的政策行为，有着严密的组织体系。就其产生的整体背景而言，直到今天，现代生育文化所要求的社会经济基础与现实的经济基础之间依然存在着一定的反差，作为现代生育文化象征和核心内容的价值体系与价值标准，也与传统的生育文化观念习俗并存，且尚未形成科学的体系，因此，支持计划生育的主要力量来自于政府的行政手段。毫无疑问，在特定的条件下和特定的时期内，行政手段是必要的，往往也是有效的。改革开放以来，我国在短短 20 多年里，就创造了人口发展史上的奇迹，完成了人口再生产类型的转变，但是，这一奇迹主要是建立在行政的强制制约基础之上，并非完全出于人们自觉自愿的理性选择。从长远来看，单纯用行政手段调控生育行为，人口增长就会呈现易反弹、多反复、不稳定等特点。1974 年以来，我国开始实行较为严格的计划生育政策，特别是 1978 年以来，明确规定一对夫妇只能生一个孩子。计划生育政策的实行，使得人口过快增长的局面得到了有效的控制。受计划生育制度的影响和制约，石村妇女的生育行为也发生了较大的改变，有利于新型生育文化的实行。

四、政策因素

目前，在侗族地区，社会政策对生育行为和生育观的影响主要有计划生育政策、新型农村合作医疗保险政策以及对双女户、独生子女户的奖励政策。计划生育政策在侗族地区的全面推广始于 20 世纪 80 年代中期，这一政策的实行，强制性地遏制了人口的过快增长，有助于人民生活水平和人口素质的提高。在石村，当地政府为了鼓励自觉执行计划生育政策的村民，给予生育两个女孩后自愿选择结扎的村民夫妻双方每人每月 60 元的生活补助，这项措施的实行在一定程度上遏制了超生现象。对于那些不顾政策坚决要超生的人员，当地也制定了相应的经济处罚措施，根据超生的孩次处以 8000～38000 元不等的社抚费，迫于经济压力，这些超生人员也会慎重考虑自己的行为，除此之外，还有其他一些针对超生现象的政策法规，这里不再赘述。所有政策的实行，都是为了缓解当地的人口压力。

另外，贵州省根据国家实行的新型合作医疗制度，在当地相应制定了相关政策。在石村，只要是农村户口，每人每年交 10 元钱，当他生病住院以后，政府就会报销 60% 到 80% 的医疗费用。对于那些双女户和独生子女户，也有经济上的奖励，当夫妻双方满 60 岁以后，就可享受到每年 600 元的养老补助，这些政策对于鼓励少生都起到了很好的作用。哈瑞斯说过："我们正在用老年保险和医疗保险的办法取代工业化以前孩子照看老年父母的制度。当

这一过程完成以后，父母孩子之间真正反哺关系的遗迹也就消失。"❶

虽然在现阶段的侗族地区，民众还不能完全接受没有男孩的思想，但是相信随着政府新农合政策的完善和对双女户、独生子女户奖励政策的持续实行和推广，"养儿防老""重男轻女"思想会越来越淡漠。

第四节　传统生育文化在石村的变迁

所谓传统生育文化，是指早生、多生、"粗放式"养教的生育文化。"多子多福""母凭子贵""多福、多寿、多男子""不孝有三，无后为大""养儿防老""传宗接代"等，都是传统生育文化的主要内容。其特征主要表现为早婚、早育、多育、重男轻女以及粗放式养教后代的模式。

新中国成立以来，我国的生育文化经历了四个阶段：第一阶段为20世纪五六十年代的"前转变时期"，主要表现为由于受到鼓励多生育的舆论和政策的诱导，使得生育处于一种自发状态，出现了极高的生育率。第二阶段为70年代的"转变时期"，这主要归功于国家计划生育政策的实行，使得生育率开始下降。第三阶段为80年代的"复归时期"，也就是说，已经发生了根本性变化的生育文化在一定程度上有所复归，但是总体的生育意愿和生育率并没有发生改变。90年代以后，中国的生育文化进入了"后转变时期"，最明显的表现就是生育率继续下降，基本在更替水平线上波动，生育文化的转变速度也相对较快，开始向新型生育文化转变。

具体到石村，其生育文化的发展过程也基本遵循中国整体生育文化发展的规律，只是在发展的速度和程度上较全国水平而言还有一定的差距。

同全国的情况一样，石村的传统生育文化也是在50年代开始发生转变的。20世纪50年代以来，经过对农业和手工业的社会主义改造，石村的经济制度已经转变为了社会主义集体所有制经济，传统的宗法制度被废弃，相应的伦理制度被淡化，生育率出现了下降的趋势。但是由于石村的生产力发展水平极其落后，再加上交通闭塞，并没有受到国家鼓励多生育舆论的影响，

---

❶ ［美］马文·哈瑞斯.文化的起源［M］.北京：华夏出版社，1988：158.

而是一直处于缓慢的转变过程中，一直持续到20世纪70年代末国家计划生育政策的全面实行。

20世纪80年代是全国计划生育工作的成熟阶段，也正是在这个阶段，人口控制的文化行为真正介入到了贵州的农村地区。作为广大农村之一的石村，也开始全面实行国家的计划生育政策。这一时期，石村的生育文化发生了重大转变，由"前转变时期"迅速进入到了根本性的"转变时期"，其标志性的变化就是生育率和人口增长速度的持续下降。

从20世纪90年代至今，尽管人口控制被不断强化，但石村的生育状况却处于波动状态，进入到了转变中的"复归时期"。笔者认为，出现这种状况的原因一方面是经济改革增强了家庭的功能，使得各种带有传统色彩的生育观念，如"多子多福""早婚早育"等在一定程度上重新流行；另一方面则是多男生育基础有复归的现象，如地方宗法制度的死灰复燃，传统伦理道德观念的传播。但是，"复归时期"毕竟只是传统生育文化向新型生育文化转变的一个阶段而已，并不代表传统生育文化在发展过程中的倒退，因为经过这一阶段，石村传统生育文化的发展将迎来"后转变时期"，也就是将进入新型生育文化的发展阶段。

小　结

本章主要从石村妇女的生育观（包括生育目的、性别偏好、生育数量和生育质量），生育行为（不同年代妇女的生育行为），影响石村妇女生育行为的因素（包括经济因素、政治因素和制度因素），以及石村近50年来传统生育文化的变迁来分析石村妇女的地位变化情况。通过描述和分析发现，在近50年的生育文化发展中，石村妇女的生育观和生育行为都有了较大变化，有了一定的自主权，相应地地位也有了一定的提高，虽然和全国的整体水平来看，石村妇女在生育的自主权上还有一定的差距，但是相信随着新型生育文化在少数民族地区的逐渐推广和深入，石村妇女在生育上会有更多的自主权，当然地位也会有进一步的提高。

第六章　石村中老年妇女的家庭生活

在家庭社会学领域里，绝大多数的研究和理论都把重点放在婚前的择偶时期和婚后最初几年的夫妇子女问题，对于中年和老年时期的家庭生活研究很少。近年来，随着老年人口的急剧增加和老人学的流行，学术界开始关注老年人的各种个人和社会问题，但是对于老年家庭的研究仍然很少，尤其是对中年时期家庭问题的研究，几乎没有，可以说还是一片空白。我们先通过家庭的生活周期来看一下一个完整的家庭要经历过哪几个阶段，每一阶段有什么特点，然后着重探讨中、老年家庭生活。

第一节　家庭生活周期

一个家庭和一个人一样，也有它的生命周期，每一个阶段都有各不相同的任务和活动。尽管不同的学科对家庭有不同的研究，但是大多数学者都认为家庭生活周期的概念，是将家庭生活各阶段的变化分类的最好办法。有的学者将家庭生活周期分为七个阶段，有的则分为八个阶段，还有的学者认为家庭生活周期每一个阶段都存在一定的变数。在此，主要介绍撒克斯顿（Saxton）对家庭生活周期的五阶段划分。

一、已婚夫妻：子女尚未来临

大多数人在婚姻的前几年都感觉最愉快，很少有家庭能够重新回到婚姻初期的满足和快乐。因为一开始的婚姻基本都还没有子女，夫妻二人可以把重心放在自己和对方的需求上。他们可以毫无顾忌地追求工作成就和教育的增进，由于没有子女，他们也可以全身心投入到与对方的互动中，相互适应彼此间的新关系。这个阶段的生活，最主要的是工作、学习和婚姻。

二、年轻的家庭：养育子女

婚后一年或数年，随着子女的到来，原来两个人的婚姻变成一个家庭，这不仅是一个名称的改变，更重要的是婚姻关系的本质已经因为子女的到来而发生改变。至少，夫妻双方的主要目标已经不再是彼此，而是新到来的小生命。

子女的到来，需要付出心力和额外的支出，并且要彻底改变以往的生活，像过去一样随心所欲外出看电影已经不太容易，必须要照料孩子，必须要有人在家陪伴，如果父母双方都不能做到，就必须要找人代替，孩子生病时，也必须要仔细规划看护的办法，总之，婚后生活因为孩子的到来会发生很大的变化，由此使得婚姻满意度大大降低，但是大多数父母还是对拥有孩子感到非常高兴，而孩子就是一切爱和愉快、成就感的来源。

婚姻满意度的下降一直要持续到孩子成年。青少年对于大多数父母而言是最困难的。青少年对独立自主的需求，往往是大多数父母的考验，考验其耐心和人际沟通的技巧。青少年们渴望证明自己的独立能力，自己做主，并且追求自己的兴趣。这一切却使他们和父母的期望背道而驰，这对父母与子女而言都是极为困难的。

当孩子接近 20 岁左右时，情况会有所好转，这个阶段孩子会离家上大学或外出工作，在生活上开始独立，这也在很大程度上缓和了他们和父母之间的关系。此时，许多夫妻都能较为妥善地应付，并开始卸下重担，使婚姻满意度开始上升。

三、中年夫妻：子女离家后

今天的已婚夫妻，一半的婚姻生活是和子女共享，其中一个原因是人的寿命普遍增加，还有一个原因就是子女在家的时间不长。这个阶段的夫妻关系近似于结婚初期的状况，因而婚姻满意度迅速提升。

当子女都长大离家后，这个阶段被称为空巢期（Empty Nest）。这个时期通常被形容为一段自觉无用的沮丧双亲时期，尤其是母亲独自在家的时光。

这个观点无论是否适用于传统的家庭类型，今天的研究却一直没有证明这个观点。但是不可否认的是，这个阶段的婚姻满意度在持续上升。此外，子女离家后，母亲也有了轻松的感觉。

同样，有关"中年危机"的说法也没有足够的证据可以证实，虽然大多数人的生活在这个阶段都会发生变化，但并不是所有人都视之为"危机"（关于"中年危机"的说法在后边的中年家庭生活部分会重点介绍），这一时期的婚姻满意度仍在持续增加。

四、老年夫妻：退休后的时光

虽然如何定义"老年"不是一件容易的事情，但是大多数人都认为60岁以上就可以称之为"老年"。一般认为老年人的健康状况和脑力在60岁以后都开始下降，但并不是所有人都这样，有的人在60岁以后还是活力四射，所以只能说是一般情况。

年老与退休并非必然有连贯性：有的人很早就退休，有的人则坚持工作到七八十岁。但是，大多数人都是选择在60岁时退休，退休可能会引起三种困扰：①没有充分退休金的人，可能在退休后生活变得艰难；②退休意味着不再有工作，而工作是很多人生活的重心，所以有很多老人不能适应退休后的生活，尤其是在退休初期；③退休及老朋友的去世，会使老年人的社交圈缩小，往往使他们感到孤独。

老年男性和老年女性在退休后有明显的差异，老年女性退休后的满意度持续上升，而男性的满意度却持续下降。这主要是由于我们传统的"丈夫工作，妻子持家"观念造成的。这些女性在空巢期便调整得很好，因此在老年期到来时可以很好适应，而男性却必须面对从工作为重心到生活为重心的巨大转变。

除此以外，大多数老年人对退休后的生活感到满意，他们没有年轻人的沮丧和恐惧感，而且这个阶段大多数老年人每周至少和子女与孙辈有一次以上的团聚，而祖父母角色，对于很多老人来说既有趣又有实效性。简而言之，晚年生活可以并且显然是更令人满意的。

五、丧偶：恢复单身生活

（一）伤恸（Bereavement）

许多老年人都会遭受丧偶的经历。伤恸是指因对方死亡而丧失其伴侣，往往会引致悔恨和罪咎感，配偶死亡所引起的压力被视为个人的击溃，在压力表现上是最强烈的程度、这种强烈的压力会影响到肉体和精神的状况，进而导致丧偶者极高的死亡率。

（二）再婚

年轻的丧偶者很多会选择再婚。由于女性的寿命较长，年纪较大的寡妇可选择的再婚对象不多。根据美国健康中心的统计，65岁以上的鳏夫再婚率是女性的7倍。在女性寿命较长以及夫妻之间年龄差距的两种因素影响下，65岁以上仍然维持婚姻状况者的再婚率，男性约是女性的一倍。

（三）调适

丧偶使得女性再次回到单身生活。对许多女性丧偶者而言，最主要的困扰就是寂寞。这还可以从几个方面观察得知，有的女人觉得自己没有人爱，也没有对象爱；有的人对交往频率降低的朋友感到愤怒。这种寂寞感需要通过日常生活慢慢调节。

生活中，鳏夫比寡妇更不能适应自己所面临的新局面。从某些方面来看，这可能是因为他们不像寡妇那样能表达自己悲伤的情绪。此外，许多人因为以往都是由妻子打理生活，因而在妻子去世后很难很好地照料自己。鳏夫们比寡妇们的社交生活更为狭窄。

除了这些所面临的问题以外，许多丧偶者开始学习如何调适自己的生活，有的人会再婚。研究指出，再婚可以改进他们的生活，并且提高自尊。而选择不再结婚者则学习适应自己的新生活，并且往往会寻求一些有用的支援体系以协助其生活。

第二节　中年家庭生活

对很多家庭来说，中年时期是生命的最高峰：一家之主的男性在事业上和收入上都达到了顶点，由于事业和收入的稳定，家庭经济富裕，夫妇的感情经过婚后初期的冲突和调试，到这个时期已经比较成熟和平静。在双职的家庭里，妇女因子女的成长而不必担心夹在工作和照顾子女等家务之间的冲突，此时已经可以全身心专注于自己的事业，很容易产生很高的成就感，中年家庭对这些人来讲是幸福和充实的。

随着子女外出上学和就业，不少家庭要经历"中年危机"（Midlife Crisis）。这些人发现他们已不再是年轻潇洒的小伙子和姑娘了；体能已经改变，体力上大不如前；子女成年并离开家外出工作求学造成了孤独的空巢感觉；如果事业上再没有取得很大的成功，更会受到困扰，甚至耿耿于怀；如果身边的亲友有生病或过世的，就会感觉非常悲伤，觉得自己的时日可能也不多了。总体来说，中年危机常常因为人们对自己的过往不满，年轻时的雄心壮志到中年还没有实现，会非常伤感。在中年时期对自己回顾评价的重点包括家庭、事业、社会地位、个人愿望的诉求等。

在面对中年危机时，女性可能表现得更为突出，她们一方面为自己消逝的青春伤感，另一方面因为子女的离开产生孤独感，再加上很多中年女性都担心自己的丈夫可能会在外边拈花惹草，因此整天忧心忡忡。心理学方面已经有很多研究证明许多年轻女性都认为中年男性是最迷人最潇洒的：他们成熟、有威严、有经验、有社会地位，还懂得如何迎合女性，是不错的结婚和恋爱对象。

一般学术界常以 45 岁当作计算中年人口的起点年龄；也有研究者认为当一个人开始顾虑到他还有多少时日时，他就已经开始进入中年的阶段了。由家庭生命圈的观点来看，中年时期开始于家中最小的孩子成人离家独立的空巢期开始，一直到退休时为止。

中年时期代表着人生旅途的转变时期，这一时期对夫妻双方的转变程度有所不同。对于女性来说，由于她的生活范围在中年时期以前主要是以家庭为主，其最主要的社会角色就是家庭主妇，因此，在孩子成人独立离家后，家庭生活的改变大多在于母亲角色的减轻。以往家庭主妇的主要职责随着孩子的成长而发生变化，在孩子婴儿时期，主要是忙着给孩子喂奶、换尿布；到了学龄时期，除了例行家务事以外，还要督促孩子的课业，参加孩子校内和课外的活动；等孩子进入青少年期，除了担心学业以外，还要担心孩子的心理平衡、交友等问题，最重要的事情是要辅助做好高考的各项工作。一旦孩子考上大学离家住校，曾经最忙碌的母亲可能就会产生空虚感，无所事事的感觉随之产生；但是也有人可能相反，觉得好不容易把孩子送进大学，有了一种解脱的感觉和重新获得自由的快乐。夫妻间的感情也可能因为孩子的离开而有了新的发展，以往没有时间安排自己感兴趣的事情，现在可以安排了；以往可能为了孩子全职在家，现在可以重新进入社会发挥自己的长处了。

而对于中年男性来说，他们在中年时期面临的转变不像中年妇女那么明显，他们在这个阶段最大的转变可能在事业上。在这一阶段，男性的事业可能达到了顶峰，如果已经达到了自己的预期，他们就会尽力维护；如果还有上升的空间，就会更加努力，反之就会觉得恐慌，因为他们知道过了中年以后想要再出头，有更大的成就几乎是不可能的。在这个急速变化的社会里，留给中年人的机会本来就不多，所以他们都会尽力抓住。当然也有一些人可能已经看开了，觉得自己事业做得再好也不如有个美满的家庭，所以转身开始以家庭为重，追求家庭生活的幸福。

由于家庭组成的改变，中年夫妇在家庭生活中的主要角色也随之改变，中年以后又以为夫、为妻的角色为主；夫妻双方都得重新认定角色的扮演。孩子迁出后夫妻又过上了像新婚一样的二人生活。有研究指出，夫妻两个人在孩子离家后的婚姻关系会更加和谐，更加快乐，尤其是中等阶级家庭。研究证明，这个时期的婚姻角色和关系是一种"老伴"式的关系，而不是年轻结婚初期的罗曼蒂克式的爱情关系。

在中年时期，中年夫妇都应该重新明确自己在这个阶段的婚姻中所扮演的角色，即使其中的某一方不同意其角色的责任和义务，到了中年以后通常都能谅解、接受，至少开始最大限度地容忍自己配偶的角色、行为和观点。近年来，随着社会上离婚率的增加，很多中年夫妻已经不再是初婚时的夫妻档，会变得更成熟、更有耐性。这些再婚的夫妻常会遇到一个棘手的问题：那就是上一段婚姻中的子女问题。这也在很多时候造成了再婚生活中的紧张关系。

至于中年夫妇的性关系，也会随着中年时期的到来而有所改变。妇女更年期的经验可能带来某些心理压力，而对于有些妇女来说，因为不会再有意外怀孕的担心，所以对性反而更有兴趣；这个阶段的中年男性由于事业上的稳定和对夫妻感情的重新认识，而对性也保持了较高的兴趣。中年夫妻性关系上的改变，以及因人而异的改变对空巢时期的夫妻生活的影响力是不争的事实。

中年时期夫妻间关系的满意程度对老年退休后的生活关系具有很大的影响力。事实上，中年时期的生活调适，角色的重新界定，都为老年生活奠定了很好的基础。

以上是社会普遍家庭中年生活的状态，那么石村人的中年生活又是什么样的状态呢？

> 我们的三个崽两个已经成家，都在外面打工，还有一个小的在凯里读书，平常家里就我和老公两个人，我觉得这种生活比以前轻松多了，煮饭做活路都没有那么累，晚上有空还能去唱个侗歌，和老公的关系比原来还好了，主要是没有那么多的烦恼事，等过几年有了孙子日子就没有这么好过了，要看孙子。(SRL，女，42岁)

> 我老公以前在外边打工，挣钱养家还可以，这几年他身体不好也不能出去打工了，只能在茅贡镇上打零工，也不固定，收入少了很多，还有五个上学的崽，家里日子困难，我一天也心烦，经常和他发脾气，只怪我命不好，找了一个没本事的男人。(WRY，女，34岁)

> 我常年在福建打工，最近家族有人去世才回来，像我们没文化在外边打工也赚不到什么钱，只能干苦力活，原来我们两口子都在外边打工，两个孩子在家跟着父母，后来父母年龄大管教不了家里的崽，就让老婆回来了，现在一个人养家难，可是也不能毁了孩子，我还是希望两个崽将来都能上大学，至少走出这个寨子，去外面生活。(SPW，男，40岁)

> 我是离婚以后嫁过来的，在原来那个家不能生孩子，就和老公商量离婚了，嫁过来的时候现在这个老公有两个孩子，一个儿子一个女儿，因为我是后妈，人家对我也不好，尤其是那个儿子，经常背后告状，说我对他不好，让老公回来和我吵架。现在儿子结婚另外过了，老公也在外面打工，我自一个人在家，还轻松，老公一个月回来一次。(RSH，女，58岁)

通过以上几段话可以看出，石村的中年家庭也在经历着各种危机，有经济上的，也有感情的，但总的来说还是经济因素占大多数，经济的拮据导致很多中年家庭无暇顾及感情问题，再加上农村人不像城市人那样善于表达感情，所以更多外露的是经济因素对中年家庭生活的影响，进而影响到妇女的生活。

第三节 老年家庭生活

20世纪里整个社会家庭最明显的变迁就是人们的寿命变长，由此使得整个社会的老年人口数急剧增加，并使我们的社会开始快速迈入老龄化社会。这种现象不仅出现在我们国家，在很多发达国家也已经出现这种现象。据CIA的World Book 2001年的估计生命余年，工业国家的人口寿命已经接近80岁，女性的寿命则几乎都已经超过80岁。其中，以日本最高：平均80.8岁，男性77.62，女性84.15；其次是新加坡，平均80.17，男性77.22，女性83.35；瑞士79.73，瑞典79.71，我国香港79.67，加拿大79.56，冰岛79.52❶等，可以看出很多国家和地区的人口平均年龄都已经接近80岁。

对绝大多数的老年人来讲，家庭是晚年生活的唯一依赖，无论子女是否一起同住，家庭的生活会因为退休而占据了日常生活的主要部分。如果把家庭看作老年社会生活里最重要的社会制度，一点都不过分。

退休改变了男性在家庭里的角色，退休让男性从一种赚钱养家的角色变成帮助干家务的辅助角色。以前可能因为都要工作，夫妻之间见面的时间并不多，退休后，丈夫整天待在家里，两个人整天都在一起，有的妻子可能由此会感到自己的主妇角色受到了威胁，反而增加夫妻间的冲突。但是也有研究指出：老年夫妇常能发展出一套分享家务的模式，例如一起外出锻炼，购物等。社会地位能影响老年夫妇婚姻关系的调整。一般来说，中上等社会家庭的老年婚姻要比下等阶级家庭的婚姻更美满，因为他们能互相理解，也愿意重新调适各自的角色行为模式和与家庭其他成员之间的关系。事实上，对

---

❶ 蔡文辉．婚姻与家庭——家庭社会学［M］．台北：五南图书出版股份有限公司，2005：254．

于很多老年人来说,很难像年轻时候那样明确比较出谁在家庭中的地位更高,两个人之间更多是一种相互扶持的关系。

一、老年人和子女与孙辈之间的互动

一个老年家庭生活的重要互动关系是年老父母和子女及孙辈之间的互动。老年夫妇之间的互动频繁,在空巢时期,夫妻的感情有回升的迹象,成为两个相依为命的"老伴"。虽然如此,老年人和晚辈的互动具有以下几个主要特点。

(1)不住在一起,地理距离的限制使得互动的直接关系频率减少,面对面式的互动难以发生;

(2)家庭生育率的减少,使得父母与子女的互动较能集中,因此感情的维持延续较密且长远;

(3)老年父母和成年子女之间也有代沟,在必要时,他们彼此之间能提供意见及协助;

(4)老年祖父母为孙辈提供了必要的情感角色,年轻父母常年忙于事业,常无法适时给子女提供感情上的扶持,老年祖父母正好可以补充这个缺陷。

很多实地研究指出:老年父母和儿孙辈的互动都具有某种程度的满足,很多年轻人在描述自己的祖父母时大多认为他们和蔼可亲、有智慧、受人尊敬等等,虽然也有人认为自己的祖父母死板、孤僻、没有耐心,但是总的来说,年轻人对自己祖父母的评价比父母要好一些,这其中当然也有我们所谓的"隔代亲"的原因。

由社会角色的观点来看老年家庭生活,老年人由为人父母的角色增加到为人祖父母的角色,这个角色同样不容易,每个老人对自己的这个新角色的反应也有很大不同。一方面,晋升为祖父母的角色代表了一个人的老化,在社会里的辈分突然因为有儿孙辈而升高,这种升高对某些人来讲是一种荣耀,值得骄傲;但是,对于另外有一部分人来说,则象征着要退出社会活动的圈子,回归家庭,他们一下很难接受。当然,这些不同的反应也是因人而异。通常祖孙辈的关系因家庭、文化而异,有些关系亲密,有些比父子辈之间的关系更和谐,有些则关系不好,或是不喜欢这个新角色,甚至根本不愿意亲近孙辈们。

为人祖父母的角色大致有以下几种类型。

（1）严肃型

这一类型的祖父母高高在上，整天忙着自己的社交活动，没有时间和孙辈们互动，彼此间保持一种很正式的严肃关系，是一种不可亲近的角色，这种类型以成功人士居多。

（2）疏远型

这一类型的祖父母没有像第一类型那么可畏，但是和孙辈之间总是保持一段距离，有点像外人一样，没有一点亲切感。

（3）亲爱型

这一类型的祖父母扮演一种孙辈们的父母角色，不但支持帮助其子女教养孙辈，更提供必要的协助和支持，是家庭不可或缺的一分子，对孙辈们疼爱但不过分。这种类型的祖父母在中国非常普遍。

（4）溺爱型

这一类型的祖父母非常溺爱自己的孙辈们，常在教养方式上与年轻的父母产生争执和冲突，可以说他们的老年生活完全以孙辈们为中心，自认为是孙辈们的保护者，在中国，这样的祖父母也不在少数。

上述四种类型角色跟孙辈们是否与祖父母们住在一起有很大关系，也就是说，孙辈们和祖父母们居住距离的远近会使得双方形成各不相同的关系。一般来说，在今天高速发展的社会里，老人们都表示希望能和儿孙们住在一起或者住得比较临近，这样可以相互照应，当然也有那么一些老人明确表示不愿意和儿孙们住在一起或住得太近，希望能有自己独立的老年生活。有研究发现，约有1/4的年老父母和子女每星期至少接触互动一次，其中也有不少是至少每天都会见面。还有研究发现，祖父母还健在的孩子，95%曾跟祖父母住过一年，75%住过两年，超过半数以上的孩子一个月至少会去探视祖父母一次，这些都表明了祖孙辈之间互动的频繁。

对于石村人来说，由于普遍早婚早育，所以很多夫妇在40岁左右可能就当上了祖父母，而且由于石村属于典型的农业社会，所以很多年轻人都会选择外出打工，把孩子留在家里由自己的父母照料，所以很多石村人对于自己的祖父母角色是这样说的：

> 我儿子和媳妇没到结婚年龄就生了孩子，现在也没有办婚礼，

也没有给孙子上户口，孩子从生下来就一直是我在带，他爸妈一直在福建打工，孙子和我比较亲，在家带孩子很辛苦，还要做活路，小孩晚上不好好睡觉，也没办法，谁让人家生的是大孙子，我累点带着也高兴。(SKL，女，42 岁)

我自己没有儿子，老公原来老婆生的儿子和我关系也不好，不用我看孩子，我自己的两个女儿都在外边打工，孩子都是婆婆在带，我一天除了做活路也没有什么事情，就养条狗做伴，看见人家带孙子还眼红❶，怪自己肚子不争气，没有儿子。(WTX，女，61 岁)

在性别角色上，男性一般在家庭中扮演着较工具性的角色（Instrumental），但是，一旦他们当上了祖字辈，这种性别角色的差异就会有所改变。老年人对子女或孙辈的角色扮演较偏向所谓女性化的感情角色，不论是祖父还是祖母，工具性的角色变成了次要的，其主要功能偏重于感情的扶持。

关于祖孙辈之间的互动，学术界有很多发现，如：①老年人很喜欢小孩，却不喜欢成年的孙儿；②老年人欢迎孙儿们的来访，但却更高兴见到他们离开；③同性之间有吸引力，祖母较能跟孙女维持亲密关系，而祖父则跟孙儿较亲切；④女性之间的关系较亲密，也就是说，祖母与孙女之间的亲密程度远超过祖父与孙儿之间的亲密程度。这些发现可以用下列说法来解释：小孩较容易应付；成年孙儿要求较多；老年人体力渐衰，任何过久的拜访都难维持；老年人在家中所扮演的角色已趋向感情的扶持，这样的角色期望比较适合于祖母来扮演；祖母理家的经验可以传授给孙女，但是祖父的工作经验却和孙儿的工作很难产生联系，祖父的工作环境和今天社会相比已经脱节或过时。

我老伴过世，现在一个人过，没有和崽在一起，和孙子们也不亲，他们只是过节来看我一下，自己一个人自在，也不用看媳妇的脸色。(女，72 岁)

除了跟子女孙辈之间的互动以外，另一个老年家庭关系的重要对象是其兄弟姐妹。今天有很多人为了工作和事业而远离老家，所以很多老年人的儿

---

❶ 就是羡慕的意思。

孙辈并不和老人生活在一个城市，日常生活中跟这些老人最亲近的就是同辈的兄弟姐妹了。这层关系对老年妇女更是明显，因为一般女性的寿命都比较长，一旦丈夫过世，这些女性自然跟自己的亲人来往更密切，因此，老年兄弟姐妹的关系是不可忽视的。

> 我们兄弟姐妹现在还在的就剩下我和姐姐了，我姐姐在上面那个寨子，姐夫过世，她现在和小儿子在一起生活，我们两个之间的走动还多一点，说不定哪天就不在了。（男，68 岁）

在今天快速发展的社会里，流动很普遍，除了临近居住有来往的少数亲人外，跟其他亲属之间的关系就显得没那么重要，再加上今天核心家庭的增多，很少依赖外地亲属的扶持和协助。老年人跟其他亲属的关系仅限于季节性的走访或问候，婚丧喜事的拜访。在今天离婚率越来越高的社会里，很多人都有两次或两次以上的婚姻，因此姻亲关系就显得更淡薄疏远。

二、老年人的朋友

事实上，老年人的生活层面并不仅局限于家人亲属，还有不可或缺的资源——朋友圈。尤其是老年人对死亡来临时的恐惧心理，更能从朋友那里得到心理的安慰。

俗话说：远亲不如近邻，对于老年人来说更是如此。随着今天年轻人的频繁流动外迁，老年人一年能见到子女和孙辈的机会越来越少，一旦有紧急事情发生，邻近的朋友就能及时帮忙。对很多老人而言，朋友关系不仅能弥补亲属关系的不足，有时远超家庭亲属关系。

有研究指出：有亲近朋友圈的老人，他的精神会好些；如再跟成年子女比较，有朋友似乎比有成年子女更重要。这其中有以下三个原因：①老年朋友之间的生活方式、嗜好、兴趣、态度、价值观等都比较接近，其地位也比较平等，能够有话可聊；而与年轻子女之间由于年龄和辈分上的差异，常常会产生代沟。②很多老人家认为父母与子女之间应该是上下、长幼的关系，父母在年老后，由于无法再完全扮演提供协助的角色，成年子女也不能再继续扮演只是接受的一方，所以双方都需要重新调适角色的职责和义务。相比较而言，朋友间的关系是平等的、不变的，没有调适的难题。③在时间因素上，老年朋友之间有比较相似的工作和生活背景，彼此在时间上都较充裕自由；而成年子女正是事业家庭最忙的年龄，有时真的很难照顾或探望老年父母。所有这些都说明了朋友圈在老年生活中的重要性。

根据老年社会学里的活跃理论，老年人在社会里仍然是活跃的，也只有继续参与活动的老年人才能最安稳地由中年阶段过渡到老年生活阶段，但是这些老人参与的活动，由于所担任和扮演的角色和以往不同而有所改变。许多老年人一起活跃地参与各种各样的志愿组织团体，不论是地方性的组织还是全国性的组织，他们都能提供时间、精神甚至财力以推广组织的目标，除此以外，这些老年人还能通过参加组织的活动在组织里建立自己新的朋友圈。

老年人的朋友圈很多时候都能成为他们日常生活中最亲近的团体，即社会学里所称的初级团体（Primary Group），有时，朋友更是成为老年人的参考团体（Reference Group），用以参考比较自己的社会生活品质，并获取精神生活上的支持。

对于石村人来讲，大家生活的圈子都很小，整个寨子的人基本或多或少都有一些血缘关系，所以并没有十分明显的朋友圈存在，再加上乡村人的朴实，一般不是有特别大的矛盾的话，大家之间有什么事情还是会互相帮忙，尤其是对年老的女性，邻里和社区更能给予比较多的帮助。

三、老年人生活上的问题

（一）疾病及丧偶

老年家庭一个常见的问题发生在夫妇一方有了严重的疾病而造成行动不便、半身不遂等，需要长期照顾的时候。由于普遍女性的寿命长于男性，而且丈夫的年龄较长于妻子，因此，照顾男性老年病人的责任常常落在妻子的身上。长期照顾生病的老伴会使婚姻关系增加许多身心负担，但同时也能促进夫妻间的相互珍惜和恋爱。不管怎样，对照顾的一方来说，都是一个很大的挑战。

在老年阶段里，最严重的事情可能要算是配偶的死亡，死亡不仅断绝了夫妻两人长期的婚姻关系，而且也带来了一种自我生命将结束的恐惧。既然女性的寿命较长，总体上，老年妇女丧偶的经验就要比老年男性多一些。但是，根据研究，配偶死亡对男性的打击要比对女性的打击严重得多，其中的原因主要如下。

（1）男性一生的大部分时间都专注在事业上，对家务毫无经验。一旦妻子过世，老年男性常有不知所措的空虚感，尤其是如果妻子在老年初期就过世，其情况更严重。

（2）男性和亲属、朋友之间的交往没有女性在这方面频繁亲密，以往家庭里的社交活动都靠家庭主妇来安排，于是，一旦妻子过世，男性就必须重新建立这层关系。对许多男性，尤其是对老年男性来说，这不是一件容易的事情。

（3）男性在家庭内的角色一直是支配性的角色，妻子过世后只剩他一个人，角色无法实现，又难以调适，很容易产生恐惧感。

（4）男性不易表露情绪的需要。妻子的死亡使他需要慰藉和同情，但是男性以往的社会化并没有学会这些，甚至认为接受同情与慰藉是弱者的表现。

（5）男性与男性的来往总是比较正式化，在丧偶之后无法从同性朋友那里得到心理需求上的支持。

对于石村的老年男性来说，因为绝大部分人都是农民，一辈子都在土地上劳作，并没有所谓的退休与否，当然也就不会出现因为退休而产生的不适应，但这并不代表石村的老人对于自己的老年生活就能完全适应，因为这些老人没有工作，所以也就没有退休金，加上年老身体越来越差，不能继续劳作的时候，就需要靠儿女来养活，主要是要靠儿子，这种时候，他们也会产生心理的落差。

> 我现在不能做活路了，一天吃饭还要看媳妇的脸色，也不敢多说话，能吃饱就不错了，身上有病也不敢去看，没有钱，现在活着没有什么意思。（男，76岁，丧偶，和小儿子同住）

在石村，目前只有一位老人是退休回家的，这位老人退休前是村子里的小学校长，有退休金，退休后回来自己和老伴单独生活，他对于自己退休后的生活是这样说的。

> 我自己有退休金，也不用看别人的脸色，不过刚退休那两年还是有点不适应，以前一天到晚忙，退休了没什么事情干，做活路又不擅长，一天不知道要干什么，现在已经慢慢适应退休的生活，有

时帮着老伴干一点家务活,这种生活也挺好的,不拖累儿女,有病有医保。(SRW,66岁,男,退休小学校长)

相反,老年妇女对丧偶之后所可能遭遇的困难比较容易适应。一方面是因为家务事一直是她婚姻后的主要工作,不受丈夫在否的影响;另一方面是妇女原本跟许多亲友就保持联络,互动频繁,再加上一些同病相怜的寡居亲友,一旦丧夫,这些女性就能得到来自于亲友在身心和精神上的扶持与慰藉。

当然,老年女性在丧偶后也会遭遇一些难题和困扰。

(1)经济上的困难。老年夫妇因为丈夫退休,在经济上本来就已经拮据,退休金和养老金可能仅够维持基本生活,老伴的过世更是中断或减少了退休金的领取,收入大大减少,经济困难重重。

(2)行动上的困难。老夫老妻出门有伴,相互照应;丈夫去世以后,出门得靠自己,再加上老太太自己也老了,行动不便,单独出门就有诸多不便,尤其是在今天犯罪率不断上升的都市社区里,危险性要更高,更增加了老年女性的不安全感。

(3)社交上的困难。在丈夫去世前,参加活动可能总是夫妻两个人一起,社交的对象也是一对对的,如今,一个人单独参加,不但形单影只,自感哀伤,面对一对对的朋友不知道该怎样保持原来的互动模式,实在觉得自己不再适合参加以往的社交活动,必须要另外寻找适合自己一个人参加的社交团体。

(4)基本上,大多数的社会仍是以男性为主,一个丧偶的老年妇女,单独过日子不是简单容易处理的。

在笔者的采访中,采访到一位老年丧偶的妇女,她是这样描述自己的生活。

> 我现在和小儿子住在一起,每天还要帮他们一家人煮饭,儿子和媳妇都出去打工,丢下三个崽给我,崽又不听话,我也管不了,没办法,谁让老伴不在了,要靠人家养老。(YRX,女,75岁,丧偶,与小儿子同住)

通过以上访谈可以知道,石村大部分的老年人在丧偶后还是会和子女生活在一起,首选是和小儿子生活,因为这是侗族的传统,但是这些老人并不像城市退休的老年人，有自己独立的经济，更多是要靠子女来养老，换来的是自己对子女家庭的贡献，这样的老年角色对于很多石村老人来说是一种无奈的选择，根本谈不上幸福与否，只是为了有个养老的依靠。

在中国人与人之间的互动较直接，也较亲近，老年丧偶后的孤独感可能会少些，子女对父母的奉养仍然是中国社会里被称颂的价值，子女对父母总还有尽心尽孝的传统观念，尤其是对寡居的老母或独居的老父，都会有接来同住的想法。至于社交活动，中国妇女以往就很少参加，寡居后，不至于有太大的社交压力。虽然如此，中国人的社会也将经历工业社会对老年人，以及丧偶老年人所增添的困扰和难题。这方面，在老年人日益增加的任何社会都是值得关注的一个社会问题。

（二）居住及养老问题

由于生活环境的改变，老年人常需要更换居所以适应新的老年生活。老年人在选择居处时会着重考虑新居的一些如下特征。

（1）安全：包括防火、防盗等；

（2）移动性：住宅本身应适合老人的活动，例如卧室、洗手间、厨房等；

（3）舒适及隐私：室内、庭院的设备，及不受干扰的自由；

（4）活跃及刺激性：住宅社区应有足够的活动空间以激发老年人生活的情趣；

（5）社区良好：不歧视老年人，并为老人的福利着想；

（6）交通方便：有公共交通工具可使用；

（7）公共设施完备：在社区内或社区临近方便的地方有购物、娱乐和运动的场所。

以上这些条件是理想的老人居住环境，事实上完全美好无瑕的居处是不可能的，应该具体视个人的需要和经济条件来寻觅对自己来说最理想的居住环境。不少社会开始设计、建筑特别为老人居住的社区，大到有数百户、小到十多家的公寓。这些新的设计都以上述特征为要点，以老年人的需要为中心。在这些社区里，都是老人家，彼此之间可以建立友情，也可以互相帮助，增加相互的情绪和安全感。部分社区还计划和医院合作，让医生和护士定期服务，照应居民在医务方面的日常或特殊需要。

年龄越长，体能、健康衰退的问题就越严重，不但自己不能再照顾自己，甚至连亲人都不愿意或不能照顾；社会环境也无法提供必要的服务。在这种情况下，很多老人只能选择住养老院。但是由于养老院的费用比较高，除非有养老金，否则以个人的经济能力是很难完全承担的。有研究指出，中国目前住养老院的基本都是受过良好教育的中产阶级，其中以女性居多，另外寡居、单身的女性也较多。

但是不少报道也指出很多养老院存在管理员虐待老人、暴力管理、设备不全或不符合标准，提供的饮食简陋等问题。因此，对于很多老人来说，去养老院养老并不是大家的首选。

在笔者调查中，在石村目前 50~60 岁的老年人中，有将近 90% 的人希望将来养老时，能够"与子女同住"，从而可以反映出"三代同堂"或"四代同堂"仍然是大多数人心中理想的居所安排。但是，三代或四代同堂是否真如大多数人所愿能因此享受天伦之乐呢？或者由于社会变迁过程中居住方式的改变，三代或四代同住在一起会因为代际间生活形态及需求的差异而产生困境？特别是当老年人如果在经济层面上无法有自主权时，三代或四代同堂所代表的意涵，可能是依赖关系所衍生的困境。这些日常生活相处上的困境，通过笔者对石村数位老年妇女的访谈分析，使我们对石村老年妇女的生活能有更进一步的了解。

1. 养老的生活费从哪里来？

> 我们年龄大了，不能做活路了，希望儿子能养我们，但是儿子自己也困难，给不了我们，我们还要靠做活路攒一点钱，等以后实在动不了再靠崽来养。（SHP，61 岁，有偶）

> 我们不敢伸手向儿女讨，他们要是给就拿着，要是不给也没办法。（SRZ，65 岁，有偶）

> 我和小儿子住在一起，大儿子从来不管我，小儿子也不给我，只给我饭吃，要是有病就没钱看，问大儿子要人家说我在小儿子家，应该由小儿子管，真的觉得生活难。（RQC，72 岁，丧偶）

2. 老人家自己有钱，就不用看儿子儿媳的脸色。

> 我老公是出车祸死的，有一点赔偿金，几个儿子都想分，我都

没有给，都给了他们万一以后没人养怎么办，还是自己手里有钱好过点。（女，63 岁）

我自己有退休金，我和老伴也没有和儿子住在一起，也不用他们养，更不用看他们的脸色。（SRW，男，66 岁，退休小学校长）

3. 以前的人，钱的分配都是老人家在打算。

我们家我管钱，儿子打工挣回来的钱都给我，儿媳妇要钱也是问我拿，我在家里说了算。（女，79 岁，丧偶，与儿子同住）

我老伴过世就把家分了，现在自己手里没钱，人家都不愿意管，还是不能太早分。（女，73 岁，丧偶）

通过以上几段对话可以看出，对于石村的老年人来说，大多数老人还是觉得自己没有独立的经济，因此生活比较不易，在访谈中只有一位老年妇女明确表示家里的经济由她做主，但是从总体来看，石村女性并没有独立的经济权利，而且也没有随着社会的发展有明显改变，说明在经济地位上，石村女性的变化不是很大。

（三）心理问题

许多老年人，特别是孤寡单身的老年人，常会有孤独感，这种孤独感一方面来自老年人本身的自我认知，另一方面则来自于社会的歧视。在很多社会里，包括以敬老爱老著称的中国社会，常有歧视老年人的现象发生。

一般人对老年人的普遍印象是足不出户、不理世事、固执主观，或者是另一种极端的爱管闲事、啰里啰嗦、自我行事，等等。可能在部分老年人里真有这样的情况，但这并不是真实的老年人世界，大多数老年人并没有心理失衡的问题。即使有的老年人有心理问题，也很可能是整个社会结构的问题：例如社会的偏见观点及歧视现象造成老年人的自我适应预言（Self-Fulfilling Prophecy）。

目前，心理学家和社会学家试图合作，一起来了解分析老年人的心理世界和处境。早期的心理学理论一直认为人格的主要发展是在儿童时期，到了成年以后人格已经确定，很难改变。近年来，心理学指出：人格的成长不止于儿童时期，人格在人的一生中不断在成长、在模塑。于是，目前的研究重点就扩展到了成年及老年时期的人格发展经验过程。

每个社会都会发展出许多年龄规范（Age Norms）以规范、引导每一年龄组成员所应有的行为；儿童有其行为表现的方式，年轻人则有另一套合适的行为方式，老年人也如此，有其特有的适当的、被接受的行为模式和价值观念。踏入老年时期一定得把以往一些被接受、允许的行为规范修正，而以老年行为规范为准则，表现老年人所该有的行为方式。这种转变常是所谓"老年心理问题"的主要来源，变成老年人时会面对许多问题。

（1）适应健康和身体衰退的问题；
（2）适应退休和收入减少的问题；
（3）适应配偶去世的问题；
（4）与同年龄的老年人建立友谊的问题；
（5）适应新社会角色规范的问题；
（6）找到合适的居住环境的问题。

每个老年人并不都面对同样的问题，其问题的轻重程度也不尽相同。尤其是老年时期能维持二三十年，年轻的老人指的是 65～74 岁的 Young Old，老年的老人指的是 85 岁以上的 Old Old，这两个年龄阶段的老人所面对的问题可能就完全不同。但是不管哪个阶段的老人可能都会面临以上的健康、经济、死亡、孤独、社会适应和新居所问题，及对老年生活的满意程度。

在笔者对石村老人的访谈中，大多数老人都表达出对老年生活的悲观和不满，其中最大的问题就是养老，因为这些老人几乎都没有退休金，因此造成不得不靠子女养老的现实，这种情况之下他们不得不看儿子儿媳的脸色，也由此对这些老人造成一定的心理压力，相对来说，老年男性由于传统父权的影响，相对来说受到的委屈较少，而对于老年女性来说，由于一直以来的角色影响，使得她们在老年以后家庭地位反而进一步下降，甚至没有了独立的话语权，而且从目前的现实情况来看，如果养老体制没有明显改变的话，这些老年人，尤其是老年妇女的处境不会有明显的改善，当然随着社会养老体系的改进和完善，相信未来这些农村老年妇女的地位能真正发生一个实质性的变化。

小 结

  本章主要从家庭生活周期出发,在厘清每一个家庭都要经历的极大生命周期以后,重点探讨中年家庭生活和老年家庭生活。对于中年家庭来说,正是上有老下有小的时候,要经历很多压力,有子女上学、老人赡养等的压力,因此很多家庭出现了"中年危机",而对于完全是农业社会形态的石村来说,经历"中年危机"的可能性更大,这其中最大的压力来自于经济,对于石村外出工作的中年男性和在家留守的中年女性,都会因为经济的压力产生各种各样的不满,因此这一阶段的女性普遍由于经济的困境难以有独立的自主权,所以这一阶段的女性基本地位和过去没有很大的差别。进入老年阶段以后,老年女性由于劳动力的丧失,没有了经济来源,再加上丧偶,更需要完全依靠子女,尤其是儿子来养老,这些老年女性的境遇相对更差。整体来看,石村的中年女性和老年女性由于经济的不独立,所以不管是家庭地位还是社会地位,与过去相比都没有很大的改善。

结　语

通过前文的分析可以看出，在新中国成立以后，尤其是在改革开放以后，侗族妇女在婚姻、家庭与生育方面的地位已经有了明显的提高。在婚姻上，广大侗族妇女能按照自己的意愿选择配偶，建立以爱情为基础的婚姻关系；在家庭中，夫妻关系和婆媳关系也趋向平等；在生育文化中，妻子有了与丈夫同样的抚养、教育、保护子女的权利。所有这些都说明，侗族女性在婚姻、家庭和生育中的地位发生了根本的变化，使她们有了更大的自主权。然而，几千年传统的婚姻家庭文化的积淀，也使侗族妇女承受了很大的压力，主要表现在四个方面：其一，尽管说男女在家庭中有平等的权利义务，但受"男主外、女主内"传统思想的影响，绝大部分的家务活是由妻子承担的，而这些家务活一般都是没有经济报酬的，正所谓"经济基础决定上层建筑"，由于一般家庭中的主要经济来源都靠男性，所以即使女性干再多的家务活，也没有足够的话语权，在家庭事务的决策中还是以男性为主。其二，尽管说婚姻自由，但受"从一而终""好女不嫁二男"传统思想的影响，许多侗族妇女在离婚问题上顾虑很多，不会轻易选择离婚。其三，改革开放后，广大侗族妇女在生育上有了自己的想法，不再像过去那样成为生育的工具，而是能够按照自己的意愿选择生育，但前提还是保证要为夫家生育一个男孩，所以这也就制约了妇女在生育问题上的完全自主权，没有生育男孩的妇女会遭到来自夫家和社区的歧视。其四，在家庭进入中年和老年时期，尤其是中年家庭时期，经济压力很大，对于那些没有经济权利的中年妇女来说，很难体现出自己独立的地位，因为她们基于家庭的原因，只能留在家里照顾老人和小孩，不能外出打工，因此也就没有独立的经济权，在话语权上没有底气，地位自然谈不上有多高。而对于老年人来说，由于丧失了劳动能力，连做基本家务都困难，需要完全靠子女，尤其是靠儿子来养老，又没有自己独立的经济，所以只能看儿子和儿媳的脸色，相对境遇要更差一些。所以从根本上来说，侗族妇女的地位还有待进一步的提高。

事实上，根据我国的现实情况，不光是侗族妇女的地位有待进一步提高，整个中国妇女的地位都需要提高。而要提高中国妇女的地位，还要从根本上强化人们的性别意识，促进男女两性和谐、平等相处，这就需要政府和社会有足够的认识和正确的引导。

第一，创造社会发展条件，提高妇女社会经济地位。解决出生性别比偏高和家庭中女性地位问题的关键环节是提高妇女社会经济地位。因此，必须充分估计经济市场化、全球化对资源相对缺乏的女性的发展所带来的负面影响，采取切实有效的措施，继续缩小男女在资源分享上的差距，为农村女性提供更平等的受教育和职业流动的机会，完善农村养老保障体系。

第二，建设先进性别文化，倡导家庭中性别平等意识。在探讨家庭中两性平等对待、和谐相处的可能之路时，首先是建设先进性别文化，优化妇女发展的社会文化环境，并通过向城乡家庭尤其是农村的、低教育层次和性别观念较传统者宣传男女平等的基本国策和两性调适艺术，倡导多元、均衡的性别分工和互动模式，不断改变传统的婚姻互动模式和习俗，增进婚姻主体的满足。其次是在家庭内倡导男女平等意识，树立两性平等、独立、民主、和谐的家庭和谐价值理念。

第三，加强高层性别平等倡导，促进社会性别主流化。政府在推进社会性别平等主流化的进程中承担着重要的责任。而高层决策者的性别敏感和性别盲点会直接影响具有性别等的政策、方案出台，影响性别平等决策主流化的实现。高层社会性别平等的倡导首先要强化决策者的性别意识和性别平等的价值取向，提高政府决策者对公共政策的社会性别分析能力，有效地避免公共政策中的性别缺失和事后补救。在法律政策和发展规划中体现性别平等的原则；其次要建立国家社会性别咨询机制和性别平等监督机制，以发挥其在推进社会性别平等主流化中的重要作用；再次要加强性别统计、建立完善有效的女性发展和家庭生活状况社会检测评估机制，进一步完善现行法律和清理政策体系中存在的性别歧视和性别盲点，健全妇女的法律保护措施，使得男女平等的价值取向贯穿于公共政策制定、实施和评估的全过程中。

第四，要发挥社会组织的作用，建立妇女事务委员会或类似的组织等有效的社会支持网络。

总之，女性作为一个主体存在于社会当中，性别意识的提高是一个从个体意识的觉醒的量的积累到整体质的飞跃，这是一个漫长的过程。如果女性意识不到自己独立的利益，也就势必意识不到群体行动的必要，更不会为了共同的目标团结起来对女性的命运和利益负责。正如美国评论家玛格丽·富勒所说："妇女所需要的不是作为女人去行动，去主宰什么，而是作为一种本性在发展；作为一种理智在辩解；作为一种灵魂在自由自在的生活中无拘无束地发挥她天生的能力。"从女性个体的自尊、自信、自立，最终走向女性群体的自强和自为。

参考文献

（一）专著类

[1] 陈长平，陈胜利. 中国少数民族生育文化［M］. 北京：中国人口出版社，2004.

[2] 陈长平. 民族学与生育文化//国家人口与计划生育委员会宣教司. 全国生育文化理论与实践研讨会论文集（上）［M］. 北京：中国人口出版社，2003.

[3] 定宜庄. 满族的妇女生活与婚姻制度研究［M］. 北京：北京大学出版社，1999.

[4] 侗学研究会. 侗学研究［M］. 贵阳：贵州民族出版社，1991.

[5] 费孝通. 乡土中国 生育制度［M］. 北京：北京大学出版社，1998.

[6] 冯祖贻，潘年英，等. 侗族文化研究［M］. 贵阳：贵州人民出版社，1999.

[7] 贵州省黎平县志编纂委员会. 黎平县志［M］. 成都：四川巴蜀书社，1989.

[8] 广西壮族自治区编辑组. 广西侗族社会调查［M］. 南宁：广西民族出版社，1987.

[9] 柯象峰. 现代人口问题［M］. 北京：世界书局，1934.

[10] 和少英. 纳西族文化史［M］. 昆明：云南民族出版社，2001.

[11] 和钟华. 生存和文化的选择——摩梭母系制及其现代变迁［M］. 昆明：云南教育出版社，2000.

[12] 景晓芬. 东乡族女性婚姻家庭状况研究//李育红，刘曼元. 西北少数民族女性/性别研究［M］. 北京：民族出版社，2007.

[13] 廖君湘. 侗族传统社会过程与社会文化［M］. 北京：民族出版社，2005.

[14] 廖君湘. 南部侗族传统文化特点研究［M］. 北京：民族出版社，2007.

[15] 李银河. 生育与村落文化［M］. 北京：中国社会科学出版社，1994.

[16] 李银河. 女性权力的崛起［M］. 北京：文化艺术出版社，2003.

[17] 刘中一. 村庄里的中国——一个华北乡村的婚姻、家庭、生育与性［M］. 太原：山西出版集团，2009.

[18] 李银河. 后村的女人们［M］. 呼和浩特：内蒙古大学出版社，2009.

[19] 刘峰，龙耀宏，等. 侗族——贵州黎平县九龙村调查［M］. 昆明：云南大学出版

社，2004.

[20] 李培林，等. 二十世纪的中国学术与社会·社会学卷［M］. 济南：山东人民出版社，2001.

[21] 孙本文. 现代中国家庭问题［M］. 北京：商务印书馆，1942.

[22] ［美］M. 米德著. 性别与气质［M］. 宋正纯，译. 北京：光明日报出版社，1989.

[23] ［美］露丝·本尼迪克特. 文化模式［M］. 何锡章，黄欢，译. 北京：华夏出版社，1987.

[24] 马克思恩格斯选集（第一卷）［M］. 北京：人民出版社，1972.

[25] ［美］克利福德·格尔兹. 文化的解释［M］. 纳日碧力戈，等，译. 上海：上海人民出版社，1999.

[26] 潘贵玉. 婚育观念通论［M］. 北京：中国人口出版社，2003.

[27] 潘贵玉，杨魁孚，陈胜利. 中华生育文化导论［M］. 北京：中国人口出版社，2002.

[28] 彭希哲，戴星翼. 中国农村社区生育文化［M］. 上海：华东师范大学出版社，1996.

[29] 三江侗族自治县县志编纂委员会. 三江侗族自治县志［M］. 北京：中央民族学院出版社，1992.

[30] 阎云翔. 私人生活的变革：一个中国村庄里的爱情、家庭与亲密关系［M］. 龚小夏，译. 上海：上海书店出版社，2009.

[31] 杨筑慧. 侗族风俗志［M］. 北京：中央民族大学出版社，2006.

[32] 叶文振. 女性学导论［M］. 厦门：厦门大学出版社，2006.

[33] 严汝闲，等，著. 永宁纳西族的母系制［M］. 昆明：云南人民出版社，1983.

[34] 姚丽娟，石开忠. 侗族地区的社会变迁［M］. 北京：中央民族大学出版社，2005.

[35] 余达忠. 侗族生育生化［M］. 北京：民族出版社，2004.

[36] 张世珊，杨昌嗣. 侗族文化概论［M］. 贵阳：贵州人民出版社，1992.

[37] 周华山. 无父无夫的国度［M］. 北京：光明日报出版社，2001.

[38] 张晓. 西江苗族妇女口述史研究［M］. 贵阳：贵州人民出版社，1997.

[39] 庄孔韶. 人类学通论［M］. 太原：山西教育出版社，2002.

[40] 詹承绪，等. 永宁纳西族的阿注婚姻和母系家庭［M］. 上海：上海人民出版社，1980.

(二) 论文类

[1] 敷曼. 计划生育"天下第一村"——探析占里侗寨数百年人口、社会与环境和谐发展的原因 [C]. 中央民族大学硕士学位论文, 2007.

[2] 白志红. 当代西方女性主义人类学的发展 [J]. 国外社会科学, 2002 (02).

[3] 曹端波. 侗族传统婚姻选择与社会控制 [J]. 贵州大学学报（社会科学版）, 2008.

[4] 陈扬乐. 瑶族与汉族生育文化比较研究——以湖南省江华瑶族自治县为例 [J]. 人口与经济, 2003 (03).

[5] 董杰, 吕红平. 定县人口五十年 [J]. 中国人口科学, 1987 (01).

[6] 冯敏. 凉山彝族妇女婚育观的现代变迁 [J]. 云南社会科学, 1996 (02).

[7] 顾宝昌. 论生育与生育转变：数量、时间与性别 [J]. 人口研究, 1992 (06).

[8] 侯菊凤. 新疆少数民族妇女婚姻家庭生育状况研究 [J]. 新疆大学学报, 1996 (03).

[9] 蒋星梅. 侗族婚姻习俗文化的传统驻留与调适研究 [J]. 凯里学院学报, 2010 (08).

[10] 李富强. 壮族婚姻文化的变迁：以田林那善屯为例 [J]. 广西民族学院学报（哲学社会科学版）, 2000 (03).

[11] 李钰靖. 占里侗族生育文化的人类学思考 [J]. 中州学刊, 2009 (05).

[12] 林更生. 侗族婚恋茶文化习俗 [J]. 文化历史, 2007 (03).

[13] 刘世一. 占里侗族奇特的生育文化 [J]. 民族论坛, 2003 (07).

[14] 刘宗碧. 从江占里侗族生育习俗的文化价值理念及其与汉族的比较 [J]. 贵州民族研究, 2006 (01).

[15] 鹿力. 山东邹平50年人口变迁 [J]. 中国人口科学, 1989 (04).

[16] 马侠. 中国家庭户规模和家庭结构分析 [J]. 人口研究, 1984 (03).

[17] 潘盛柒. 侗族婚俗"卡舅"溯源 [J]. 怀化师专学报, 1999 (06).

[18] 潘志成. 从江县占里寨当代婚育习惯法考察 [J]. 湘潭大学学报, 2008 (03).

[19] 沈洁. 社会结构与人口发展——基于侗族村寨占里的研究 [C]. 中央民族大学硕士学位论文, 2007.

[20] 舒青. 鼓楼与侗族古代婚姻 [J]. 怀化师专学报, 2001 (04).

[21] 覃会五. 试析侗族情歌中的婚姻文化 [J]. 科技信息, 2007 (35).

[22] 王金洪. 当代西藏妇女的婚姻状况与家庭地位——对拉萨市与山南地区200户家庭的调查 [J]. 民族研究, 1999 (03).

[23] 韦玉娇. 三江侗族村寨的地理环境与民族历史变迁 [J]. 广西民族学院学报（哲学社会科学版）, 2002 (05).

[24] 翁乃群. 女源男流：从象征意义论川滇边境纳日文化中社会性别的结构体系 [J].

民族研究，1996（04）.

[25] 吴海清. 侗族婚俗与侗歌［J］. 艺术研究，1999（02）.

[26] 吴景军. 只生两个孩子——侗族神秘生育许愿仪式目击［J］. 新西部，2004（06）.

[27] 徐晓光. 草根规则与生育观念：生态与社会文化视野下的民族地区生育规则——以贵州省从江县侗族村寨为例［J］. 中南民族大学学报（人文社会科学版），2010（04）.

[28] 杨军昌. 侗寨占里长期实行计划生育的绩效与启示［J］. 中国人口科学，2001（04）.

[29] 杨再奎. 侗族婚姻习俗与现行婚姻法的冲突［J］. 民族研究，2005（01）.

[30] 杨筑慧. 当代侗族择偶习俗的变迁［J］. 中央民族大学学报（哲学社会科学版），2005（01）.

[31] 杨宗贵. 试析影响少数民族生育的文化基因——以贵州少数民族为例［J］. 中国人口科学，1994（05）.

[32] 叶文振. 论传统家庭模式对生育文化的制度影响［J］. 人口学刊，2002（04）.

[33] 游志能，沈洁. 侗寨占里村生育习惯法研究［J］. 文化多元与法律多元：法人类学视角. 国际人类学与民族学联合会第十六届大会论文集，2009.

[34] 张敏杰. 中国的婚姻家庭问题研究：一个世纪的回顾［J］. 社会学研究，2001（03）.

[35] 张瑞，任立忠，赵晓茂. 清光绪年间出生的妇女婚育状况——河北省90~94岁妇女婚育状况的回顾性调查［J］. 中国人口科学，1990（03）.

[36] 赵锁龙，孙淑杰. 独特的低生育观——贵州占里侗寨考察［N］. 南京人口管理干部学院学报，1999（01）.

附　录

附录一：天甫六洞合款

第一条：宗祖父母该当敬的，同胞兄弟该当爱的，亲戚朋友当要和睦的，妻子奴仆当要慈悯的，乡里不可参商，患难得以相助，宗族不可忌妒，疾病赖以扶持。

第二条：父母遗下田地，必须勤耕苦种，衣食有所赖，果课有所归，古人云：有田不耕仓廪虚，我们当要勤俭的治家，幸勿怠惰。

第三条：衣食既足，义礼渐兴，四书五经，延师讲解，有志上进者，应试赴举，人学帮补，科田连登，人才不择地而生，那个说我们八洞六洞夷人没有此等福分。

第四条：谨慎自己身心，教训自家子弟，不要爱人便宜。凡一切田禾塘鱼，牛羊猪犬，鹅鸭鸡牲以及园圃蔬菜、瓜果桃李，丝毫不可苟且偷盗，如有偷盗，尚有人家识破，或乡党私罚，或官府责备，岁不破家荡产，亦宜玷辱先人，岂不贻差后进。

第五条：粗衣淡饭，原是我们庶民百姓所吃的、所穿的，不要奢侈浪费，若是每饭必思肉，每衣必思细，只好前头扯将去了，不怕后回补不回来，与其受苦于后，毋宁（俭）省于前。

第六条：我们天府六洞，原是曹滴半司地方，今既民归府管，粮归府纳，也是一家不可以大压小，以强凌弱，有伤雅道，至于婚姻田土等，只好在内排解，不可暗地挑唆，若有此情漏室（陋习）亏心，神人共怒。

第七条：城中与我们原是结盟兄弟，先为曹滴雪司，酷害已极。告经上司全得他们帮助，人日我们才得安身乐业，纵有些为不足，切不可因小失大背却前情。

第八条：不论远方近处，贸易来往之人到我们投主歇宿，务必问个来历，姓甚名谁，何方人氏，因何事至此，作何生意？若去来不问清白，或被人谋害，或拐带强人，事一发觉跟主家责实难辞。

第九条：府县各编秋粮，关系朝廷重务，必须早办粮米。踊跃输将，至于军需杂项料理事，不可抵抗，滋事处处如此，岂不是淳良百姓。

第十条：有德有言之人，举为乡老，必须秉公正直，不可口是心非，常言云"阳间一文钱，阴间一行簿"。又说"篱牢犬不入，乡牢事不出"。或遇衙门公务，或逢人家私事，就要与他人排解，说和了事，不负乡老之名。

道光岁己酉（1849）孟夏月望日

附录二：六洞款词摘引

洪武年间，拨兵下屯，拨民下寨，官府派兵，围剿侗乡，斩龙挖脉，无所不为。弄得侗乡，鸡犬不宁，民不聊生，男子难娶，女子难嫁，父气疯癫，母哭瞎眼。侗民难忍，众志成城，奋起反抗，击败官府，重得安宁，抗外安内，事在必行。立约定款，惩治坏人。各寨防守，击鼓百应。勾生吃熟，内勾外引，屡教不改，杀头治罪，拦路抢劫，砍马杀人，牵牛拉马，查明原因。挖墙拱壁，盗窃白银，屡教不改，以命示众，置于死刑。异姓开亲，千里难行，破姓开亲，幸福终生，男不乱语，女不乱行，如有违反，惩罚严明。穿裤过河，戴笠穿林，罚布八丈。稻谷成熟，防止盗窃，丢谷理苎，亲手捉命，扭鬃示众，罚款处理，八千八百。盗窃棉花，处罚款项，四千四百。眼红手快，盗人茶籽，罚三千三。偷放鱼塘，开田盗鱼，丢鱼寻麟，罚三千文。拒烧卡火，开除出寨，六亲不认，互不相济，八寸钉耙，钉在卡房，刻木为记，同心转意，寨老拔钉，重归寨籍，始得交往，互相助济，立碑戒告，万古不移。立款规模，上至古州，下至柳州，五十江河，七百龙图，八百贯洞，五百碑寨，七百高千，二百龙额，七百南老，三百水口，二百古郑，寨老教众，父母教子，哥兄教弟，人人遵守，寨寨监督。

附录三：关于祭桥习俗

从前，贵州镇远报京地方，有对老夫妇，年过40，还没有一男半女。一天夜里，他们同时做了一个梦，梦见一个孩子，很逗人喜欢，在河对岸招手。他们就用木板搭桥，把他接了过来，搂在怀里，高兴得从梦中笑出声来。

他们笑醒过来，互相摆谈，多么希望真的有这样一个孩子。不久，女的怀了孕，果真生下个男孩，两老爱得像捧个月亮。这孩子真怪，一生下地，哭个不停，急得两老没办法。刚满三朝，来了个讨米的老叫花子，说："不要紧，不要紧，抱来我看看。"

两老把孩子抱给他看，他在孩子手板头划了个字，连说："莫哭，莫哭，快来，快来！"孩子真的不哭了。他对两老说："这孩子的灵魂还在河对岸，你们走到小河上，架座桥，把他接过来，他就乖了。"两老想起梦中的情景，就去架桥，又把孩子取名叫桥生。

后来，架桥的风俗传了下来。直到现在，这里缺儿少女的人家还都学着到河沟上去架桥，多做好事，希望得到一个孩子。每年到了三月三，还要去祭桥。

附录四：关于神树

那是一棵十来号人都合抱不过来的香樟古树。那也是一棵神树，高数十丈，像一座绿塔把山垭口的一片天遮得严严实实的，老天爷下半时辰的雨，树底下不漏半滴雨滴。笔者对这棵树的印象特别的深，因为笔者稍微懂事时，奶奶曾带笔者和弟妹们去探望过这棵"祖父树"。记得奶奶对我们说，香樟古树是一棵"树神"，常常扮成英俊后生到附近村寨去"行歌坐夜"，姑娘们弄不清是哪个山寨来的后生，便把丝线悄悄地系在后生的衣衫后，没想红红绿绿的丝线全都挂到山垭口香樟古树上去了，人们这才发现好比天上五彩云八百里侗乡难找第二人的英俊后生，却原来是山垭口的那棵"神树"。香樟古树还做了很多积善积德的事。山垭口可以通湖南、贵州，常有过往的贵州牛贩、湖南货郎天黑了在山垭口住下，第二天醒来，发现夜里赖以安歇的宽敞木楼不见了，遮天盖地的却原来是那棵香樟古树。奶奶说人活一口气树活一层皮，树木和人没有两样，树木也有灵性通人性懂得怜悯人庇护人。奶奶还说人吸的那口气还是树木给的呢。奶奶摆上供品烧了纸钱后，喃喃地和香樟古树说着话，然后叫儿孙们喊"树爷爷"。奶奶说拜了"树神"做"树爷爷"，有神灵保佑了日子就过得安逸平稳没灾没难。于是我们就围着香樟古树不停地喊

"树爷爷"。自此，我们不仅崇敬"树爷爷"，凡山上的树木我们都看成有生命的生物而将它们归入爱护与敬重之列。

附录五：石村的村规民约

第一条 对偷盗、扒窃行为的处理

（一）偷盗瓜、果、蔬菜类等，每次罚款50元以下。

（二）偷盗鸡、鸭、鹅等，除赔偿损失外，每只罚款30元；偷鱼除赔偿损失外，每斤罚款20元，但罚款总额上限不超400元。

（三）偷盗他人香菇、木耳、松脂、魔芋、木炭、各种药材的，除赔偿损失外，每次处以200元以下的罚款。

（四）偷猪、羊等损失不足以法律处罚的，除赔偿损失外，另处以每头200元的罚款，损失在500元以上的，报司法机关处理。

（五）未成年人撬门入室偷盗他人财物，除责令监护人赔偿损失外，每次罚款监护人200元。

（六）骗取他人财物，冒领他人款物的除退其款物外，每次罚款200元。

（七）摸包、扒窃他人现金的除追回损失外，每人每次罚款100元。

第二条 对乱砍滥伐森林的处理

（一）任何集体和个人必须按山林土地界线划分管理，原则上维护村、组"山林三定"政策不变。凡是有纠纷的山林，任何一方不得乱砍和占用，未经政府调处而引发起乱砍造成不良后果的，除没收所砍伐的木材外，每立方罚款200元，对组织策划乱砍、哄抢林木人员，每人罚款100元。

（二）偷盗他人木材的，每次罚款150元；偷砍他人自留山柴火每担罚款10元；偷砍本村周围风景林木（包括自留山风景林木），除赔偿损失外，另每根罚款5元，以此类推。

第三条 对侵犯他人人身权利行为的处理

（一）酒后闹事、殴打他人，不足以用法律法规处罚的，除赔偿医药费、误工费和赔礼道歉外，处以150元罚款。

（二）结伙斗殴、无理取闹、寻衅滋事、打击报复、侮辱妇女耍流氓、捏造事实诽谤诬陷他人，不足以用法律法规处罚的行为，除赔礼道歉外，并对违约者每人罚款100元。

（三）虐待家庭成员的，除责令其改正外，另每次处以200元以下的罚款。

（四）以恐吓威胁方式干扰他人正常生活生产的，每次罚款100元。

第四条 损坏公共财物或破坏公共设施的处罚

（一）参与哄抢国家、集体、私人数额不大，不足以用法律法规处罚的，对当事人罚款200元，另加以处罚组织者50元。

（二）损坏路碑、交通标志，除赔偿恢复外，另每次罚款100元。

（三）任何单位和个人，不得损坏公共设施和古物建筑，如：鼓楼、花桥、寨门、凉亭等，违者除责令恢复外，每人每次罚款300元。

第五条 妨碍公务人员执行公务，经教育不改但又不足以用法律法规处罚的，处以每人每次200元的罚款。

第六条 利用封建迷信活动，骗取财物和扰乱社会秩序，但又不足以用法律法规处罚的，每人每次罚款200元。

第七条 禁止用电、毒、网、钩、弓箭、鱼梳等工具盗取他人稻田、池塘里的鱼、泥鳅、黄鳝等人工饲养鱼类动物，违者除赔偿损失外，每人每次罚款50元，并没收一切捕捞工具；禁止捕捞青蛙，违者每次罚款30元。

第八条 禁止在河段、溪沟毒鱼、炸鱼、电鱼，违者除没收所得和一切工具外，每人每次罚款200元；凡参与捕捞者，每人每次罚款50元。

第九条 火警、火灾事故的处罚

（一）凡发生火警的，除按本村传统习俗处理外，另每次罚款100元，造成直接经济损失的据实赔偿。

（二）凡发生火灾事故时，本村18岁以上的村民（病、伤、残者除外）必须无条件参与扑救，接到通知不参与者，每人每次罚款50元。扑救人员的工伤费一律由当事人据实负担；组织扑救的相关费用由当事人承担。

第十条 牲畜必须实行圈养，牲畜、家禽糟蹋他人农作物的，除赔偿损失外，牛、马、羊糟蹋的，每头每次罚款50元；鸡、鸭、鹅糟蹋的每只每次罚款20元。

第十一条 村容寨貌、环境卫生、计划生育、教育

（一）全体村民必须维护本村的村容寨貌，遵守本村环境卫生管理条约，违者按条约处罚。

（二）全体村民必须履行计划生育村民自治章程和计划生育村民自治公约的义务。

（三）学生家长或监护人必须送子女到校就读直至初中毕业，有辍学者，罚其家长或监护人200元。

（四）为配合学校管理，本村居民住户一律不准留宿外村中学生，因留宿中学生造成一切事故后果，由户主负全部责任并罚款200元。（父母在茅贡村当地工作或者长期经商的情况除外）

（五）扰乱机关、学校、企业、事业单位工作秩序的，影响较大但又不足以用法律法规处罚的，每人每次罚款100元。

第十二条 对违反村规民约者，由村治保组织和村寨老负责执行，处罚所得的经费一律用于本村公益事业建设，同时受全体村民监督。

第十三条 对违反村规民约的处罚

（一）调查取证做好询问记录，在当事人没有异议的情况下，可以根据村规民约执行。

（二）填写好"违反村规民约"裁决书一式两份，一份交当事人，一份留村委存档。

第十四条 在执行"村规民约"时，应当严格按照村规民约，秉公办事，不得徇私舞弊，办人情案，更不允许有超越村规民约的行为，在业务上接受公安派出所的指导，在行政上接受乡党委政府的领导。

第十五条 在实施村规民约的过程中，切实维护当事人的合法权益。

第十六条 本村规民约一经实施，原村规民约同时废除。

第十七条 本村规民约所称的以上、以下、以内包括本数。

后 记

　　时隔4年之后，重新翻开当年的博士论文，当年做博士论文的各种情景重新浮现眼前，突然感慨时间的飞逝，从2012年博士毕业到现在已经过去了4年，经过4年的沉淀积累，今天终于有机会借着在台湾元智大学做访问学者的机会静下心来修改博士论文，希望能弥补一些当年写作的遗憾。

　　回想当年报考博士生时，是一种非常迷茫的状态，完全在没有准备的情况下撞进了"陈氏魔方集团"，在陈长平老师的带领之下开启了人类学之旅，在陈门里，学会了如何去和最基层的民众打交道，如何收集有用的人口信息，如何利用信息作分析处理，更重要的是学会了老师"无为而治"的为人处世之道，老师给我们强调最多的是要做好学问，首先必须要有强壮的身体，所以一有空就带着我们去爬香山，然后请我们吃各种北京名小吃，现在想起来那些场景都觉得非常甜美，博士3年时光奠定了我人类学和人口学的基础，也让我学到了很多做人的道理，知道应该用什么样的心态对待工作和生活，这让我在之后的工作中更能和同事快乐相处，把我的知识和快乐理念传达给我的学生，再次感谢教会我做人的陈长平教授，您亦师亦父，让我一生受益无穷。同时也要感谢我们和蔼可亲的师母，虽然您身体不好，但是我们每次爬山您都会给我们准备新鲜的水果，让我们在爬山支撑不下去的时候及时补充体力，完成剩下的路程。

　　在此，还要非常感谢带来三年快乐时光的"陈氏魔方集团"，小小的魔方把我们从天南地北汇聚在一起，我们共同经历了爬山的快乐，经历了在贵州做田野的辛苦，也经历了在张雯莉师姐家动手做饭的乐趣……太多欢乐场面，在此要感谢各位同门师兄姐和师弟师妹，大家都是为了理想聚到陈门下，如亲人般相互关怀、相互帮助，温暖如斯。在学业上，大家秉承陈老师的教学思想，营造了融洽宽松、严谨开放、齐力向上的学术氛围。因为思想的交流，我们才会在成长的道路上，不但获得更多的知识，也感悟到了更多的人生哲理。几年的相处，一辈子的友情。

感谢工作以来遇到的另一个温暖大家庭——贵州大学旅游与文化产业学院，带着对"陈氏魔方集团"的留恋和不舍加入"旅游花朵"这个大家庭，让我感受到了另外一种温暖，我们像一家人一样快乐相处，让我这个身处异地的游子少了对家乡的思念，因为这里已经有了我更多的家人。也要感谢一直支持我工作的学生们，虽然大家都在说我上课很严厉，很怕我，但是课后我们还能像朋友一样相处，感谢大家的理解，有了你们的支持，相信我会更有工作的动力。

除此以外，还要感谢我最亲的家人，尤其是我开明的父母，你们给我了最自由、最宽松的学习环境，一直在背后默默支持我，非常感谢您二老，再多的言语也无法表达养育之恩，只求您二老身体健康，快乐生活。

太多的感动，如今，我只想真诚地说一句：感谢所有关心、关怀过我的亲人、老师、朋友们，有了你们的支持，我对光明的未来充满期待。

受水平所限，书中难免有遗漏或错误，概由作者负责并敬请批评指正。

刘彩清
2016 年 6 月 23 日
于台湾元智大学